权威·前沿·原创

皮书系列为
"十二五""十三五""十四五"时期国家重点出版物出版专项规划项目

BLUE BOOK

智 库 成 果 出 版 与 传 播 平 台

数字政府蓝皮书
BLUE BOOK OF DIGITAL GOVERNMENT

中国地方政府数字化服务能力发展报告
（2023）

REPORT ON THE DEVELOPMENT OF DIGITAL SERVICE CAPABILITY OF LOCAL
GOVERNMENT IN CHINA (2023)

汤志伟　徐　霁 等／著

社会科学文献出版社
SOCIAL SCIENCES ACADEMIC PRESS（CHINA）

图书在版编目（CIP）数据

中国地方政府数字化服务能力发展报告 . 2023 ／汤
志伟等著 . --北京：社会科学文献出版社，2023.12
（数字政府蓝皮书）
ISBN 978-7-5228-2958-6

Ⅰ. ①中… Ⅱ. ①汤… Ⅲ. ①地方政府-电子政务-
研究报告-中国-2023　Ⅳ. ①D625-39

中国国家版本馆 CIP 数据核字（2023）第 245257 号

数字政府蓝皮书
中国地方政府数字化服务能力发展报告（2023）

著　　者／汤志伟　徐　霁 等

出 版 人／冀祥德
组稿编辑／邓泳红
责任编辑／吴云苓
责任印制／王京美

出　　版／社会科学文献出版社·皮书出版分社（010）59367127
　　　　　地址：北京市北三环中路甲 29 号院华龙大厦　邮编：100029
　　　　　网址：www.ssap.com.cn
发　　行／社会科学文献出版社（010）59367028
印　　装／天津千鹤文化传播有限公司

规　　格／开本：787mm×1092mm　1/16
　　　　　印张：23.25　字数：349 千字
版　　次／2023 年 12 月第 1 版　2023 年 12 月第 1 次印刷
书　　号／ISBN 978-7-5228-2958-6
定　　价／168.00 元

读者服务电话：4008918866

参与撰写人员	董　亮	党正阳	简　青	张兴叶	张悦馨
	王　贺	叶昶秀	冉晓暄	周　笛	李静怡
	薄雨辰	罗　意	王超睿	罗伊晗	吴杰浩
	程　惠	郭双双	谈　津	任　洋	蒋国银
	高天鹏	刘　春	王　莉	贾　开	蔡运娟
	郦　沄	吴珂旭			

数据采集人员	叶昶秀	周　笛	杨　三	吴珂旭	罗　意
	刘玉婷	文虹睿	饶　琴	李梦宇	周选文
	黄玉茹	张文强	廖江华	胡滇窈	薄雨辰
	刘安琪	任俊杰	李静怡	曹景伟	赵　溙
	朱书材	付　壮	范培屺	贺梦凡	陈　瑶
	曾如一	李博媛	朱宇阳	蔡雨轩	金宜润
	李睿婕	柴金彤	田　谧	张诗宇	蓝易晓
	田博文	聂　畅	李其睿	刘禹辰	杨雨菲
	李青芋	刘知言	苏展翼	宋怡霏	杨雪靖
	王雨箫	袁嘉蔚	黄　婕	孙　丽	陈美均
	刘香宁	许　晴	张小玉	康湘钰	杨　超
	刁　琪	李玲茜	毛菁菁	王秋伟	王婷婷
	温文馨	张宁馨	李孙玉珊	朱心怡	黄　铄
	钱鸿宇	李婧雯	罗姝瞳	邱钰婷	蒋新月
	彭　硕	唐佳玥	吴佩珈	贺子曦	

发布机构

电子科技大学智慧治理研究院
成都市经济发展研究院
电子科技大学公共管理学院
电子科技大学（深圳）高等研究院
四川新型智库—社会事业和社会保障研究智库
清华大学互联网治理研究中心
上海交通大学公共信息与社会计算研究中心
西安交通大学公共管理与复杂性科学研究中心
华中科技大学电子决策研究中心
复旦大学数字与移动治理实验室
中山大学数字治理研究中心

技术支持单位

上海星鸟网络科技有限公司

主要编撰者简介

汤志伟 电子科技大学（深圳）高等研究院执行院长，教授，博士生导师。"天府青城计划"领军人才、四川省学术与技术带头人、四川省决策咨询委员会委员、四川省新型智库"社会事业和社会保障研究"负责人，四川省哲学社会科学重点研究基地"区域公共管理信息化研究中心"学术委员会主任，四川省人民政府"智囊团"专家组成员；教育部公共管理类教学指导委员会委员，教育部教育信息化专家组成员；中国行政管理学会理事、世界电子政府组织（WeGO）评判专家成员等。主要研究领域：数字治理与智慧城市、数字政府与数字经济。在《中国行政管理》《情报杂志》等核心期刊发表高水平研究论文160余篇，出版《电子政务原理与方法》《电子政务》等论著多部，主持"建设智慧社会的顶层设计和实施路径""人工智能商业化应用的社会影响与政府治理体系"等国家社科基金重大、重点项目与多项省部级项目。曾获得国家级教学成果二等奖、国家级精品视频公开课程、省教学成果一等奖、省政府哲学社会科学一、二等奖。

徐霁 成都市经济发展研究院（成都市经济信息中心）智慧治理研究所所长。主要围绕数字政府建设、社会信用体系建设、数字公共治理等领域开展研究。常年参与政府门户网站、社会信用体系建设、营商环境、政务服务优化研究；持续主持政务服务监测与评价研究、社会信用监测与评价研究、政府数字化服务能力监测与评价研究。近年主持重大社科项目"赋能12345热线构筑超大城市智慧治理""数字政府建设背景下政府回应能力研究""公众诉求参与政府决策'三位一体'决策机制研究"等。研究地方政府互联网服务能力监测模型，连续6年参与主持《中国地方政府互联网服务能力发展报告》编撰工作；常年参与政府改革系列项目的研究与设计；主持"国际化营商环境建设与评价""基于大数据驱动的公共服务供给体系精准管理研究"等课题；其中"行政权力网上公开透明运行""全生命周期政务服务""基层公开服务与监管"等成果被全国推广。多项研究成果获国家经济信息系统奖、优秀皮书奖和优秀皮书报告奖及市级社会科学优秀成果奖等。

前　言

2013 年，党的十八届三中全会首次提出"国家治理体系和治理能力现代化"，将其作为中国全面深化改革的总目标，对于开创新时代中国特色社会主义具有划时代意义。面对这个新时代重大命题，我们认为，这将开启政府从线下履职向网上履职转变的新征程，具有重要的研究价值。

过去五年，我们基于政府履职能力与政府网上履职能力的重构，构建了中国地方政府互联网服务能力评价体系，选择以地级行政区（城市）为评价对象，指向政府服务和政府治理的关键层级，持续关注地方政府数字化转型发展与演进状况、持续关注地方政府网上服务供给端与社会公众需求端适配程度与取得实效。评价指标体系坚持"两个出发点"：一是坚持"以人民为中心的发展理念"，即建设人民满意的服务型政府，确定了评价体系将从用户端感知开展评价；二是聚焦政府网上履职能力建设，确定了评价体系将聚焦政府通过转变网上履职方式提升面向社会公众的服务能力来开展评价。基于这两个评价出发点，我们提出了"泛互联网"服务概念，打破了当时针对政府网站、电子政务大厅等单一的互联网载体评价模式，将评价延伸到政府"多网、多微、多端"融合的泛互联网载体，将"泛互联网"作为数字时代政府与社会公众的有效连接，以反映政府网上履职能力的转型成效。

在我们持续研究评估政府互联网服务能力并持续发布《中国地方政府互联网服务能力发展报告》的五年里，党中央、国务院围绕实施网络强国战略、数字中国建设、大数据战略等作出一系列重大部署，《中华人民共和国国民经济和社会发展第十四个五年规划和 2035 年远景目标纲要》《关于

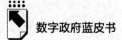

加强数字政府建设的指导意见》《数字中国建设整体布局规划》等相继颁布。国家战略规划与顶层设计越来越清晰，国家数字化治理体系正在形成，政府数字化转型也迈入新的阶段。构建协同高效的政府数字化履职能力体系已成为新发展阶段数字政府建设的主要任务，将为推进国家治理体系和治理能力现代化建设注入核心动力。

从政府网上履职能力到政府数字化履职能力，不仅仅是概念上的变迁，也是对社会形态进化趋势下国家战略选择的价值认同，是从个人到机构到国家的整体认知转型，是一个从理念到组织再到治理的进化过程，更是一个从建设到运行再到协同进而蝶变的复杂体系。鉴于此，我们从本报告开始，将地方政府互联网服务能力评价体系迭代为地方政府数字化服务能力评价体系，以期持续从社会需求端感知视角，监测与评价政府数字化转型的内化进程和外化实效。

政府数字化服务能力评价体系既是对过去五年政府互联网服务能力评价研究的延续，更是在对国家战略选择价值认同基础上的一次更新迭代。一方面，评价体系坚持目标导向不变，以政府数字化履职能力建设内化进程为评价目标，持续研究政府数字化转型的内核驱动；坚持价值导向不变，以提升人民群众获得感和幸福感为价值取向，从用户端感知进行评价，持续关注政府数字化转型的外化实效。另一方面，评价体系不再突出"泛互联网"评价载体，而是基于数字化带来的整体政府视域下从决策革命到服务革命的内在逻辑，更加关注地方政府以数据技术的广泛应用驱动治理理念转变、组织机制变革、治理流程优化，进而充分发挥数据的基础资源作用和创新引擎作用，推动政府实现整体供给服务、协同响应服务、高效智慧服务的发展演变进程。以期使整个评价体系转向更加凸显数字化改革的重要引擎作用，更加强化人民群众获得感和幸福感的价值体现。所以，我们从研究评价政府互联网服务能力到研究评价政府数字化服务能力，既体现了外在价值的延续，也明晰了内在机理的迭代。

《中国地方政府数字化服务能力发展报告（2023）》根据迭代调整后的政府数字化服务能力评价指标体系开展评价工作，评价结果根据差分趋势将全国 4 个直辖市和 333 个地级行政区划分为领先发展、积极发展、稳步发展、亟待发展四种类型。2023 年报告调整主要体现在以下几个方面。

一是评价指标方面。本报告延续了政府互联网服务能力评价体系的服务供给能力、服务响应能力和服务智慧能力三个一级评价指标维度，为凸显数字化改革的重要引擎作用，调整及优化了相应的二级和三级评价指标，去掉了如系统适配性等纯技术性的指标，新设置了 12345 知识库等数据应用相关的评价采集点位，将数字化转型的外化实效贯穿于政府服务供给、响应和智慧能力三个维度的评价之中。增设了"数字驱动能力"这一观察评价维度，以期持续研究观察数字政府引领驱动数字经济、数字社会、数字文化和数字生态文明全方位协同发展状况。

二是评价方式方面。本报告以企业和群众获得感为第一评价标准，进一步加强了数据采集的全面性和精准度，依托 70 余人的公共管理和数据分析专业团队实施人工定向采集，强化数据采集、无感评估、实时监测，提升评估方法的科学性和客观性，通过定向判断、精准抓取、用户模拟和回归验证等，实现全流程、全覆盖的采集验证闭环，确保了采集结果的准确性。同时，借助专业数据采集系统平台，实现部分采集点位的自动采集与智能分析，与人工采集形成交叉互补，保障了采集的全面性和有效性。

三是报告体例方面。本报告在推进全面监测和研究评价政府数字化服务能力的同时，持续加强对地方政府数字化转型提升服务能力的专题案例研究。在延续原有专题篇、区域篇基础上，本报告增设了展示地方政府探索实践的实践案例篇，纳入了厦门市、成都市、长沙市等地方政府的创新实践案例，以期为我国其他地区发展提供经验借鉴。

数字化转型是推动中国式现代化发展的重要引擎，是涉及全方位全领域的伟大工程，我们所关注和研究的政府数字化服务能力只是这项宏大伟业中的一个方面，在政府加速全面数字化的今天，在现有机制、网络和数据条件下，每个课题组都难以做到全面、精确地评估政府数字化转型及数字政府建设的整体情况。数字技术是动态进化的，社会需求也是动态驯化的，数字政府建设和政府的数字化服务能力提升是一个渐进和迭代的过程，冀望于通过我们的研究关注和持续的监测评价工作，从我们的研究视角，为政府的数字化转型、数字政府建设、学术界研究、社会需求研判等提供参考，以同步到高质量发展、高效能治理、高品质生活的美好愿景和追求中，同步到与社会与人民心连心的美好现实中。我们也将广泛吸取社会各界提出的意见和建议，逐步优化评价指标体系、严谨评价数据机理、科学评价实施方式，以更好地服务于国家战略和更好地服务各级地方政府。

2023 年 10 月

摘　要

　　政府数字化服务能力是指政府主动顺应经济社会数字化转型趋势，以数据技术的广泛应用驱动政府治理理念转变、组织机制变革、治理流程优化，推进政府向整体供给服务、协同响应服务、高效智慧服务的新形态进化，进而将政府数字化履职的内在能力建设外化为社会公众可感知的泛在可及、智慧便捷、公平普惠数字化服务体系的综合能力。本书将地方政府互联网服务能力评价体系迭代为地方政府数字化服务能力评价体系，在优化原有服务供给能力、响应能力和智慧能力三个评价维度的基础上，新设数字驱动能力作为观察评价维度，形成地方政府数字化服务能力评价体系，以期将研究评价重心放在政府数字化转型的外化实效，通过总体评价、分项能力表现、专题研究和区域分析等，反映全国地方政府数字化服务能力发展现状与趋势。

　　近年来，我国地方政府服务供给能力从规范供给转向整体供给、政府服务响应能力从线性响应转向协同响应、政府智慧服务能力从端点智能转向集约智能。这些研究发现都指向政府数字化转型的快速推进，是各地方政府主动顺应经济社会数字化转型趋势，充分释放数字化发展红利，推进政府"三融五跨"协同管理和服务的数字化改革与制度创新，实现从政府网上履职能力向政府数字化履职能力提升转变的显性成效。

　　本书总报告依据政府数字化服务能力指标体系，立足社会需求端感知视角，运用"人工+机器"交叉结合的方式实施数据采集，对全国4个直辖市和333个地级行政区的数字化服务能力进行评价，根据评价得分从高到低划分为领先发展、积极发展、稳步发展、亟待发展四种类型。评价结果显示，

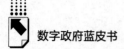

我国地方政府数字化服务能力整体发展态势持续向好,地区间发展差距更加明显;服务供给能力向规范融合发展,平台建设驱动明显但发展不均衡;服务响应能力向高效协同发展,数据共享与应用模式探索成效明显;服务智慧能力向集约便捷发展,数据底层支撑与应用作用不断显现;数据驱动能力仍处于探索阶段,公共数据开放赋能效用比较薄弱。在未来发展中还呈现三个显著趋势,政务服务从"能办"向"好办"转变全面加速,数据赋能从"数治"向"善治"转变提质加速,数据政务的"引领"和"驱动"效应进一步显现。

本书专题篇围绕政府数字化服务能力,聚焦营商环境建设、政务公开、政民互动、社会信用体系建设、政务服务区域协同、政府数据开放六个重点热点领域的综合指标表现与案例分析,研究地方政府数字化服务能力发展现状与启示。区域篇聚焦浙江省、安徽省、武汉市和济南市的政府数字化服务能力发展现状,分析、整理四个省市的具体数据与典型案例,提炼地方政府数字化转型过程中的有益启示。此外,实践案例篇选取在政府数字化服务能力发展方面具有鲜明特点、取得显著成效的厦门市、成都市、长沙市,从数据共享开放应用、12345热线平台建设发展、城市综合服务平台建设发展方面,对其特色做法、主要创新等进行分享,为我国其他地区提供可供参考借鉴的经验。

关键词: 治理能力现代化 政府治理 数字政府 政府数字化服务能力

目　录 ⤵

Ⅰ　总报告

Ⅱ　专题篇

总 报 告

General Report

B.1

中国地方政府数字化服务能力评价（2023）

徐　霁　王萌森　张龙鹏　郭雨晖　汤志伟　李金兆*

摘　要： 本报告将地方政府互联网服务能力评价体系迭代为地方政府数字化服务能力评价体系，在延续原有服务供给能力、响应能力和智慧能力三个评价维度的基础上，新设数字驱动能力作为观察评价维度，形成地方政府数字化服务能力评价体系。阐述了地方政府数字化服务能力的内涵和构成，以及政府数字化服务能力评价指标体系设计、数据来源与采集、数据计算方法等，对2023年中国地方政府数字化服务能力评价结果、现状和趋势进行了分析。研究显示，我国地方政府数字化服务能力整体发展态势持续向

---

* 徐霁，成都市经济发展研究院（成都市经济信息中心）智慧治理研究所所长，研究方向为政府治理、电子政务、大数据分析和竞争情报；王萌森，成都市经济发展研究院（成都市经济信息中心）智库建设办公室主任，研究方向为政府治理、智库建设、大数据分析和新媒体发展；张龙鹏，电子科技大学公共管理学院副教授，研究方向为技术经济与公共政策；郭雨晖，电子科技大学公共管理学院讲师，研究方向为智慧城市与数字治理；汤志伟，电子科技大学（深圳）高等研究院执行院长，教授，博士生导师，研究方向为数字治理和智慧城市；李金兆，电子科技大学智慧治理研究院副院长，研究方向为政府治理与电子政务、网络行为与媒介传播、大数据与竞争情报。

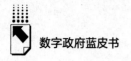

好，地区间发展差距更加明显；服务供给能力向规范融合发展，平台建设驱动明显但发展不均衡；服务响应能力向高效协同发展，数据共享与应用模式探索成效明显；服务智慧能力向集约便捷发展，数据底层支撑与应用作用不断显现；数据驱动能力仍处于探索阶段，公共数据开放赋能效用比较薄弱。在未来发展中呈现三个显著趋势：政务服务从"能办"向"好办"转变全面加速，数据赋能从"数治"向"善治"转变提质加速，数据政务的"引领"和"驱动"效应进一步显现。总体来看，从研究评价政府互联网服务能力到研究评价政府数字化服务能力，持续从社会需求端感知视角开展评价，更加凸显数字化改革的重要引擎作用，既体现了原有指标体系的外在价值的延续，也明晰了内在机理的迭代。

关键词： 政府治理　数字政府　数字治理　数字化服务能力

一　政府数字化服务能力的内涵与评价

加强数字政府建设是全面建设社会主义现代化国家的历史性、全局性、战略性任务，是建设网络强国、数字中国的基础性和先导性工程，是创新政府治理理念和方式、形成数字治理新格局、推进国家治理体系和治理能力现代化的重要举措。近年来，我国数字政府发展战略不断革新，党的十九届四中全会首次将数字政府建设要求写进国家层面文件中；《中华人民共和国国民经济和社会发展第十四个五年规划和2035年远景目标纲要》明确了全面建设数字政府，实现国家治理体系和治理能力现代化的目标、方针、路线；2022年4月，中央全面深化改革委员会第二十五次会议强调，要全面贯彻网络强国战略，把数字技术广泛应用于政府管理服务，推动政府数字化、智能化运行，为推进国家治理体系和治理能力现代化提供有力支撑；2022年6

月，国务院印发《关于加强数字政府建设的指导意见》，这是首部国家层面关于数字政府建设的系统性、指导性、改革性文件，标志着数字政府建设迈入发展新阶段，进入加速发展期。2023 年 2 月，中共中央、国务院联合印发《数字中国建设整体布局规划》，这是我国数字中国建设的第一部纲领性文件，明确提出了"2522"数字中国建设整体框架，对政府数字化战略提出了新的要求，其中"发展高效协同的数字政务"明确了政府数字化转型的方向和边界，也明确了其与数字经济、数字文化、数字生态等各领域发展之间的关系。国家战略规划与顶层设计越来越清晰，国家数字化治理体系正在形成，政府数字化转型也迈入了新的阶段。

过去五年，课题组围绕政府数字化转型，基于政府履职能力与政府网上履职能力的重构，构建了中国地方政府互联网服务能力评价体系，从政府互联网服务供给能力、服务响应能力、服务智慧能力三个评价维度，以"泛互联网"为评价载体，以地级行政区（城市）为评价对象，持续关注全国地方政府数字化转型进程、关注整体政府理念转变、关注地方数字政府建设全过程发展水平演进。五年的评估研究发现，我国地方政府互联网服务供给能力从规范供给转向整体供给、服务响应能力从线性响应转向协同响应、服务智慧能力从端点智能转向集约智能。这些研究发现都指向政府数字化转型的快速推进，是各地方政府主动顺应经济社会数字化转型趋势，充分释放数字化发展红利，推进政府"三融五跨"协同管理和服务的数字化改革和制度创新，实现从政府网上履职能力向政府数字化履职能力提升转变的显性成效。

从政府网上履职能力到政府数字化履职能力，不仅仅是概念上的变迁，更是对社会形态进化趋势下国家战略选择的价值认同。政府网上履职能力是"网络化"过程，即线下公开服务向线上方式转变的网络实现过程；政府数字化履职能力是"数字化"过程，即通过平台建设推进数据规范供给，通过技术赋能推进多维数据自由流动，通过组织进化与制度创新推进数字生态下整体政府高效协同履职能力提升，从而实现"智能化""整体化"。近年来，数字政府建设进入新发展阶段，地方政府网上履职已经成为常态和现

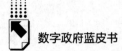

实，而打造泛在可及、智慧便捷、公平普惠的数字化服务体系，不断提升政府数字化履职能力则是各级地方政府正在面临的新挑战。数字化转型背景下，对地方政府服务能力评价的理念、定位、评价机制等都将面临新的变革。

鉴于此，课题组着眼于推进数字政府建设中的理念进化、组织进化、治理进化，在原有政府互联网服务能力评价体系的基础上，迭代形成了从社会需求端感知和研判政府输出端的政府数字化服务能力评价体系，以期评价数字政府内化的进程和成效。

（一）政府数字化服务能力的内涵

数字政府建设的本质是以数字技术重塑政府治理体系，以数字化改革助力政府职能转变，通过技术创新和制度创新双轮驱动，推动政府治理流程再造和模式优化，充分发挥数据的基础资源作用和创新引擎作用，实现政府从宏观决策协同到中观政策协调、从微观政策执行到服务资源配给的有机整合，不断提高政府决策科学性和管理服务效率，催生经济社会发展新动能，不断满足人民对美好生活的向往。其内在的逻辑是数字化带来的整体政府数字化履职的决策革命到服务革命。

政府数字化服务能力是指政府主动顺应经济社会数字化转型趋势，以数据技术的广泛应用驱动政府治理理念转变、组织机制变革、治理流程优化，推进政府向整体供给服务、协同响应服务、高效智慧服务的新形态进化，进而将政府数字化履职的内在能力建设外化为社会公众可感知的泛在可及、智慧便捷、公平普惠数字化服务体系的综合能力。政府数字化服务能力建设的出发点和落脚点是满足人民美好生活向往，是构建数字化、智能化的政府运行新形态成效显现的关键支撑，是推进国家治理体系和治理能力现代化的重要体现。

（二）政府数字化服务能力的构成

基于政府数字化服务能力的内涵，其核心内容是政府通过数字化转型，即通过组织进化与制度创新推进数字生态下整体政府高效协同履职能力提升，实现服务主动规范供给和基于公众服务需求的精准响应，以实现"智能化""整体化"服务，从而打造泛在可及、智慧便捷、公平普惠的数字化服务体系。因此，政府数字化服务能力将从服务供给能力、服务响应能力、服务智慧能力和数据驱动能力四个一级维度进行评价。

1. 服务供给能力

服务供给能力是指将数字技术广泛应用于政府管理服务，通过建立健全数据治理制度和标准体系，推进数据规范供给、业务流程标准统一、政府治理与数字化深度融合，规范、高效、整体地实现政府服务供给的能力。主要包括规范供给能力、平台供给能力、融合供给能力。

2. 服务响应能力

服务响应能力是指政府从企业和群众需求出发，通过建立健全快速响应、及时感知、协同联动的常态化机制，推动政务服务从政府供给导向向企业和群众需求导向转变，持续、敏捷、有效地回应企业和公众服务需求的能力。主要包括服务感知能力、服务受理能力和服务回应能力。

3. 服务智慧能力

服务智慧能力是指政府利用大数据、人工智能、区块链等新技术，通过建立健全数据分析预判机制、统筹推进业务与数据的高效融合，智能、精准地满足公众和企业差异化、个性化、多元化需求的能力。主要包括智能交互能力和智能定制能力。

4. 数据驱动能力

数据驱动能力是指政府加强数据汇聚融合、共享开放和开发利用，促进数据依法有序流动，充分发挥数据的驱动作用和创新引擎作用，通过数据开放、多元参与等方式让各方主体依托城市数字化治理界面实现高质量互动的能力，以实现与数字经济、数字社会、数字文化、数字生态文明的有效衔接、统筹推进、协调发展。

（三）中国地方政府数字化服务能力评价

本报告根据迭代调整后的政府数字化服务能力评价指标体系开展评价工

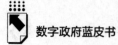

作，评价结果根据差分趋势将全国4个直辖市和333个地级行政区划分为领先发展、积极发展、稳步发展、亟待发展四种类型。迭代后的政府数字化服务能力评价指标体系在评价指标、权重、采集点位均有相应调整，对评价逻辑与采集方式进行了优化，整体相较于前五年报告有较大的调整幅度，更加聚焦数字政府建设的重点难点，凸显数字化改革的重要引擎作用，以期更准确地反映政府数字化服务能力发展的实际情况。

1. 指标体系设计

本报告延续了政府互联网服务能力评价体系的服务供给能力、服务响应能力和服务智慧能力三个一级评价指标维度，为凸显数字化改革的重要引擎作用，本报告调整及优化了相应的二级和三级评价指标，去掉了如系统适配性等纯技术性的指标，新设置了12345知识库等数据应用相关的评价采集点位，将数字化转型的外化实效贯穿于政府服务供给、响应和智慧能力三个维度的评价之中。增设了"数字驱动能力"的一级观察评价维度，以期持续研究观察数字政府引领驱动数字经济、数字社会、数字文化和数字生态文明全方位协同发展状况。

本报告评价指标体系设计为三级，包括4个一级评价指标、9个二级指标和24个三级指标，具体设计如表1所示。

表1 政府数字化服务能力评价指标体系

一级指标	二级指标	三级指标
服务供给能力 40%	规范供给能力(30%)	清单规范性(50%)
		内容规范性(30%)
		流程规范性(20%)
	平台供给能力(30%)	平台整合能力(25%)
		平台应用能力(75%)
	融合供给能力(40%)	单部门贯通能力(40%)
		跨部门协同能力(40%)
		跨地区联动能力(20%)

一级指标	二级指标	三级指标
服务响应能力 30%	服务感知能力（20%）	主动感知回应（50%）
		办事服务效果评价（50%）
	服务受理能力（40%）	办事诉求受理能力（50%）
		互动诉求受理能力（50%）
	服务回应能力（40%）	办事服务渠道引导（20%）
		办事服务便利程度（40%）
		诉求回复响应（40%）
服务智慧能力 20%	智能交互能力（60%）	智能搜索（50%）
		智能问答（50%）
	智能定制能力（40%）	定制服务（65%）
		智能推送（35%）
数据驱动能力 10%	数据驱动能力（100%）	数据开放能力（20%）
		数据检索能力（20%）
		数据调用能力（20%）
		数据应用能力（30%）
		数据安全保障（10%）

2. 数据来源与采集

本报告数据采集①采用"人工+机器"交叉结合的方式实施，充分发挥人工采集精准、交互和技术采集高效、快速的各自优势，实现全覆盖、全流程的数据采集与回归校验，是本报告的重要创新之一。

（1）人工采集

本报告人工采集工作由电子科技大学公共管理、行政管理专业的5名博士研究生、20名硕士研究生和49名本科生，共计74人集中完成。人工数据校验工作由成都市经济发展研究院10名智慧治理和数据分析专业的研究

---

① 本报告数据采集时段为2023年7月至2023年8月。

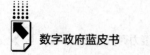

人员组成的验证团队集中完成。

人工采集工作主要分为两个部分：第一个是评价点位的数据定向采集，由专业采集人员根据评价指标和采集点位，对各地政府网站、政务服务网、信用网站、新媒体平台等进行数据的精准定向采集；第二个是用户模拟采集，由专业采集人员对需进行用户注册、办理提交、查询搜索等人机交互的点位进行全程模拟操作以采集数据，如智能问答、智能搜索、诉求回复等。

本报告对人工采集和验证进行了强化，大幅增加了人工采集点位，优化调整了采集逻辑与分工，加强了采集结果的人工识别与判断，形成了更加全面、系统的人工采集闭环和模型方法。本报告还进一步加强了对采集人员的团队建设和业务培训，通过搭建多渠道的线上线下培训与沟通机制，通过统筹把控与分级实施，提高了采集人员的专业度、专注度，人工采集的全面性与精准度得到进一步提升。

（2）技术采集

本报告技术采集工作由上海星鸟网络科技有限公司等机构提供支持，运用专业数据采集系统，在两个多月的采集周期内开展了多轮采集，实现对政务服务网等平台数据的专项采集。

技术采集主要采用定向采集方式，通过分布式网络爬虫、网页解析、机器模拟、图像识别、自然语言处理、知识图谱等技术，基于开源网页数据，自动获取目标政府互联网服务平台网页中的文本、图片、文档等数据。同时，采用搜索引擎、聚类分析等技术，对已采集数据进行分类整合、存储，并支持数据实时检测与调用。

本报告对技术采集范围进行了调整，主要针对政务服务网办事服务引导、指南和评价的信息查找与抓取，搜索引擎收录情况评判等。本报告技术采集流程进行了一定优化，共包括需求分析、模型定制、采集实施、数据整合和数据存储五个步骤，充分发挥了机器采集自动化、智能化、高效率的优势，使之为采集工作提供了重要支撑。

3.数据计算方法

本报告监测与评价在数据采集、数据校验、结果导出、数据分析等方面采用了专业技术工具与科学计算方法，以保障评价结果的客观、准确。

（1）数据采集

本评价采用互联网全量数据抓取，对153个数据采集点位进行采集，针对"数据有无""数据量""数据集合度""数据要素实现度""数据层级""时间进度"等不同指标评价需求，进行数据计算、导出和存储。

（2）数据校验

通过多维数据验证、关联评估印证和人工抽检与干预修改等"人工+技术"方式对计算结果进行验证和调整。

（3）结果导出

本评价按照三级指标权重和评价原则，共研究设计20余个计算公式，对按指标采集的全部样本数据进行分值转化计算，形成4个直辖市和333个地级行政区的评价结果（分值）和按能力类别的分类排名。

（4）数据分析

本评价基于评价结果数据和分类排名情况，运用差分趋势分析、聚类分析和描述统计分析等计算分析方法进行多维数据计算，形成各地发展阶段等级划分，各地域发展状况差异化对比，一、二级指标服务能力发展态势等分析成果，支撑能力现状、区域特征、发展趋势等分析结论产生。

二 中国地方政府数字化服务能力
评价结果（2023）

（一）中国地方政府数字化服务能力总体分布与等级分布

本报告评价范围涉及337个地方政府，其中包含4个直辖市和333个地级行政区，满分是100分。以中国地方政府数字化服务能力的评价总分为基础进行差分计算，通过差分趋势发现，合肥市、辽源市、博尔塔拉蒙古自治州的

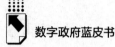

差分结果相对显著（见图1），可以作为中国地方政府数字化服务能力得分的分界点。根据以上三个点位，可将中国地方政府数字化服务能力的评价得分从高到低划分为领先发展、积极发展、稳步发展、亟待发展四种类型。

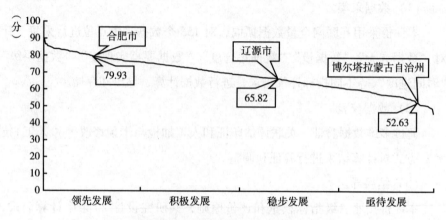

图1 中国地方政府数字化服务能力总体分布

中国地方政府数字化服务能力的四种类型：领先发展、积极发展、稳步发展、亟待发展，分别对应A、B、C、D四个等级（见表2）。

表2 中国地方政府数字化服务能力等级分布

A 领先发展类	B 积极发展类
38个地级行政区和3个直辖市，约占总样本的12.17%，整体得分均在79.93分及之上，其政府数字化服务能力位于A类等级	164个地级行政区和1个直辖市，约占总样本的48.96%，整体得分位于[65.82,79.93]，其政府数字化服务能力位于B类等级
C 稳步发展类	**D 亟待发展类**
116个地级行政区，约占总样本的34.42%，整体得分位于[52.63,65.82]，其政府数字化服务能力位于C类等级	15个地级行政区，约占总样本的4.45%，整体得分均在52.63分及之下，其政府数字化服务能力位于D类等级

本报告进一步根据A、B、C三个等级内地方政府数字化服务能力得分情况平均划分，即在每个等级内部分别形成三个级别，并根据相应得分对样本进行分类（见表3）。

表3 中国地方政府数字化服务能力评价等级分类

类型	等级	直辖市	副省级城市/省会城市	其他地级行政区
领先发展 [79.93,100)	A+ (86.57)	北京市	广州市	
	A (83.25)	上海市 重庆市	深圳市 成都市 宁波市 武汉市 济南市	温州市、湖州市、湛江市、蚌埠市、金华市、丽水市、绍兴市、中山市、台州市
	A- (79.93)		杭州市 贵阳市 沈阳市 厦门市 青岛市 长沙市 合肥市	嘉兴市、衢州市、淮北市、茂名市、芜湖市、舟山市、珠海市、亳州市、宣城市、六安市、佛山市、宜昌市、黄石市、淮南市、广元市、东营市
积极发展 [65.82,79.93)	B+ (75.32)	天津市	福州市 哈尔滨市	宿州市、潍坊市、泉州市、鄂州市、恩施土家族苗族自治州、汕尾市、云浮市、娄底市、咸宁市、东莞市、肇庆市、日照市、无锡市、潮州市、淄博市、湘潭市、三明市、宁德市、泸州市、铜陵市、韶关市、随州市、阳江市、宿迁市、淮安市、滁州市、菏泽市、黄山市、安顺市、绵阳市、荆门市、黔南布依族苗族自治州、德州市、马鞍山市、攀枝花市、内江市、惠州市、烟台市、龙岩市、吉安市、凉山彝族自治州、汕头市、遂宁市、宜春市、六盘水市、郴州市、鄂尔多斯市、遵义市、阜阳市、泰安市、河源市、镇江市
	B (70.52)		南京市 南宁市 石家庄市 郑州市 呼和浩特市	南通市、济宁市、铜仁市、赣州市、荆门市、泰州市、聊城市、清远市、威海市、达州市、毕节市、河池市、巴中市、池州市、黔东南苗族侗族自治州、连云港市、南充市、德阳市、雅安市、安庆市、临沂市、盐城市、宜宾市、抚州市、柳州市、襄阳市、揭阳市、桂林市、常德市、南平市、莆田市、漳州市、伊春市、苏州市、永州市、梅州市、崇左市、岳阳市、许昌市、滨州市、扬州市、枣庄市、江门市、贵港市、佳木斯市、常州市

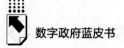

续表

类型	等级	直辖市	副省级城市/省会城市	其他地级行政区
积极发展 [65.82,79.93]	B- (65.82)		南昌市 长春市 海口市 西安市 大连市	眉山市、贺州市、信阳市、资阳市、黔西南布依族苗族自治州、阿坝藏族羌族自治州、锡林郭勒盟、甘孜藏族自治州、上饶市、湘西土家族苗族自治州、三亚市、九江市、绥化市、株洲市、牡丹江市、平顶山市、新余市、鹤岗市、益阳市、松原市、徐州市、来宾市、广安市、张家界市、自贡市、邵阳市、乐山市、钦州市、鸡西市、北海市、百色市、晋城市、景德镇市、乌兰察布市、双鸭山市、鹤壁市、四平市、白山市、商丘市、怀化市、衡阳市、赤峰市、十堰市、呼伦贝尔市、梧州市、吉林市、驻马店市、齐齐哈尔市、延边朝鲜族自治州、黑河市、玉林市、黄冈市、延安市、辽源市
稳步发展 [52.63,65.82)	C+ (61.42)		乌鲁木齐市 银川市 昆明市 兰州市 太原市	通化市、安阳市、南阳市、昌都市、大兴安岭地区、包头市、洛阳市、新乡市、焦作市、乌海市、漯河市、渭南市、孝感市、大庆市、临夏回族自治州、平凉市、金昌市、邯郸市、鹰潭市、阿拉善盟、白银市、汉中市、防城港市、武威市、萍乡市、酒泉市、白城市、嘉峪关市、唐山市、兴安盟、丽江市、三门峡市、陇南市、秦皇岛市、巴彦淖尔市、天水市、楚雄彝族自治州、通辽市、大同市、德宏傣族景颇族自治州、甘南藏族自治州、铜川市
	C (57.03)		拉萨市	海北藏族自治州、周口市、葫芦岛市、庆阳市、张掖市、保山市、大理白族自治州、文山壮族苗族自治州、开封市、辽阳市、海西蒙古族藏族自治州、承德市、保定市、怒江傈僳族自治州、宝鸡市、抚顺市、咸阳市、濮阳市、安康市、喀什地区、西双版纳傣族自治州、本溪市、昭通市、临沧市、儋州市、吕梁市、运城市、定西市、昌吉回族自治州、七台河市、铁岭市、朝阳市、盘锦市、塔城地区、廊坊市、曲靖市、迪庆藏族自治州、黄南藏族自治州、红河哈尼族彝族自治州、玉溪市、张家口市

续表

类型	等级	直辖市	副省级城市/省会城市	其他地级行政区
稳步发展 [52.63,65.82)	C- （52.63）		西宁市	沧州市、丹东市、普洱市、山南市、阳泉市、鞍山市、锦州市、果洛藏族自治州、衡水市、石嘴山市、克拉玛依市、邢台市、长治市、海东市、营口市、林芝市、和田地区、三沙市、伊犁哈萨克自治州、玉树藏族自治州、朔州市、阿克苏地区、哈密市、阜新市、商洛市、博尔塔拉蒙古自治州
亟待发展 [0,52.63)	D			那曲市、日喀则市、吴忠市、中卫市、阿勒泰地区、吐鲁番市、巴音郭楞蒙古自治州、晋中市、固原市、忻州市、海南藏族自治州、榆林市、克孜勒苏柯尔克孜自治州、阿里地区、临汾市

（二）中国地方政府数字化服务能力评价结果分析

1. 中国地方政府数字化服务能力等级分布情况总体分析

随着我国数字政府建设步伐持续加快，我国地方政府数字化服务能力水平进一步提升。根据地方政府数字化服务供给能力、服务响应能力、服务智慧能力、数据驱动能力四个指标的总得分测算，在本次报告中，北京位列第一名，得分为89.89分；广州市、深圳市、上海市、温州市、成都市分列第二至六名，得分均在85分以上；最低得分为45.81分。

在领先发展类（A类）中，有3个直辖市和38个地级行政区入选，入选的地方政府数量与2022年报告相同。在加大评估难度后，排名前三的地方政府与其后地方政府的得分拉开了明显差距，说明北京市、广州市、深圳市3个一线城市在政府数字化服务的便利度、智慧化、数字化等方面的探索成效显著，引领示范作用更加凸显。

在积极发展类（B类）中，有1个直辖市和164个地级行政区入选。在新增多个观察指标并调整了部分指标对数字化考察的前提下，我国多个地方政府数字化服务能力仍处于较高发展水平。由此可见，地方政府坚持以更大力度、更实举措加快数字政府建设，助力数字化服务水平迈上新台阶。

在稳步发展类（C 类）中，有 116 个地级行政区入选。部分城市与领先城市的差距已在缩小，我国数字政府建设迈入发展新阶段，地方政府仍需完善数字政府功能，持续深化"互联网+政务服务"，大力提升数字化服务能力。

在亟待发展类（D 类）中，地级行政区数量为 15 个，与 2022 年报告基本一致（见图 2）。其地方政府数字化服务的质量和水平正逐步向前追赶，体现我国各地方政府积极以数字化改革助力政府职能转变，开展探索尝试，并取得一定成效。

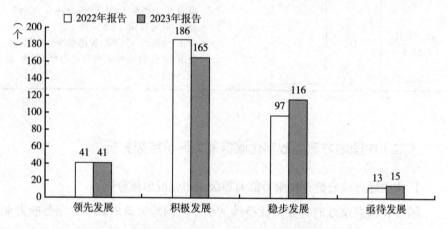

图 2　地方政府数字化服务能力等级分布的年度比较

2. 中国地方政府数字化服务能力一级指标发展程度总体分析

在本报告中，地方政府数字化服务供给能力、服务响应能力、服务智慧能力、数据驱动能力在总指标中的权重分别为 40%、30%、20% 和 10%。在 4 个一级指标中，服务供给能力均值为 30.94 分，得分率①为 77.35%；服务响应能力均值为 21.91 分，得分率为 73.03%；服务智慧能力均值为 11.82 分，得分率为 59.10%；数据驱动能力均值为 4.04 分，得分率为 40.40%。从图 3 可以得出，地方政府数字化服务供给能力发展程度相对较高，服务响

---

① 得分率为实际得分占满分的比重。

应能力次之，而服务智慧能力和数据驱动能力仍有较大的发展空间。服务供给能力在4项一级指标中发展程度最佳，可见我国各地方政府善于运用各类数字化手段提供服务，推进政府线上线下政务服务的高度融合，着力提高政府服务供给的规范程度、协同水平和贯通效果。

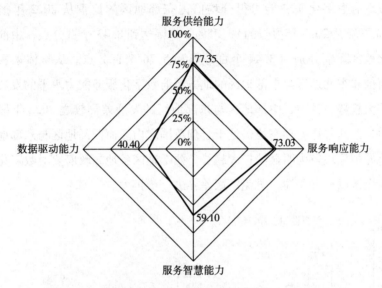

图3 地方政府数字化服务能力一级指标得分率（单位：%）

　　需要说明的是，本报告根据数字政府建设相关要求等，对服务供给能力、服务响应能力、服务智慧能力的评估指标、权重、采集点位和评判方式等进行了调整，并新增了数据驱动能力维度，评估难度逐年上涨，评价要求相较于2022年报告更高、更细、更严，总体得分率有所下降。

3. 中国地方政府数字化服务能力的区域比较分析

　　在区域①对比方面，东部地区的政府数字化服务能力得分均值为77.46分，中部地区、西部地区和东北地区的得分均值依次为69.97分、64.56分

---

① 按照国家统计局所制定的标准，东部地区包括北京、天津、河北、上海、江苏、浙江、福建、山东、广东、海南10个省（市）；中部地区包括山西、安徽、江西、河南、湖北、湖南6个省；西部地区包括内蒙古、广西、重庆、四川、贵州、云南、西藏、陕西、甘肃、青海、宁夏、新疆12个省（区、市）；东北地区包括辽宁、吉林、黑龙江3个省。

和65.08分。在四个区域中，东部地区地方政府数字化服务能力依然保持较为明显的发展优势，与其他地区形成较大的发展差异。如图4所示，中部地区、西部地区和东北地区地方政府数字化服务能力得分均值占东部地区地方政府数字化服务能力得分均值的比重均出现一定程度的下降。其中，西部地区地方政府数字化服务能力得分均值占东部地区的比重从2022年报告的91.78%下降至2023年报告的83.35%，降幅达到8.43个百分点，中部地区和东北地区降幅分别为3.44个百分点和5.76个百分点。从整体来看，中部、西部和东北地区与东部地区的地方政府数字化服务能力水平的发展差异存在扩大趋势。其中，中部地区与东部地区的发展差异较之2022年报告虽有扩大，但其整体变动态势仍处于合理范围之内。而西部地区与东部地区的发展差异则呈现较为明显的扩大趋势，西部地区各地方政府要对数字化服务能力建设予以充分关注，避免区域差异进一步扩大。

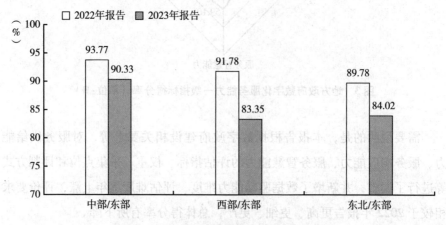

图4 地方政府数字化服务能力的区域比较

在省级政府对比方面，省级政府数字化服务能力[①]整体情况较2022年报告有所降低，其得分均值为67.40分。在省/自治区中，浙江省、广东省和安徽省的省级政府数字化服务能力得分均在78分以上，尤其是浙江省在

---

① 省级政府数字化服务能力得分为直辖市数字化服务能力得分或省域内各地级行政区政府数字化服务能力得分的均值。

本次报告中提升明显，从 2022 年报告中的 82.21 分增长至 83.67 分。图 5 显示了省级政府数字化服务能力得分 2023 年报告与 2022 年报告的对比情况，由于地方政府数字化服务能力的评估体系有所调整，评价要求更为严格，因此大部分省份在 2023 年报告中得分都有所下降，仅山东省和浙江省有所提升。其中，宁夏从 73.73 分下降至 54.77 分，下降幅度达到 25.71%。从省级政府之间的差异上看，各省级政府数字化服务能力得分的标准差为 8.33 分，比 2022 年报告结果上升 2.73 分，这说明省级政府之间的数字化服务能力差异较之 2022 年报告有一定程度的扩大。

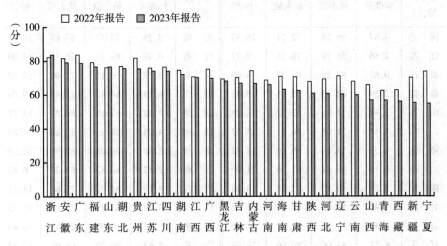

图 5　省级政府数字化服务能力得分的年度比较

在省域内地级行政区横向对比方面，各省域内部地级行政区的政府数字化服务能力之间仍存在一定发展差异，促进省域内部地方政府数字化服务能力均衡发展依然是实现经济社会和谐并进的重要体现。在本次报告中，浙江省、甘肃省、吉林省是省域内地级行政区之间政府数字化服务能力标准差最小和极差最小的 3 个省，表明其地级行政区之间政府数字化服务能力的发展相对均衡。相比之下，海南省、辽宁省、湖北省是标准差最大的 3 个省，尤其是海南省内地级行政区政府数字化服务能力标准差高达 7.30 分，说明其省内地级行政区之间政府数字化服务能力的发展存在较大的差距。同时，四川省内地级行政区之间政府数字化服务能力的极差也相对较高，发展水平最高的成都市与发展水平最低的乐山市差距达到16.85分（见表4）。各省（自治区）在推进数字政府建设、提升政府数字化服务能力的同时，需给予区域发展差异以充分关注，既要避免低水平下的高均衡问题，也要避免高水平下的低均衡现象，协调促进省域内地级行政区的同步发展。

表4　省域内地级行政区数字化服务能力分析

单位：分

省（自治区）	标准差	最小值	最大值	极差	省（自治区）	标准差	最小值	最大值	极差
河　北	4.87	56.24	72.71	16.47	安　徽	3.28	73.53	83.88	10.36
江　苏	2.86	68.79	78.51	9.72	江　西	4.49	63.21	76.30	13.09
浙　江	0.89	82.28	85.37	3.08	河　南	3.62	60.11	72.69	12.58
福　建	3.39	72.37	80.81	8.43	湖　北	6.15	64.42	83.47	19.04
山　东	3.41	71.06	83.32	12.26	湖　南	4.48	67.16	80.37	13.21
广　东	4.44	71.03	86.61	15.57	四　川	4.24	68.29	85.14	16.85
海　南	7.30	54.84	69.66	14.82	贵　州	2.88	70.08	80.97	10.89
山　西	6.15	45.81	67.76	21.96	云　南	2.12	56.82	63.29	6.47
陕　西	5.53	49.70	67.78	18.08	内蒙古	4.19	61.92	75.62	13.71
甘　肃	1.44	59.03	64.29	5.26	广　西	3.16	63.46	74.20	10.75
青　海	3.43	50.22	61.41	11.20	西　藏	5.56	49.03	65.48	16.45
辽　宁	6.71	53.96	80.95	26.99	宁　夏	5.68	50.76	64.09	13.34
吉　林	1.89	63.17	69.76	6.58	新　疆	4.37	49.44	65.80	16.37
黑龙江	4.48	58.46	77.70	19.24	—	—	—	—	—

4. 直辖市政府数字化服务能力比较分析

本报告对北京市、上海市、天津市和重庆市4个直辖市的政府数字化服务能力的整体表现进行了比较分析（见图6）。本报告中，北京市、上海市、重庆市、天津市的政府数字化服务能力总体得分分别为89.89分、85.56分、83.77分、75.44分。相较于全国各地方政府数字化服务能力总体得分的均值，4个直辖市政府数字化服务能力总体得分较高，均处于本次报告政府数字化服务能力评价等级分类中积极发展及以上水平。尤为突出的是，北京市、上海市、重庆市各自的总体得分均超过本报告 79.93 分的 A 级水平线，并且北京市以越线 3.32 分的水平位居 A 级梯队中的 A+ 等级，上海市和重庆市以越线 2.31 分和 0.52 分的优势位居 A 级梯队中的 A 等级，均处于全国领先发展水平。直辖市中总体得分最低的天津市也以 75.44 分超过 B 级水平线，处于积极发展水平。从得分情况来看，北京市、上海市和天津市的总体得分相较于 2022 年报告均有所降低，考虑到 2023 年报告评分体系的变化，3 个直辖市下降程度系合理范围。重庆市总体得分相较于 2022 年报告有所提升，政府数字化服务能力建设效果值得肯定。4 个直辖市之间的总体得分极差从 2022 年报告的 13.39 分降低为 14.45 分，直辖市之间的政府数字化服务能力差异有所扩大。

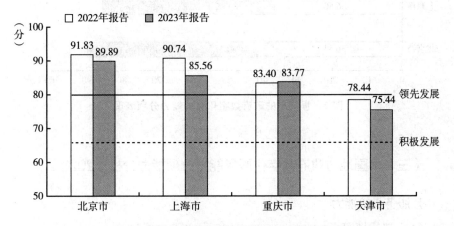

图 6　直辖市的政府数字化服务能力整体表现

本报告进一步从直辖市的分项能力表现进行了比较分析（见图 7）。具体来看，在政府数字化服务供给能力层面，北京市和上海市表现较好，分别获得 36.81 分和 36.50 分，得分率为 92.03% 和 91.25%。同时，相较于 2022 年报告，重庆市的服务供给能力有明显提升。在政府数字化服务响应能力层面，4 个直辖市的分项得分标准差为 2.12 分，在 4 个分项能力中最大，表明在此项能力上，各直辖市之间的发展差异较大，尤其是天津市此项得分明显低于其他 3 个直辖市。在政府数字化服务智慧能力层面，北京市分项得分水平最佳，以 18.16 分的得分与天津市的 12.28 分产生了较大差异，分项极差高达 5.88 分。除此之外，相较于 2022 年报告，上海市的服务智慧能力出现一定程度的下降。在数据驱动能力层面，上海市分项得分水平最佳，政府数据驱动能力方面的发展情况优于其他 3 个直辖市。除此之外，4 个直辖市在数据驱动能力的分项得分均高于全国各地方政府数字化服务数据驱动能力分项得分的均值，整体发展向好。

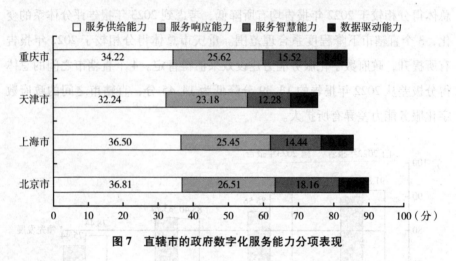

图 7　直辖市的政府数字化服务能力分项表现

（三）中国地方政府数字化服务能力分项能力分析（2023）

1. 服务供给能力

（1）整体情况

在 2023 年报告中，337 个地方政府数字化服务供给能力得分的均值为 30.94 分（满分 40.00 分），得分率为 77.35%。其中，4 个直辖市均值为 34.94 分，得分率为 87.35%，333 个地级行政区均值为 30.90 分，得分率为 77.25%。从得分率的分布情况来看，如图 8 所示，得分率超过 60% 的地方政府共有 334 个，占比达 99.11%。可见，我国地方政府数字化服务供给能力建设成效明显，发展态势较好，相较而言，直辖市的政府数字化服务供给能力整体高于地级行政区。北京、上海、深圳、合肥、宿州得分率超过了 90%，在数字化转型加快的当下仍然能够持续保持高质量的供给，为其他地区发展提供了范本，相较之下，海南、山西和西藏供给能力还需进一步提升。

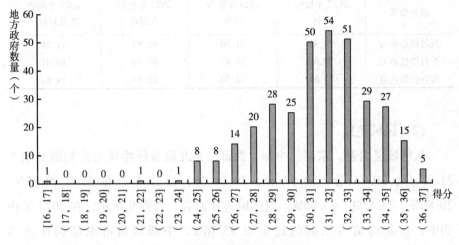

图8　服务供给能力得分分布

中国地方政府数字化服务供给能力可进一步细分为规范供给能力、平台供给能力与融合供给能力。在服务供给能力中，如表5所示，337个地方政府的平台供给能力的平均分为10.38分，得分率最高，为86.47%；融合供给能力平均分为11.95分，得分率排在第二，为74.70%；规范供给能力的平均分为8.62分，得分率最低，为71.80%。整体来看，规范供给能力和融合供给能力差异较小，平台供给能力最为突出。2023年报告中直辖市服务供给能力的细分能力得分率均高于地级行政区。值得注意的是，直辖市在平台供给能力上得分率高达91.46%。与2022年报告相比，平台供给能力和融合供给能力得分率均有所上升，其中，平台供给能力进步最为明显，但规范供给能力得分率下降幅度较大，可见，服务供给能力的下降主要是由于规范供给能力的不足。数据表明，我国地方政府数字化服务供给的协同水平较高、贯通效果较强，但数字化服务供给的规范化程度还有待提升，地方政府需加强服务供给标准化体系建设，规范信息公开的目录、内容、流程，推动服务供给能力的进一步提升。

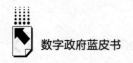

表5 服务供给能力细分维度均值得分率

单位：%

细分维度	2022年报告整体	2023年报告整体	2023年报告直辖市	2023年报告地级行政区
规范供给能力	75.42	71.80	90.62	71.58
平台供给能力	70.67	86.47	91.46	86.41
融合供给能力	73.69	74.70	81.84	74.61

（2）区域差异

从区域层面看，东部、中部、西部、东北服务供给能力的均值分别为31.75分、30.74分、30.57分、29.58分，得分率也依次为79.38%、76.86%、76.42%、73.95%。就区域差异而言，如图9所示，在2023年报告中，东北均值占东部的比重为93.16%，中部均值占东部的比重为96.82%，西部均值占东部的比重为96.27%。从变化趋势来看，与2022年报告相比，在2023年报告中，中部的均值占东部比重上升了5.63个百分点，西部的均值占东部的比重上升了2.89个百分点，而东北的均值占东部比重回落了2.5个百分点。可以看出，与2022年报告相比，中部及西部的服务供给能力与东部的差距进一步缩小，这表明一年以来中部和西部服务供给能力建设取得了明显成效，中部地区尤为显著。值得注意的是，西部地区服务供给能力总体呈现上升趋势，却呈现两极分化趋势，其中重庆、四川、贵州等省份凭借后发优势，正迎头赶上发达地级行政区，但西藏、新疆等地建设水平仍较低。

从省域层面来看，如图10所示，在2023年报告中，北京、上海、安徽是表现最好的三个省级行政区，得分分别为36.81分、36.50分、35.26分，相应得分率为92.02%、91.26%、88.16%。但海南、山西、西藏等省级行政区的得分则较低，分别为25.53分、26.11分、24.75分，得分率分别为63.81%、65.27%、61.86%。对比2022年报告，从相对排名来看，可以发现，云南、山东、吉林、青海等省级行政区的进步较快，而海南、新疆、贵州等省级行政区相对排名出现了明显下滑。特别是，北

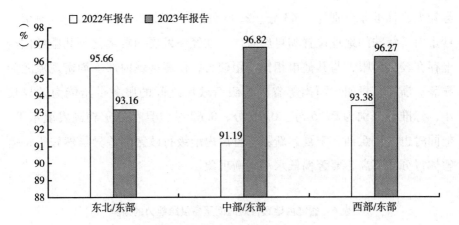

图9 服务供给能力区域差异

京的排名一直保持在全国前列，所累积的实践经验可为全国政府数字化服务供给能力建设提供参考。

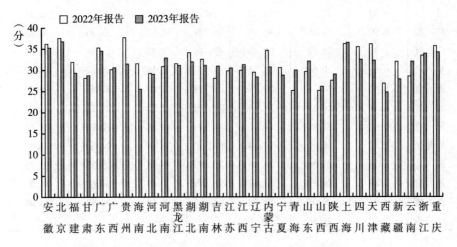

图10 服务供给能力得分的省域分布年度对比

从地级行政区层面看，2023年报告中省域内各地级行政区服务供给能力得分的标准差为2.86分，海南和江西标准差高于全国平均水平，说明海南和江西的服务供给能力区域均衡发展水平还有待进一步提升。从表6可以看出，海南、江西、辽宁等省内地级行政区之间的服务供给能力差异较大，标准差分别为 6.43 分、2.90 分、2.71 分。需注意的是，海南三沙市由于特殊的地理位置和自然条件，在经济发展和数字化公共服务供给上存在较大局限，与其他市相比差距较大，使得区域内部不均衡现象尤为显著。浙江、贵州、河南等省内地级行政区之间的服务供给能力差异较小，标准差分别为 0.45 分、0.59 分、0.62 分，且都处于较高发展水平，但同时也需注意到，宁夏、新疆等省域内地级行政区的差异虽然较小，但整体得分并不高，要警惕低水平均衡现象。

表6 省域内地级行政区间服务供给能力的差异

单位：分

省（自治区）	标准差	最小值	最大值	省（自治区）	标准差	最小值	最大值
安 徽	0.64	33.92	35.90	江 西	2.90	26.12	34.90
福 建	1.01	27.95	30.74	辽 宁	2.71	24.74	34.58
甘 肃	0.93	27.61	30.49	内蒙古	1.42	28.23	32.84
广 东	0.99	32.68	36.18	宁 夏	0.87	27.94	30.23
广 西	1.33	28.17	32.93	青 海	1.93	25.96	32.20
贵 州	0.59	30.61	32.35	山 东	1.38	30.07	34.20
海 南	6.43	16.36	31.38	山 西	2.08	23.63	30.05
河 北	1.71	26.55	31.46	陕 西	2.22	24.58	32.12
河 南	0.62	31.91	34.11	四 川	1.35	30.90	35.44
黑龙江	1.57	26.55	32.49	西 藏	1.48	21.80	26.47
湖 北	1.18	29.59	34.46	新 疆	0.95	25.85	30.23
湖 南	0.80	29.81	32.69	云 南	1.43	29.63	34.38
吉 林	1.03	29.28	32.40	浙 江	0.45	32.97	34.46
江 苏	1.62	28.58	32.58	—	—	—	—

（3）分项能力

从规范供给能力上看，如图 11 所示，337 个地方政府中最高分为 11.71 分，最低分为 2.76 分，平均分为 8.62 分，均值得分率为 71.83%，略低于服务供给能力的均值得分率（72.63%）。天津市、河池市、宿州市的规范供给能力相对较高，三沙市、营口市、锦州市的规范供给能力相对较低。全国有 168 个地级行政区规范供给能力超过全国平均水平，占比达 49.85%。有 280 个地方政府得分率超过 60%，占比达 83.09%。可见，地方政府总体规范供给能力尚可，但仍有较大的进步空间，且不同区域差距较大。值得注意的是，河池市虽位于西部欠发达地区，但其大力加强数字政府基础设施建设，全市政务信息系统上云实现"应上尽上"，各项公共服务规范化程度得到明显提升，全市政务服务事项网上可办率达 99.95%，其经验可以为欠发达地区提高规范供给能力提供参考。

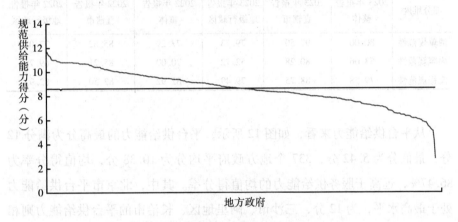

图 11　规范供给能力得分分布

如表 7 所示，就 337 个地方政府的整体情况而言，在规范供给能力的三个细分维度中，清单规范性的均值得分率最高，为 80.00%；流程规范性的得分率排在第二，为 79.58%；内容规范性得分率最低，为 53.06%。在 2023 年报告中，直辖市在清单规范性、内容规范性和流程规范性上的表现均优于地级行政区，尤其是直辖市在清单规范性上的得分率高达 97.50%，而地级行政区仅为 79.73%，因此，直辖市在清单规范性的经验值得地级行政区借鉴。与 2022 年报告相比，337 个地方政府的内容规范性和流程规范性得分率呈现下降趋势，分别下降 16.94 个百分点和 3.34 个百分点，但清单规范性得分率呈现上升趋势；直辖市在 2023 年报告中的清单规范性和流程规范性得分率均有所提升，但内容规范性有所下降；地级行政区则在内容规范性和流程规范性上有所下降，仅清单规范性上有所上升。从2022年报告与2023年报告的评价结果来看，中国地方政府在服务内容规范性建设上出现了滞后，企事业公开和社会信用体系建设方面存在目录、信息内容不全问题，在信息公开的持续性和完整性上存在不足。

表7　规范供给能力细分维度均值得分率

单位：%

细分维度	2023年报告整体	2023年报告直辖市	2023年报告地级行政区	2022年报告整体	2022年报告直辖市	2022年报告地级行政区
清单规范性	80.00	97.50	79.73	77.29	85.62	77.08
内容规范性	53.06	80.28	52.72	70.00	85.21	69.79
流程规范性	79.58	88.75	79.49	82.92	82.50	82.92

从平台供给能力来看，如图12所示，平台供给能力的最高分为满分12分，最低分为5.42分，337个地方政府平均分为10.38分，均值得分率为86.47%，远高于服务供给能力的均值得分率。其中，北京市平台供给能力处于最高水平，为12分，三沙市、阿里地区、长治市的平台供给能力则相对较低。全国有174个地方政府平台供给能力得分超过全国平均水平，占全部地方政府数量的51.63%。平台供给能力得分率超过60%的地方政府有333个，占全部地方政府数量的98.81%。可见，地方政府平台服务供给能力总体较好，得益于全国一体化政务服务的推行，各地区基本都建立起了线上政务服务平台，并不断拓宽线上服务办理渠道、增加可办服务事项，大大提升了政务服务效率与便捷度。领跑的北京市以"一网通办"为核心，不断拓宽政务服务覆盖面，在整合能力建设、服务供给完备度上取得了显著成效。

如表8所示，就337个地方政府的整体情况而言，在平台供给能力的两个细分维度中，平台应用能力的得分率较高，为86.84%；平台整合能力的得分率稍低，为85.37%。在2023年报告中，直辖市在平台应用能力上的表现均好于地级行政区，得分率高达94.45%，直辖市在平台应用能力上的经

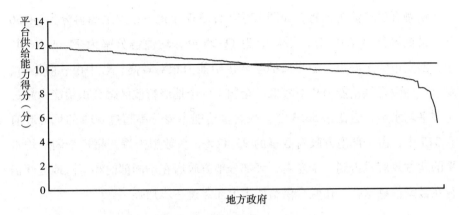

图12　平台供给能力得分分布

验值得地级行政区借鉴。地级行政区在平台整合能力上的表现要优于直辖市。从整体的时间趋势变化来看，相对于2022年报告的评价结果，在2023年报告中，337个地方政府的平台整合能力和平台应用能力的得分率都出现了上升趋势，分别上升了9.04个百分点和7.45个百分点。直辖市在2023年报告中的平台应用能力有所提升，但平台整合能力有所下降；地级行政区则在平台整合能力和平台应用能力上都出现了提升趋势。相较于2022年报告，中国地方政府在平台整合能力和平台应用能力上的整体建设取得了显著的成效，但直辖市在平台整合能力上出现了倒退。随着数字化服务渠道的不断拓宽，多平台、多方式的公共服务提供为公众带来了更多选择，同时也对官网整合数字化服务提供的多样化渠道提出了更高要求。

表8　平台供给能力细分维度均值得分率

单位：%

细分维度	2023年报告整体	2023年报告直辖市	2023年报告地级行政区	2022年报告整体	2022年报告直辖市	2022年报告地级行政区
平台整合能力	85.37	82.50	85.40	76.33	90.00	76.00
平台应用能力	86.84	94.45	86.78	79.39	84.24	79.39

从融合供给能力来看，如图 13 所示，337 个地方政府最高得分为 14.36 分，最低得分为 7.07 分，平均分为 11.95 分，均值得分率为 74.69%。其中，西安市、上海市、随州市的融合供给能力相对较高，晋中市、商洛市、新余市的融合供给能力相对较低。全国 190 个地级行政区融合供给能力超过全国平均水平，占比达 56.38%。融合供给能力得分率超过 60% 的地方政府有 315 个，占全部地方政府数量的 93.47%。从数据来看，超过全国平均水平的地方政府只占到一半左右，大部分地方政府在不同部门和不同地区间仍存在数据信息壁垒，在融合供给能力上还需进一步加强。

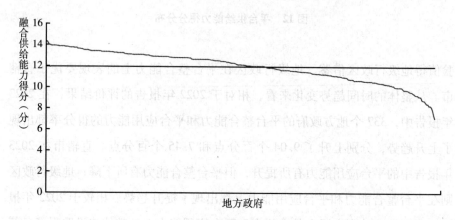

图 13　融合供给能力得分分布

如表 9 所示，就 337 个地方政府的整体情况而言，在融合供给能力的细分维度中，跨地区联动能力均值得分率最高，达到 83.56%，其后是单部门贯通能力，均值得分率为 77.15%，跨部门协同能力较弱，均值得分率为 67.81%。在 2023 年报告中，直辖市跨部门协同能力和跨地区联动能力均高于地级行政区，特别是跨地区联动能力，直辖市均值得分率达到了 97.50%，但地级行政区在单部门贯通能力上比直辖市均值得分率更高。与 2022 年报告相比，337 个地方政府除跨部门协同能力下降外，单部门贯通能力和跨地区联动能力均有所提升，直辖市和地级行政区跨部门协同能力均有所下降，此外，直辖市在跨地区联动能力上也有所下降。可以看到，单部门贯通能力的整体进步得益于直辖市与地级行政区的共同发力，政府在单项领域的服务供给能力上表现突出。在跨地区联动能力上，地级行政区贡献更为明显，这得益于我国一系列区域协调发展战略的实施，各地区间政府合作增多，对打破标准化壁垒、实现跨区域政务效率提升起到推动作用。而跨部门协同能力仍是短板，不同部门间仍存在标准体系不完善不能共享、出于部门利益考虑不愿共享、对未知风险的恐惧导致不敢共享的情况。

表9　融合供给能力细分维度均值得分率

单位：%

细分维度	2023 年报告整体	2023 年报告直辖市	2023 年报告地级行政区	2022 年报告整体	2022 年报告直辖市	2022 年报告地级行政区
单部门贯通能力	77.15	74.30	77.19	72.08	59.58	72.08
跨部门协同能力	67.81	81.55	67.64	77.18	85.47	77.18
跨地区联动能力	83.56	97.50	83.39	70.63	100	70.20

2. 服务响应能力

（1）整体情况

在 2023 年报告中，337 个地方政府服务响应能力得分的均值为 21.91 分（满分 30.00 分），得分率为 73.03%。其中，4 个直辖市均值为 25.19 分，得分率为 83.97%，333 个地级行政区均值为 21.87 分，得分率为 72.90%。从地方政府得分率的分布情况来看，如图 14 所示，得分率超过 60% 的地方政府共有 294 个，占比达 87.24%。可见，我国地方政府服务响应能力建设成效较为明显，发展态势较好。但数字化转型继续深入以及公众对政府期待的进一步上升，对服务响应能力也提出了更高的要求，故仍有部分地方政府在服务响应能力方面的得分与整体表现出较大差距。相较而言，直辖市服务响应能力整体高于地级行政区。面对数智化发展趋势，直辖市政府进一步提升政务服务效能，推动应用场景不断丰富，多渠道综合服务能力显著增强，能够更高质量、高效率地响应公众需求。

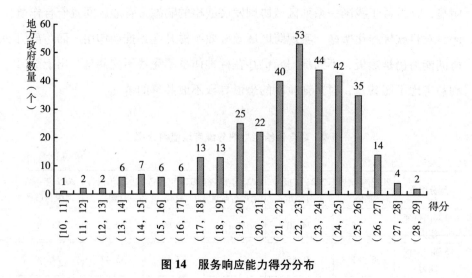

图14　服务响应能力得分分布

　　服务响应能力可进一步细分为服务感知能力、服务受理能力和服务回应能力。从各细分维度的情况来看，如表10所示，在全国337个地方政府中，服务回应能力水平最高，均值得分率为79.80%；服务感知能力次之，均值得分率为71.35%；服务受理能力最低，均值得分率为67.10%。从直辖市来看，服务回应能力均值得分率为92.36%；服务感知能力均值得分率为81.63%，服务受理能力均值得分率为76.75%。总体而言，直辖市服务响应能力的细分能力得分率均高于地级行政区，尤其是服务回应能力的得分率超过地级行政区近13个百分点，显示了直辖市在服务回应能力方面的深度应用情况。相较于2022年报告，服务受理能力下降明显，而服务回应能力稍有提升。由于指标有所变动，服务感知能力在此不做比较。数据表明，我国地方政府利用互联网较好地回应公众需求，为公众提供更加便利的服务和引导，但地方政府在提供公共服务的主动性以及办事诉求和互动诉求受理的渠道建设、智能化和便捷度上还有待进一步提高。

表 10　服务响应能力细分维度均值得分率

单位：%

细分维度	2022 年报告 整体	2023 年报告 整体	2023 年报告 直辖市	2023 年报告 地级行政区
服务感知能力	—	71.35	81.63	71.23
服务受理能力	88.33	67.10	76.75	66.99
服务回应能力	76.71	79.80	92.36	79.64

（2）区域差异

从区域层面看，东部、中部、西部、东北服务响应能力的均值分别为 23.00 分、21.47 分、22.24 分、21.82 分，得分率也依次为 76.67%、71.58%、74.12%、72.73%。总体来看，服务响应能力上呈现东部地区领跑、其他地区稳中有进的发展态势。就区域差异而言，如图 15 所示，在 2023 年报告中，东北均值占东部的比重为 93.37%，中部均值占东部的比重为 96.68%，西部均值占东部的比重为 94.87%。从变化趋势来看，与 2022 年报告相比，在 2023 年报告中，东北的均值占东部比重从 89.75% 上升到 93.37%，中部的均值占东部的比重从 95.13% 上升到 96.68%，而西部的均值占东部的比重从 93.83% 上升到 94.87%。可以看出，与 2022 年报告相比，东北、中部和西部的服务响应能力与东部的差距进一步缩小，这表明一年以来中部和西部服务响应能力建设取得了明显成效，中部以湖北、湖南、安徽为代表，在服务响应能力上继续保持领先优势。东北部地区进步尤为显著，哈尔滨、辽宁、吉林等省份在推动政务服务一体化建设上取得了显著成效，高效协同的施政履职数字化工作体系极大地提升了数字化服务响应能力。

从省域层面来看，如图 16 所示，在 2023 年报告中，北京、湖北、重庆是表现最好的三个省级行政区，得分率分别为 88.36%、85.50%、85.42%。但宁夏、河北、新疆等省级行政区的得分则较低，得分率分别为 56.34%、57.84%、58.28%。对比 2022 年报告，从相对排名来看，可以发现，甘肃、陕西、福建等省级行政区的进步较快，甘肃排名上升了 18

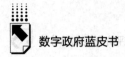

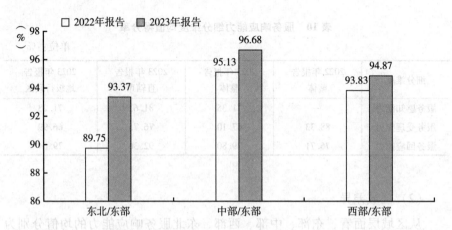

图15 服务响应能力区域差异

名，表现尤为亮眼，其"12345+N"工作体系坚持省级统筹，从省级层面解决系统建设、管理等工作，市县两级只需专注于推动深度应用，从而实现了"建用并重"，大大提升了响应公众需求的能力，为欠发达地区推进数字政府建设提供了有益的借鉴。而新疆、内蒙古、宁夏等省级行政区相对排名出现了明显下滑。

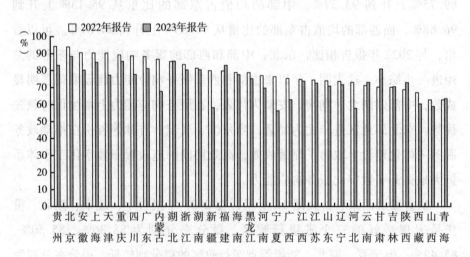

图16 服务响应能力得分率的省域分布年度对比

从地级行政区层面看，如表11所示，2023年报告中省域内各地级行政区服务响应能力得分的标准差为3.31分，山西、青海、河北、新疆的标准差均高于全国平均水平，分别为4.10分、3.39分、3.85分、3.47分，说明这四个地区的服务响应能力区域均衡发展水平还有待进一步提升；浙江、云南、甘肃等省（自治区）内地级行政区之间的服务响应能力差异较小，标准差分别为0.48分、0.77分、0.80分。浙江的标准差最小，且得分也较高，表明浙江省内各地方政府服务响应能力呈现高质量均衡发展趋势。浙江贯彻落实长三角区域一体化发展战略，在"民有所呼，政有所应"的理念指引下，通过数字化改革助推公共服务提档升级，进一步加快推动各类便民应用场景的开发，极大提升了服务响应能力，在深入民生领域方面取得了显著成果。

表11　省域内地级行政区间服务响应能力的差异

单位：分

省份	标准差	最小值	最大值	省份	标准差	最小值	最大值
安　徽	1.69	21.05	26.72	江　西	1.22	19.63	24.34
福　建	1.29	23.02	26.28	辽　宁	1.69	17.21	24.10
甘　肃	0.80	23.04	25.69	内蒙古	3.27	13.98	24.77
广　东	2.16	18.82	26.52	宁　夏	3.26	14.31	22.17
广　西	2.75	12.65	22.78	青　海	3.39	11.64	22.72
贵　州	1.66	20.99	26.70	山　东	2.40	16.48	24.80
海　南	2.78	19.22	25.52	山　西	4.10	10.48	24.15
河　北	3.85	11.71	25.00	陕　西	1.99	17.63	24.14
河　南	2.14	17.08	25.04	四　川	1.64	19.29	26.86
黑龙江	2.12	18.22	25.80	西　藏	3.02	14.84	22.92
湖　北	2.64	19.74	28.14	新　疆	3.47	12.18	23.57
湖　南	1.79	20.21	26.56	云　南	0.77	20.47	23.21
吉　林	1.88	16.78	23.05	浙　江	0.48	23.28	24.97
江　苏	2.37	16.89	25.01	—	—	—	—

　　（3）分项能力

　　从服务感知能力来看，如图17所示，337个地方政府中最高得分为6分，最低得分1.51分，平均分为4.28分，均值得分率为71.33%，标准差为0.92分。连云港市、三亚市、合肥市、黄山市以及金昌市5个地方政府取得了最高分6分，而山西临汾市服务感知能力则相对较低。直辖市方面，服务感知能力平均分为4.90分，333个地级行政区均值为4.27分，两者相差0.63分。对比直辖市与地级行政区可以发现，虽然全国服务感知能力发展水平一般，但直辖市仍显示出明显的发展优势。纵观337个地方政府，有180个地方政府的服务感知能力超过全国平均水平，占比53.41%。此外，得分率超过60%的地方政府有266个，占比78.93%。从整体来看，地方政府的服务感知能力水平还有待进一步提升。服务感知能力主要评价地方政府是否能够主动向公众提供多元化的公共服务以及对公众反馈的感知程度。随着公众多样化需求的增加，地方政府需要进一步转变发展理念，以更加主动的态度为公众提供公共服务。直辖市中北京推行的加速接诉即办数智转型、上海"一网通办"服务进一步拓展等经验可为其他地区服务感知能力提升提供参考。

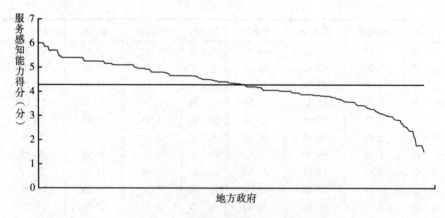

图17　服务感知能力得分分布

服务感知能力可进一步细分为主动感知回应和办事服务效果评价。在细分维度中，如表12所示，337个地方政府的办事服务效果评价得分率最高，为81.81%；主动感知回应得分率为60.89%。2023年报告中直辖市服务感知能力的细分能力得分率均高于地级行政区。相较于2022年的报告，主动感知回应整体得分率下降 13.75 个百分点，而办事服务效果评价得分率上升 1.33 个百分点。数据表明，我国服务感知能力中的办事服务效果评价整体保持稳中有进的态势，说明地方政府重视公众对于办事服务效果的反馈，这将有助于进一步优化政府办事服务，为群众提供更加优质、精准的服务。但在主动感知回应上，地方政府总体水平出现大幅下降，这由于本报告细分指标更为细致和严格，也反映了地方政府服务感知能力建设正朝着新的目标前进。

表 12 服务感知能力细分维度均值得分率

单位：%

细分维度	2023 年报告整体	2023 年报告直辖市	2023 年报告地级行政区	2022 年报告整体	2022 年报告直辖市	2022 年报告地级行政区
主动感知回应	60.89	75.00	60.76	74.64	93.04	74.29
办事服务效果评价	81.81	88.25	81.74	80.48	87.14	80.23

从服务受理能力来看，如图 18 所示，337 个地方政府最高得分为 11.04 分，最低得分为 3.84 分，平均分为 8.05 分，均值得分率为 67.10%。恩施土家族苗族自治州、荆州市、咸宁市、永州市 4 个地方政府取得了最高分，而海南藏族自治州服务受理能力相对较弱。直辖市方面，服务受理能力平均分为 9.21 分，333 个地级行政区该项均值为 8.04 分，两者相差 1.17 分。对比直辖市与地级行政区可以发现，直辖市服务受理能力发展水平仍更具优势。在 337 个地方政府中，有 181 个地方政府的服务受理能力超过全国平均水平，占比 53.71%。此外，得分率超过 60% 的地方政府有 247 个，占比 73.29%。从整体来看，地方政府的服务受理能力水平仍有待进一步提升。公众民主意识的增强进一步促进了公众与政府的互动意愿，便利化的网上问政成为公众参与政治生活的主要选择，这也对地方政府受理公众诉求及与公众的互动提出了更高要求。

服务受理能力可以细分为办事诉求受理能力和互动诉求受理能力，如表

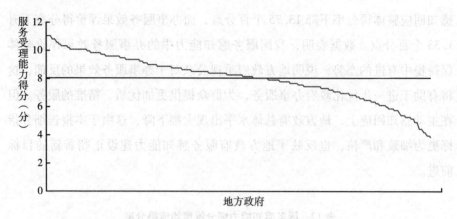

图 18　服务受理能力得分分布

13 所示。337 个地方政府的办事诉求受理能力的得分率较高，为 67.32%；互动诉求受理能力得分率为 66.88%。2023 年报告中直辖市服务受理能力的细分维度得分率均高于地级行政区。相较于 2022 年的报告，办事诉求受理能力和互动诉求受理能力都出现了较大幅度的下降，办事诉求受理能力整体得分率下降 22.01 个百分点，而互动诉求受理能力得分率下降 20.29 个百分点。直辖市和地级行政区在该项上的得分都出现了较大幅度的回落。这是由于为适应数字化发展趋势特征，2023 年的评价项目新增和细化了部分分项指标，评价要求更加严格，这也为地方政府未来在服务受理能力上的发展提供了参考方向。

表 13　服务受理能力细分维度均值得分率

单位：%

细分维度	2023 年报告整体	2023 年报告直辖市	2023 年报告地级行政区	2022 年报告整体	2022 年报告直辖市	2022 年报告地级行政区
办事诉求受理能力	67.32	72.50	67.26	89.33	90.00	89.33
互动诉求受理能力	66.88	81.00	66.71	87.17	100.00	87.17

从服务回应能力来看，如图 19 所示，337 个地方政府最高得分为满分 12 分，平均分为 9.58 分，均值得分率为 79.80%。德州市、武汉市、襄阳市、鄂州市、荆州市、恩施土家族苗族自治州、平凉市、长春市 8 个市（自治州）获得了满分，能力水平较高，而临汾市、长治市、克孜勒苏柯尔克孜自治州等市（州）服务回应能力相对较低。直辖市方面，服务回应能力的平均分为 11.08 分，333 个地级行政区该项均值为 9.56 分，两者相差 1.52 分。337 个地方政府中，有 230 个地方政府的服务回应能力超过全国平均水平，占比 68.25%。此外，得分率超过 60% 的地方政府有 290 个，占比 86.05%。从整体来看，地方政府的服务回应能力水平整体较好，大部分地方一体化政务服务平台能够较好回应公众需求，逐步走向成熟阶段，不少中西部地区省份，例如重庆、湖北、贵州等省（市）在该项能力上表现较为亮眼，超过了不少东部发达地区。但同时也需注意，部分地方政府在该项能力建设上仍处于起步阶段，政务网站缺乏基本的便民服务、信息查询、意见反馈等渠道。

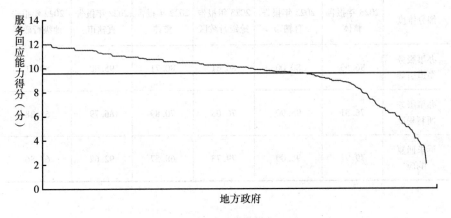

图 19　服务回应能力得分分布

从服务回应能力的细分维度来看，如表 14 所示，办事服务渠道引导平均水平最高，得分率为 86.53%；诉求回复响应次之，得分率为 79.91%；办事服务便利程度最低，得分率为 76.31%。对于直辖市，办事服务便利程度得分率为 95.90%；诉求回复响应得分率为 95.00%；办事服务渠道引导得分率为 80.00%，而地级行政区与直辖市在办事服务便利程度和诉求回复响应上存在较大差距，直辖市整体上明显表现更好。与 2022 年报告相比，地级行政区在三项细分能力上的得分率都有一定的提升，在办事服务便利程度和诉求回复响应上进步较大，分别上升了 14.2 个百分点和 11.87 个百分点，而直辖市办事服务渠道引导的得分率则下降了 15 个百分点。可以看到，在指标更为严格的情况下，地级行政区政府仍旧呈现稳定上升的态势，说明大部分地区政府能够随着实际情况的变化及时调整和拓宽办事服务渠道，为公众提供更加便利的办事服务，在诉求回复上也更具效率。但直辖市政府在事项分类、便捷度以及受理机制与渠道上还有待进一步提升。

表 14　服务回应能力细分维度均值得分率的年度比较

单位：%

细分维度	2023 年报告整体	2023 年报告直辖市	2023 年报告地级行政区	2022 年报告整体	2022 年报告直辖市	2022 年报告地级行政区
办事服务渠道引导	86.53	80.00	86.61	80.71	95.00	80.71
办事服务便利程度	76.31	95.90	76.08	70.89	86.79	61.88
诉求回复响应	79.91	95.00	79.73	68.57	92.62	67.86

3. 服务智慧能力

（1）整体情况

中国地方政府数字化服务智慧能力显示了地方政府通过智能技术来满足公众和企业多元化需求的能力。在 2023 年报告中，337 个地方政府服务智慧能力得分的均值为 11.82 分（满分 20.00 分），得分率为 59.10%。其中，

4 个直辖市均值为 15.10 分，得分率为 75.50%，直辖市依旧在服务智慧能力方面展现出较为明显的发展优势。在本次报告中，服务智慧能力得分率超过 80% 的地方政府为 29 个，占比为 8.61%，而得分率超过 60% 的地方政府共有 171 个，占比达 50.74%（见图 20）。数据分析表明，虽然地方政府整体得分率呈现下降趋势，但是依旧有部分地区在达标性建设指标方面已趋于完善，正逐步朝更高的目标迈进。

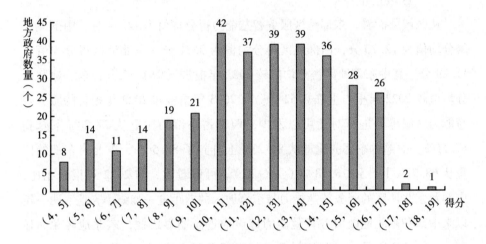

图 20　服务智慧能力得分分布

中国地方政府服务智慧能力可进一步细分为智能交互能力和智能定制能力。如表 15 所示，从整体上看，智能交互能力均值为 7.14 分，得分率为 59.47%，智能定制能力均值为 4.68 分，得分率为 58.49%，智能交互能力略强于智能定制能力。2023 年报告中直辖市在智能交互能力上得分率高达 72.75%，智能定制能力得分率为 63.56%，直辖市服务智慧能力的细分能力得分率均高于地级行政区。与 2022 年报告数据相比，2023 年地方政府智能交互能力得分率略有下降，智能定制能力得分率有所上升。数据表明，我国地方政府服务智慧能力整体水平较为良好，但不同区域之间还存在一定差距，区域协同水平还有待提高。

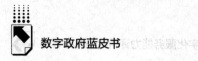

表 15　服务智慧能力细分维度均值得分率

单位：%

细分维度	2023 年整体	2023 年直辖市	2022 年整体	2022 年直辖市
智能交互能力	59.47	72.75	59.88	71.25
智能定制能力	58.49	63.56	58.04	73.69

（2）区域差异

从区域层面看，东部地区服务智慧能力得分均值为 14.34 分，中部地区得分均值为 12.70 分，西部地区得分均值为 9.71 分，东北地区得分均值为 11.29 分，其中东部地区得分均值较 2022 年报告下降 1.33 分，东北地区得分均值较 2022 年报告上涨 0.52 分。将 2023 年报告和 2022 年报告的服务智慧能力区域得分进行对比可以发现，西部占东部的比重从 77.28%下降到 67.71%，中部占东部的比重从 84.23%上升到了 88.56%，东北占东部的比重从 68.73%上升到 78.73%（见图 21）。可以看出，与 2022 年报告相比，中部及东北地区的服务智慧能力与东部地区的差距进一步缩小，这表明一年以来中部和东北地区服务智慧能力建设取得了明显成效，东北地区尤为显著。可能的原因是，中部地区重点加强智慧能力建设，如许多省份推进了省、市、县、乡四级政务服务体系建设，打造"一张网"，实现政务服务

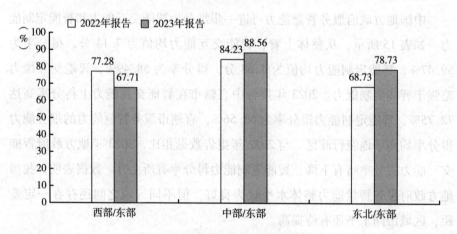

图 21　服务智慧能力区域差异

"一网通办"，整合全省政府网站和政务新媒体信息资源，提供场景式服务；东北地区采取各项举措，如实现对接信用网站数据，将省本级和地市州等8个信用网站14万余条数据纳入全省统一政府网站信息资源库和检索库，进一步实现"搜得全"，当网民执行相关搜索操作时，信用网站的数据可以与其他网站数据一并呈现。中部地区和东部地区在智能搜索与问答、提供个性服务、推送优惠政策等方面着力改进，服务智慧能力得到提升。

从省域层面来看，省域地方政府数字化服务智慧能力均值的标准差为3.17分，比2022年报告的2.63分提高了20.53%，如图22所示，在2023年报告中，北京、福建、浙江是表现最好的三个省级行政区，得分分别为18.16分、16.37分、16.09分，相应得分率为90.80%、81.85%、80.45%。但云南、宁夏和青海等省级行政区的得分则较低，分别为5.70分、5.99分、7.17分，得分率分别为28.50%、29.95%、35.85%。对比2022年报告，从相对排名来看，可以发现，吉林、西藏、广西等省级行政区进步较快，而甘肃、陕西、青海等省级行政区相对排名出现了明显下滑。特别地，北京、福建、浙江的排名一直保持在全国前列，这些省份经济基础好，基本处于数字化改革前沿，服务智慧能力发展得较为成熟与稳固。

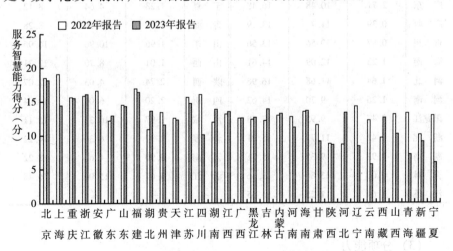

图22 服务智慧能力得分的省域分布年度对比

从333个地级行政区层面看，2023年报告中省域内各地级行政区服务智慧能力得分的标准差为3.17分，比2022年报告标准差增加了0.56分，可见省域内地级行政区之间政府数字化服务智慧能力差距在增大。各省域内地级行政区数据显示（见表16），陕西、广东、黑龙江标准差比较大，说明这些省内地级行政区之间的服务智慧能力差异较大，标准差分别为2.74分、2.71分、2.47分；吉林、广西、浙江标准差比较小，说明这些省（自治区）内地级行政区之间的服务智慧能力差异较小，标准差分别为0.00分、0.39分、0.67分。与上年相比，各省域内各地级行政区服务智慧能力得分标准差普遍增大，广东、湖南、四川等省增幅达到50%以上。

表16　省（自治区）内地级行政区间服务智慧能力的差异

单位：分

省（自治区）	标准差	最小值	最大值	省（自治区）	标准差	最小值	最大值
安　徽	1.31	11.42	15.52	江　西	1.16	11.19	15.88
福　建	1.15	14.44	17.56	辽　宁	2.10	4.66	14.24
甘　肃	1.18	7.01	11.33	内蒙古	1.33	11.46	16.50
广　东	2.71	10.48	16.48	宁　夏	1.28	4.64	8.12
广　西	0.39	11.7	13.19	青　海	1.00	5.76	8.28
贵　州	0.87	10.56	13.56	山　东	1.96	10.96	16.96
海　南	1.23	12.09	14.61	山　西	1.01	8.70	12.31
河　北	1.64	11.68	16.96	陕　西	2.74	4.03	12.07
河　南	1.26	9.70	14.62	四　川	2.20	6.00	14.04
黑龙江	2.47	9.95	17.58	西　藏	1.97	10.31	15.11
湖　北	1.42	11.71	15.91	新　疆	2.37	6.30	14.22
湖　南	1.92	9.35	15.71	云　南	0.90	4.62	8.22
吉　林	0.00	13.86	13.86	浙　江	0.67	15.04	16.48
江　苏	1.64	11.25	16.65	—	—	—	—

（3）分项能力

地方政府数字化服务智能交互能力是建立在政府对数字化平台所有服务的清理的基础上，通过业务体系与功能模块的分类整合，为公众提供多样化、可选择的智能搜索与智能问答服务的能力。在服务智慧能力中，智能交互能力整体发展水平差距较大。如图 23 所示，337 个地方政府该指标的平均分为 7.14 分，最高分为 12.00 分，最低分为 1.20 分，均值得分率为 59.47%。其中，北京市和哈尔滨市智能交互能力得分为满分 12 分，而曲靖市、玉溪市、红河哈尼族彝族自治州和迪庆藏族自治州该指标得分最低，得分仅为 1.2 分，具有极大提升空间。直辖市中，天津市与其他三市差距明显，得分仅为 6.12 分。综观 337 个地方政府，有 200 个地方政府的智能交互能力超过全国平均水平，占比 59.35%。从整体来看，地方政府数字化服务智能交互能力整体表现呈现上升趋势，较 2022 年报告取得了更为显著的进步。

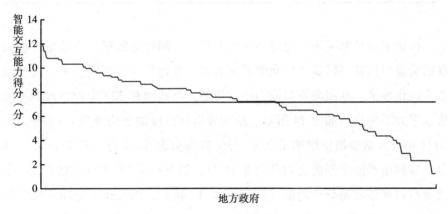

图 23 智能交互能力得分分布

智能交互能力具体分为智能搜索和智能问答，考察包括多平台、多网多微多端，以及政府网站首页、各个频道有无智能搜索功能及智能搜索功能的实现程度，有无智能问答及智能问答功能的实现程度等。如表 17 所示，333 个地级行政区的智能搜索得分均值为 3.25 分，得分率为 54.17%；智能问答的均值为 3.87 分，得分率为 64.67%。与 2022 年报告数据相比，智能搜索得分均值和得分率均有所提升，但智能问答得分率明显降低。直辖市在智能搜索和智能问答两个细分维度的表现略好于地级行政区，得分率分别为 62.50% 和 86.50%。报告数据表明，在过去的一年中地方政府稳步推进智能

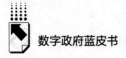

交互能力建设,特别是智能搜索能力相比往年有了显著提升。但需注意的是,地方政府需持续性提升政务解答与公众提问之间的适配度和灵活性,整合常见问题答案数据库、优化问题回答方式、开发多样问答结果,最大限度为公众排忧解难。

表17　智能交互能力细分维度均值得分率

单位:%

细分维度	2023年报告整体	2023年报告直辖市	2023年报告地级行政区	2022年报告整体	2022年报告直辖市	2022年报告地级行政区
智能搜索	54.17	62.50	54.17	49.21	67.50	49.00
智能问答	64.67	86.50	64.50	70.54	75.00	70.50

智能定制是基于用户身份的人群画像与访问行为数据,主动推送相关联的服务与信息,以满足公众的潜在需求,并运用人工智能技术,提升服务个性化水平。在服务智慧能力中,智能定制能力在337个地方政府中发展水平并不突出。如图24所示,地方政府该指标的平均分为4.68分,与2022年报告结果相比增加了2.36分,最高分为6.16分,最低分为1.28分。直辖市智能定制能力均分为6.16分,得分率为77.00%,高于333个地级行政区该项得分的均值(4.66分)1.50分,而锦州市该项指标分数最低,为1.28分,直辖市表现出较为明显的优势。综观337个地方政府,有176个地方政府的智能定制能力超过全国平均水平,占比52.23%。可见,大部分地方政府在智能定制能力上开展相关建设,提升了服务效能。但值得注意的是,部分地方政府的智能定制能力较上年有一定程度的下降。

智能定制能力分为个性定制能力和智能推送能力。如表18所示,就337个地方政府的整体情况而言,在智能定制能力的两个细分维度中,个性定制能力的得分率较高,为76.35%;智能推送能力的得分率稍低,为25.31%。在2023年报告中,直辖市在个性定制和智能推送能力上的表现均好于地级行政区,得分率分别为100.00%和34.29%,直辖市的经验值得地

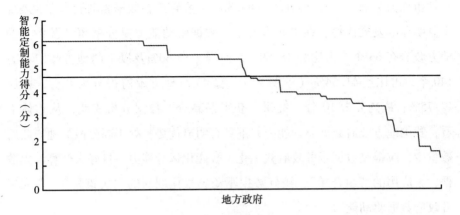

图 24　智能定制能力得分分布

级行政区借鉴。另外，无论是直辖市还是地级行政区的个性定制能力均有提升，智能推送能力均有所下降。从 2022 年报告与 2023 年报告的评价结果来看，地方政府应在个性定制基础上，借助所获取的公众身份信息、浏览历史、地理定位等行为数据，提高在多平台、多网络、多终端主动推送相关资讯与服务的能力。

表 18　智能定制能力细分维度均值得分率

单位：%

细分维度	2023 年报告整体	2023 年报告直辖市	2023 年报告地级行政区	2022 年报告直辖市	2022 年报告地级行政区
个性定制	76.35	100.00	76.07	91.15	66.43
智能推送	25.31	34.29	25.20	41.43	37.50

4. 数据驱动能力

（1）整体情况

中国地方政府数据驱动能力显示了地方政府通过运用大数据推动企业发展和满足公众需求的能力。在 2023 年报告中，337 个地方政府数据驱动能力得分的均值为 4.04 分（满分 10.00 分），得分率为 40.04%。其中，4 个直辖市均值为8.43分，得分率为84.30%，直辖市在数据驱动能力方面展现十分明显的发展优势。在本次报告中，数据驱动能力得分率80%及以上的地方政府有63个，占比为18.69%，而得分率60%及以上的地方政府共有140个，占比达41.54%（见图25）。有43个地方政府得分为0分，占比12.75%；最高分为10分，杭州市获得最高分。数据分析表明，从整体上看，我国地方政府数据驱动能力并不具有明显优势，处于高分段的地方政府数量少，应提高数据服务政府数字化、智能化运行能力，打好大计算、大数据、大应用的"组合拳"，用好数据驱动场景化创新的"关键招"，彻底提升政府数据驱动能力。

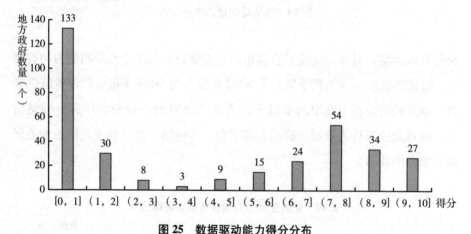

图25 数据驱动能力得分分布

（2）区域差异

从区域层面看，东部地区数据驱动能力均分为6.61分，得分率为66.09%；中部地区均分为3.40分，得分率为34.05%；西部地区均分为3.35分，得分率为33.51%；东北地区均分为1.68分，得分率为16.82%。东部地区数据驱动能力均分远高于中部、西部以及东北地区；其中，西部地区均分占东部地区比重为50.68%，中部地区均分占东部地区比重为51.44%，东北地区均分占东部地区比重为25.42%（见图26）。从数据结果可以看出，中部和西部地区的数据驱动能力与东部地区有较大差距，而东北地区的数据驱动能力更是远远落后于东部地区。因此，应加快推进大数据、云计算的技术红利向中西部和东北地区下沉，着力培育数字化发展的新动能，为各行各业的数字化转型提供重要的基础能力，助力地方经济发展。

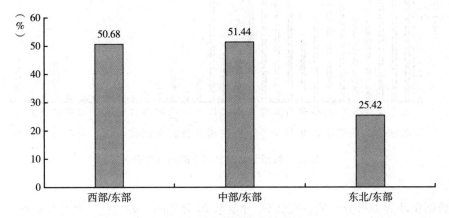

图26　数据驱动能力区域差异

从省域层面来看，省级行政区政府数据驱动能力均值的标准差为3.59分，浙江、上海和山东是表现最好的三个行政区（见图27），得分分别为9.62分、9.16分、9.01分，相应得分率为96.20%、91.60%、90.10%。但云南、甘肃和青海等的得分则较低，分别为0.16分、0.36分、0.44分，得分率分别为1.60%、3.60%、4.40%。有14个省级行政区政府数据驱动能力得分高于均分，17个得分低于均分，且省级行政区政府间数据驱动能力差距较大。因此，各省份之间应加强数据资源的开放和共享，发达省市发挥引领作用，加快形成省域联动发展态势。

从333个地级行政区层面看，2023年报告中省域内各地级行政区数据驱动能力得分的标准差为3.58分，各省域内地级行政区数据显示（见表19），山西、湖北、江西标准差比较大，说明这些省内地级行政区之间的数据驱动能力差异较大，标准差分别为3.20分、3.19分、3.15分；青海、陕西、吉林标准差比较小，说明这些省内地级行政区之间的数据驱动能力差异较小，标准差分别为0.18分、0.21分、0.22分，但这三省内各地级行政区

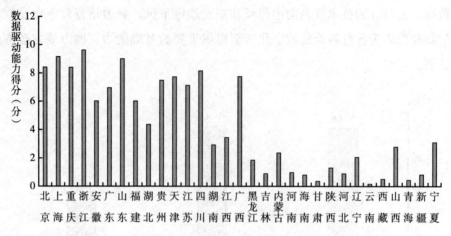

图 27 数据驱动能力得分的省域分布

数据驱动能力得分较低，在 0.00 分至 1.70 分之间，表明这些省份数据驱动能力还存在大幅提升空间。

表 19 省（自治区）内地级行政区间数据驱动能力的差异

单位：分

省（自治区）	标准差	最小值	最大值	省（自治区）	标准差	最小值	最大值
安 徽	2.18	1.00	8.54	江 西	3.15	0.50	8.52
福 建	0.70	5.42	7.80	辽 宁	1.74	1.20	8.04
甘 肃	0.23	0.00	0.50	内蒙古	2.60	0.50	7.22
广 东	1.07	5.00	9.28	宁 夏	2.63	1.56	7.80
广 西	0.44	7.30	8.76	青 海	0.18	0.00	0.50
贵 州	0.54	7.08	8.78	山 东	0.28	8.40	9.40
海 南	1.60	0.00	3.20	山 西	3.20	0.00	8.04
河 北	2.14	0.00	7.30	陕 西	0.21	1.20	1.70
河 南	1.73	0.00	6.72	四 川	1.53	2.20	9.40
黑龙江	3.06	0.00	8.54	西 藏	0.32	0.00	1.10
湖 北	3.19	0.50	9.16	新 疆	1.76	0.00	6.88
湖 南	2.98	0.00	7.92	云 南	0.24	0.00	0.50
吉 林	0.22	0.50	1.00	浙 江	0.26	9.02	10.00
江 苏	1.50	4.20	9.16	—		—	—

（3）分项能力

地方政府数字驱动能力是政府将数字与智能技术结合，运用数字技术为政府赋能、为市场增效、为社会赋权，进而提升政府治理能力和经济社会发展的活力的能力。数据驱动能力细分为数据开放能力、数据调用能力、数据检索能力、数据应用能力和数据安全保障。如表20所示，这五个细分指标中，从整体上看，数据安全保障得分率最高，为55.93%，其后是数据调用能力，为50.15%，数据应用能力得分率最低，为23.99%；从各直辖市数据来看，数据调用能力得分率最高，为100.00%，其后是数据检索能力，为93.75%，数据安全保障得分率最低，为62.50%；同时，直辖市数据驱动能力各项细分得分率均好于各地级行政区。

表20　数据驱动能力细分维度均值得分率

单位：%

细分维度	2023 年报告整体	2023 年报告直辖市	2023 年报告地级行政区
数据开放能力	49.08	90.00	48.59
数据调用能力	50.15	100.00	49.55
数据检索能力	38.65	93.75	37.99
数据应用能力	23.99	71.00	23.42
数据安全保障	55.93	62.50	55.86

在数据驱动能力中，数据调用能力相对于其他分项能力整体发展水平差距较大，标准差为1.00分。337个地方政府数据调用能力的平均分为1.00分，最高分为2.00分，最低分为0.00分，均值得分率为50.15%。其中，165个地级行政区和4个直辖市数据调用能力得分为满分2.00分，而有168个地级行政区该指标得分为0.00分，具有极大提升空间。直辖市数据调用能力得分率为100.00%，好于各地级行政区。综观337个地方政府，有169个地方政府的数据调用能力超过全国平均水平，占比50.15%，说明我国地方政府数据调用能力还在发展中。

在数据驱动能力中，数据安全保障发展水平差异最小，标准差为

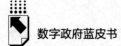

0.36分。337个地方政府数据安全保障的平均分为0.56分，最高分为1.00分，最低分为0.00分，均值得分率为55.93%。其中，110个地级行政区和1个直辖市数据安全保障得分为满分1.00分，而有71个地级行政区该指标得分为0.00分。直辖市中，上海市数据安全保障得分高于其他3个直辖市，且直辖市数据安全保障得分率为62.50%，好于各地级行政区。综观337个地方政府，有111个地方政府的数据安全保障水平超过全国平均水平，仅占比32.94%，说明数据安全保障水平还存在一定优化空间，应完善涉及数据安全相关章节的政策法规，平台在收集个人信息时也要进行必要的说明。

在数据驱动能力中，数据应用能力得分率最低，为23.99%。337个地方政府数据应用能力的平均分为0.72分，最高分为3.00分，最低分为0.00分。其中，杭州市数据应用能力得分为满分3.00分，而有172个地级行政区该指标得分为0.00分，占比为51.04%。直辖市中，重庆市数据应用能力得分高于其他3个直辖市，且直辖市数据应用能力得分率为71.00%，好于各地级行政区。综观337个地方政府，有146个地方政府的数据应用能力超过全国平均水平，仅占比43.32%，说明各地方政府的数据应用情况依然有待提高，应在全面推广移动端、政务小程序、政务APP上持续发力，提出具有可行性的创新方案，针对已经实施的数字化应用及时公布分析报告情况。

在数据驱动能力中，数据开放能力得分均值为0.98分，得分率为49.08%，标准差为0.89分，最高分为2.00分，最低分为0.00分。其中，118个地级行政区和3个直辖市数据开放能力得分为满分2分，142个地级行政区该指标得分为0.00分，占比为42.14%。直辖市中，天津市数据开放能力得分低于其他3个直辖市，直辖市数据开放能力得分率为90.00%，好于各地级行政区。综观337个地方政府，有195个地方政府的数据开放能力超过全国平均水平，占比57.86%，说明我国地方政府在建立数据开放平台、制定数据开放标准和指南方面做出了重要努力，持续推进政府数据公开度和透明度迈上新台阶。

在数据驱动能力中，数据检索能力得分均值为 0.77 分，得分率为 38.65%，标准差为 0.86 分，最高分为 2.00 分，最低分为 0.00 分。其中，118 个地方行政区和 3 个直辖市数据检索能力得分为满分 2 分，183 个地级行政区该指标得分为 0.00 分，占比为 54.30%。直辖市中，重庆市数据检索能力得分低于其他 3 个直辖市，直辖市数据检索能力得分率为 93.75%，好于各地级行政区。综观 337 个地方政府，有 153 个地方政府的数据检索能力超过全国平均水平，占比 45.40%，说明数据检索能力还应进一步强化。在数据开放平台或政府网站数据开放栏目中，提供对各类公共数据的分类目录显示功能，按照部门或主题等进行分类查找，拓宽查找渠道，降低查找难度。

三　中国地方政府数字化服务能力发展现状与趋势

（一）中国地方政府数字化服务能力发展现状

本报告的评价指标体系由政府互联网服务能力迭代为政府数字化服务能力，延续了原有服务供给能力、服务响应能力和服务智慧能力三个评价维度，增设了"数据驱动能力"一级观察指标维度，并对部分二级评价指标和三级评价指标进行了适应性调整，将研究评价重心放在政府数字化转型的外化实效上。所以本报告对中国地方政府数字化服务能力发展现状分析时，兼顾了延续与迭代的视角，通过与过去几年互联网服务能力评价表现的对比分析，持续关注政府数字化服务能力的外在价值发展变化；重点对新调整指标获取评价数据的关注与分析，以期研究发现政府数字化转型内核驱动的发展变化。主要研究发现如下。

1. 整体发展态势持续向好，地区间发展差距更加明显

本报告数据显示，中国地方政府数字化服务能力得分均值为 68.71 分，相较于 2022 年报告得分均值（73.71 分）有所下降，主要是指标及权重变化导致的得分下降。其中，增设的"数据驱动能力"一级观察指标权重占

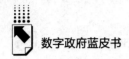

比为10%，导致原有评价指标体系的总权重减少，加之去掉了各地方政府以往表现均佳的部分纯技术性指标考察点位，增加了部分数据应用类指标点位的考察深度，也影响了最终的得分均值，而其他延续性指标的表现基本呈现为上升趋势。综合考虑以上因素，中国地方政府数字化服务能力的发展态势仍然是整体向好的。但指标体系调整后也反映出一些新发展态势。一是地区间两极分化态势更加明显。领先发展类的地方政府数量与2022年报告相同，积极发展类的地方政府数量较2022年报告下降21个，而稳步发展类和亟待发展类的地方政府数量则均有不同程度增加。地方政府最高得分与最低得分差由2022年报告的34.23分上升为44.08分。说明虽然地方政府数字化服务能力的整体发展态势向好，但在调整评价指标后，领先发展类的地方政府引领示范作用仍然显著，而稳步发展类和亟待发展类地方政府的发展差距也得以凸显。二是先进地区的区域发展优势进一步显现。中部地区、西部地区和东北地区地方政府数字化服务能力得分均值占东部地区的比重均出现不同程度的下降。各省级政府数字化服务能力得分的标准差为8.33分，比2022年报告上升2.73分，浙江省、广东省和安徽省的省级政府数字化服务能力得分均值均在78分以上，尤其是浙江省从2022年报告中的82.21分增长至83.67分，地区发展优势明显。2023年浙江省出台《浙江省营商环境优化提升"一号改革工程"实施方案》，持续推进"四张清单一张网""最多跑一次""政府数字化转型""全面推进数字化改革"等系列改革①，推动浙江政务服务网迭代升级，助力营商环境优化提升。总体来看，浙江省的政府数字化转型发展在全国已经形成较为明显的先发优势。

2. 服务供给能力向规范融合发展，平台建设驱动明显但发展不均衡

本报告数据显示，地方政府服务供给能力均值得分率为77.35%，相较于服务响应能力、服务智慧能力表现更优。其中，平台供给能力均值得分率为86.47%，较2022年报告上升15.8个百分点，融合供给能力均值得分率也由73.69%上升为74.70%。说明在一定程度上，各地方政府持续推进政

---

① https://www.ndrc.gov.cn/fggz/fgfg/dfxx/202301/t20230120_1347227_ext.html。

务服务一体化平台及网站等其他统一平台的统筹规划、规范建设、服务迭代及强力监督，对推动实现整体政府服务融合供给起到了积极作用。但从整体发展来看，在数字化转型进程中政府服务融合供给仍处于不断探索的发展阶段。一是清单化管理成为推动政府服务规范供给的有力手段。各地方政府将清单化管理作为推动政府服务规范供给、提升政府服务质效的有力手段，通过政务一体化平台、政府网站等渠道向社会公布权责清单、基层公开标准化目录等各类服务清单和目录，其规范性、覆盖度逐年提升，各地方政府还针对地区实际情况公布了市场准入负面清单、容缺受理清单等，扩大了清单公布范围，对政府服务规范性供给起到了积极作用。但同时，内容规范性指标的得分表现相较清单规范性指标还有较大差距。由于各地方政府制定清单目录时在执行闭环制度设计的完备程度上不一致，以及上级政府制定统一清单目录到下级政府执行时差异化落实，各项清单目录实际执行情况与公众有效获取信息服务还不能很好地关联，需从制度设计、执行监管、公众监督等方面去进一步提升服务供给的实效性。二是平台建设驱动服务规范供给效果明显，但深度融合发展不均衡。各省份推进政务服务一体化平台建设对所辖地方政府整体服务能力起到显著促进作用，但在跨平台、跨层级的深度融合方面仍存在发展不均衡的现象。如不同平台的电子证照互认方面，已实现使用电子营业执照登录政务服务网或公共资源交易网其中之一的地方政府占比为62.33%，实现两个平台均能登录的占比为 18.56%①，实现跨平台互认的地方政府还是相对较少；在跨地区电子证照共享互认方面，部分地方政府已经在探索建立地区间部分事项的电子证照互认机制，如京津冀、沪苏浙皖四省等地区实现了交通运输电子证照共享互认，川渝联合发布第一批证照互认共享清单，但更多地方政府仅公布了跨域办事清单，在跨地区如何开展联办互认方面并未明确。目前，各地方政府基本已经完成平台间的简单链接整合，但推动跨平台服务一体化深度融合仍处于不断探索的阶段，各地在推进数据、技术、业务的融合上差异化发展态势明显，上海、浙江等部分省份在改

---

① 《中国地方政府数字化服务能力评价指标体系》指标点位数据采集结果。

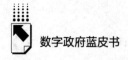

革推进力度、平台数据融合、技术实现支撑上表现相对较好，而这些先进地区的先行先试将为其他地区提供宝贵经验模式，以不断提升政府服务供给水平，提升公众体验与获得感。

3.服务响应能力向高效协同发展，数据共享与应用模式探索成效明显

本报告数据显示，政府服务响应能力在新增了服务感知能力评价指标、调整了服务受理能力部分指标的评价点位之后，地方政府的均值得分率有一定程度下降，而办事服务渠道引导、办事服务便利程度、诉求回复响应等延续性评价指标的得分有较明显的提升，说明地方政府的服务响应能力仍呈现上升趋势。但调整后的评价指标结果数据反映，地方政府对公众留存数据的主动分析应用，以及跨部门的数据共享应用仍处于探索之中。一是从单点诉求回应向主动感知回应转变。各地方政府的诉求回复响应能力整体表现有所提升，有79.82%的地方政府按时回复，37.98%的地方政府在回复诉求之后以电话、短信等方式进行了回访，还有一些地方政府积极开设企业诉求专门渠道，如江苏省打造了企业诉求受理专门平台"一企来办"，以确保群众和企业诉求得到满意解决，整体单点诉求的回应能力不断提升。同时，37.98%的地方政府建有知识库或热点高频问题栏目并持续更新，50.74%的地方政府设置主动回应栏目，表明部分地方政府正在积极探索对公众诉求数据的科学、高效挖掘分析，通过形成热点高频问答、知识库，满足公众未诉先办需求；通过分析研判诉求数据辅助政府决策并及时公开决策信息，主动回应公众关切。在政府数字化转型背景下，用好诉求数据对苗头性、典型性、集中性问题提前研判，形成诉求收集、处理、研判、决策、公开的主动感知回应模式已逐步成为各地方政府的探索方向。二是集成化办理促进服务协同能力不断增强。近年来，各地方政府依托一体化政务服务平台不断提升政务服务效能，"一网通办"能力显著增强，围绕为民办实事、惠企优服务、"高效办成一件事"，提高创造性执行效能，为创新政府治理、优化营商环境提供了有力支撑。目前一些地区加大改革创新力度，推进业务融合、数据融合、技术融合，提高创造性执行效能，服务协同能力不断增强。如北京、上海聚焦降低经营主体准营门槛，进一步压减审批时限、简化审批手

续，持续推进审批服务便利化，以"一业一证"改革推动实现"一证准营"，让企业和群众办事更加便捷，推动政务服务从"能办"向"好办"转变；如湖北在全省推进"一事联办"改革，将多个部门相关联的"单项事"整合为企业和群众视角的"一件事"，推行集成化办理，其所辖地市州共计创新主题服务 2243 项，① 按照"只填一张表，只交一套材料，最多跑一次"，大幅减少办事环节、申请材料、办理时间和跑动次数，推动政务服务向"好用""爱用"发展。

4. 服务智慧能力向集约便捷发展，数据底层支撑与应用作用不断显现

本报告数据显示，地方政府数字化服务智慧能力较 2022 年报告去掉了应用适配能力的评价指标，更关注智能交互能力和智能定制能力。从整体上看，智慧交互能力和智能定制能力得分率与 2022 年报告相比情况变化不大。各地方政府在对数字化平台所有服务清理的基础上，通过业务体系与功能模块的分类整合，为公众提供多样化、可选择性的智能搜索、智能问答及智能匹配等服务。其中，各地方政府中提供智能搜索服务的占比为 98.81%，提供智能问答服务的占比为 75.60%，说明各地方政府智能服务建设已经基本完成有无阶段，正在向服务应用好坏发展阶段过渡，但地区间的发展差距相对较大。一是跨层级的平台集约智能服务极大提升了区域覆盖度。截至 2022 年 3 月底，全国各省级政府门户网站或隶属的政务服务网站均已配备"智能客服"问答功能模块，② 直接采用省级智能搜索与智能问答服务功能成为多数地级行政区的首选，只有早期先行先试的部分地级市保留了本层级独立的智能服务。无论是先进地区还是相对落后地区，智能服务省级平台的集约提供，都将有利于跨层次、跨部门资源数据的整合清理工作开展，并能够更大限度地节约经费与技术投入。如浙江省对全省各类服务资源进行了梳理，以保障每项搜索服务都能够匹配到对应的地区层级内容，有效地提升了搜索的智能度与效能。而吉林、广西等省份所辖地级行政区得分总体不高，

---

① http://zwfw.hubei.gov.cn/shell_pc/yslb。

② 王芳、魏中瀚、连芷萱、康佳：《基于语义理解力的我国省级政府网站智能问答服务质量评价研究》，《科技情报研究》2023 年第 3 期。

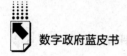

地区间的标准差比较小，因直接采用省级平台智能功能均解决了有无问题。二是智能化服务质量提升受到多重因素制约总体进展较缓。地方政府服务智慧能力评价结果相较于服务供给和响应能力整体得分率仍然偏低，相关延续性指标的表现进步并不很明显。提升智能化服务质量不仅依赖技术的高效支撑、经费投入，更重要的是需要政府从业务角度对所有服务事项、政策文件、常见问题等开展规范清理，建立公众需求与政府服务相匹配的包括语义分析等在内的各项规则，并形成常态化的维护机制，以不断减少答非所问、无法回复以及信息要素缺失等问题，提高服务精准度与服务质量。在这方面，北京、上海、重庆、浙江、福建等省市开展长期有效的尝试，并取得了较好效果；还一些地方政府就政策兑现精准匹配、服务免申即享等专项智能化服务进行了各类有益尝试，以智能化手段提升了用户获得感。总体而言，我国地方政府在智能化服务方面仍处于不断探索实践阶段，需要业务规范清理与机器学习并进的渐进过程，而同时，其他相对落后地区学习该项经验的相对时间成本更长，还将经历一个相对缓慢的增长过程。

5. **数据驱动能力仍处于探索阶段，公共数据开放赋能效用比较薄弱**

本报告数据显示，地方政府数据驱动能力均值得分率为40.04%，不同行政级别的地方政府在数据驱动能力的均值得分率差距较大。作为新增的一级观察指标，包括数据开放能力、数据检索能力、数据调用能力、数据应用能力与数据安全保障五个方面，旨在通过重点评估数据开放水平反映地方政府以数据驱动经济社会高速发展的情况。报告显示，北京、上海、天津和重庆4个直辖市的均值得分率为84.30%，高于副省级/省会城市32.91%，其他地级行政区的均值得分率为38.61%，不到直辖市均值得分率的一半。由此可见，城市级别越高，地方政府的数字驱动能力越强，全国大多数地方政府仍然需要加快推进政府数据开放工作。一是数据开放平台开通率整体不高，发展进步空间较大。全国4个直辖市和333个地级行政区中，仍有42.14%的地方政府没有开通数据开放平台，未开通数据开放平台的其他地级行政区大多分布在甘肃、陕西、宁夏、新疆、青海、西藏、云南等经济欠发达地区。4个直辖市均开通了数据开放平台；65.63%的副省级/省会城市开通了数据开放平台，与 2022 年度报告相比无变化；56.48% 的其他地级行政区开通了数据开放平台。相较 2022 年报告，337 个地方政府开通数据开放平台的比例只提高了 2.67 个百分点，新增 9 个城市。说明我国副省级/省会城市和其他地级行政区仍需要加快开通数据开放平台。二是数据开放平台创新应用成果不足，赋能效用比较薄弱。在已开通的数据开放平台中，绝大部分建设了数据目录，数据检索能力较好，但整体的创新应用成果不足。数据应用成果产出的关键资源在于开放数据，API 接口则是数据获取的便捷渠道。地方政府数据开放平台的数据接口数量总体偏少，大部分平台开放的 API 接口数量在 200 个以下，其中，有 43.75% 的副省级/省会城市所开放的 API 接口数量为 0，其他地级行政区中有 57.48% 的 API 接口数量为 0。虽然在已开通的数据开放平台中有 62.56% 的地方政府在平台上设置了数据应用栏目，但 65.63% 的副省级/省会城市与 87.38% 的其他地级行政区开放的数据应用数量在 10 个以下，且没有一个副省级/省会城市或其他地级行政区的应用数量超过 100 个。只有北京市的数据应用数量超过了 100 个，是 337 个地方政府中最多的。因此，地方政府需要注重发挥数据应用栏目的实际价值，激发数据应用成果创造活力，更好地赋能数字经济、数字社会的发展。三是数据开放平台的数据安全政策保障情况较好，隐私政策还需完善。数据安全是数据开放的重要保障。在 337 个地方政府中，有 244 个的政策文件中有数据安全保障相关章节。其中，直辖市的比例为 100%，副省级/省会城市的比例为 84.38%，其他地级行政区的比例为 70.76%。在隐私政策建设方面，31 个省级平台中有 21 个平台在注册过程中没有隐私政策说明，其他有隐私政策说明的省份基本数据驱动能力得分率排名靠前。各地方政府需要尽快注意完善平台的隐私政策建设。

（二）中国地方政府数字化服务能力的制约因素

1. 组织机制的统筹设计是制约政府数字化服务能力整体发展的核心因素

近年来，《中华人民共和国国民经济和社会发展第十四个五年规划和 2035 年远景目标纲要》《关于加强数字政府建设的指导意见》《数字中国建

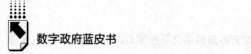

设整体布局规划》相继颁布，国家战略规划与顶层设计越来越清晰，构建协同高效的政府数字化履职能力体系已成为新发展阶段数字政府建设的主要任务。但目前我国各地政府组织体系并不完善，缺乏强有力的统筹协调，仍存在各领域、各部门、各地区碎片化、分散化发展倾向，制约政府数字化服务能力的整体发展。一是牵头推动部门与业务职能部门的协调联动机制仍待进一步理顺。我国地方政府各部门间数字化职责划分与协调机制尚不够健全，虽然各地纷纷成立了数据管理机构或政务服务机构牵头推进政府数字化服务建设，但各业务部门也承担了政务数字化的职责，受限于体制机制、政策、利益等因素，不同部门间的横向协同性并不高，导致牵头部门统筹统建千头万绪，业务部门只关注自身业务系统，如没有"一把手"强有力的持续推进，则整体应用实效虚有其表，难以落地落实。二是国家部委纵向贯通与地方政府横向联动的机制仍待进一步清晰。"金字工程"实施奠定我国政务信息化的基本框架，但自上而下的信息化推动在实际工作中也导致了基层政府面临信息重复录入、信息不足等问题。[①] 地方基层政府在推动本地一体化服务平台建设过程中，与部委或省级垂直管理业务信息系统的功能对接难、信息数据返回难的问题仍普遍存在，这在一定程度上阻碍了地方政府的一体化服务的统筹推进，只能通过简单链接或重复数据录入方式解决，降低了地方政府整体服务质效。三是法律法规的动态调整滞后于地方的创新探索需进一步加以重视。新兴数字技术在政务领域的快速应用衍生一系列新的治理问题，包括电子签名问题、开放利用问题、数据治理问题、数据权属问题等。在地方层面，部分地方政府针对这些议题进行了创新性探索，但由于缺乏中央层面的统一部署，规则调整实践整体上呈现碎片化特征，可能会制约数字政务的高质量发展。

2. 数据共享与应用赋能是政府数字化服务能力协同发展的关键因素

近年来，各级政府业务信息系统建设和应用成效显著，数据共享和开

---

① 高乐、李晓方：《发展高效协同的数字政务：数字中国整体布局视域下的政府数字化转型》，《电子政务》2023 年第 9 期。

发利用取得积极进展，一体化政务服务和监管效能大幅提升，"最多跑一次""一网通办""一网统管""一网协同""接诉即办"等创新实践不断涌现，数字治理成效不断显现。但各地区在实施过程中还存在系统对接深度不够、数据共享难的问题，制约了政府数字化服务能力的协同发展。一是数据共享规范化、标准化管理有待健全。全国各地方政府将清单化管理作为推动政府服务规范供给、提升政府服务质效的有力手段，但从清单化管理到支撑数据共享的标准化、规范化建设管理机制还不健全，仍普遍存在统一平台要求的数据项与实际业务运行数据项不一致、不同业务部门对同一数据项规范不一致、基于统一标准下的动态调优与更新机制不畅等问题，导致部分服务事项线上线下办理要求不一致，跨部门联办服务事项数据共享调用难以及时落实，跨部门数据核查时数据项不全或数据更新不及时的问题。二是跨地区跨层级业务有待进一步整合。近年来，依托全国一体化平台总枢纽，跨地区、跨部门、跨层级业务协同的发展进程得以推进，但成效比较明显的主要集中在国家部委纵向推进的试点服务领域，以及部分先进城市群的先行先试，整体发展不均衡现象还比较突出。同一事项在不同区域的名称、办理时限、受理要件等各不相同情况仍普遍存在，多数跨区事项联办流于表面形式，缺乏系统与数据的深度整合，实际办理成效并不理想。三是利用数据开展趋势感知分析还不足。各地方政府在用好公共诉求数据对苗头性、典型性、集中性问题提前研判，以数据赋能政府决策、优化服务、及时回应关切等方面开展了积极探索。但在分析方法的科学性、问题查找的准确性、难点堵点问题解决的及时性上仍待加强。仍有不少地方政府只重视事项办理数据统计，关注是否"能办"，而忽略了从用户角度开展数据分析研判，关注是否"好办"，对服务优化提升更多是站在部门自身业务角度，缺乏用户体验视角，导致办事服务"找不到、看不懂、走不通"的情况仍大量存在。

3. 技术创新与业务融合是政府数字化服务能力高效发展的重要因素

近年来，我国在以 5G/6G、互联网、大数据、云计算、人工智能、区块链等为代表的关键数字技术的研发与应用方面取得了一系列重要突破，数

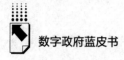

字政府建设指导意见明确，要推进政府部门规范有序运用新技术手段赋能管理服务，推动技术部门参与业务运行全过程，鼓励和规范政产学研用等多方力量参与数字政府建设。但各地方政府重技术建设、轻业务融合的现象仍然存在，制约了政府数字化服务能力高效发展。一是以技术驱动而不是融合驱动的现象仍然存在。数字政府建设指导意见明确，要技术创新和制度创新双轮驱动，统筹推进技术融合、业务融合、数据融合，提升数字政府建设水平。但有些地区在政务服务平台系统实际推进过程中为追求上线效率，对技术平台公司依赖度过高，学其"形"、缺少"魂"，寄期望于单纯的技术驱动，未能与本地区实际业务情况深度融合，相应配套机制还未建立就匆匆上线，导致数字形式主义或者"指尖上的形式主义"等问题。二是平台技术用户使用体验的友好度仍然不足。各政务服务平台在建设应用过程中只考虑业务流程的实现，缺乏对用户体验的分析与技术优化，给企业和群众的使用带来诸多不便，如查阅办事指南或反映诉求必须先实名注册登录甚至需要人脸识别、同一事项办事过程中需要多渠道跳转、不同类型事项采用统一展示界面与要素字段增加查阅理解难度等，用户体验差的问题普遍存在，亟待优化。三是技术创新与关键核心技术领域仍然存在短板。各地方政府不断探索智能问答、智能预审、智能导办、免申即享等服务方式，但国内数字技术创新应用能力与创新驱动任务目标之间仍有差距，特别是新兴技术发展处于被动跟随的状态。如人工智能技术在政务服务中的应用，ChatGPT的出现引发了全球新一轮人工智能科技竞赛，但国内新一代技术创新乏力、创新力量储备不足等问题突出，难以支撑精准化、个性化等服务，政府的智能化服务水平与公众的期望还有较大距离。

（三）中国地方政府数字化服务能力发展趋势

1.政务服务从"能办"向"好办"转变全面加速

近年来，我国依托全国一体化政务服务平台不断提升政务服务效能，"一网通办"能力显著增强，为创新政府治理、优化营商环境提供了有力支撑。《国务院办公厅关于依托全国一体化政务服务平台建立政务服务效能提升常态化工作机制的意见》（国办发〔2023〕29号）要求加大力度持续推进和迭代创新，聚焦企业和群众所思所盼，强化好办易办、加强协同联动，建立健全办事堵点发现解决机制、服务体验优化机制、平台支撑能力提升机制和效能提升保障机制，实现政务服务从"能办"向"好办"转变。一是以服务实效为导向推进常态化机制建设。各地坚持技术创新和制度创新双轮驱动，出台一系列标准规范清单及配套制度保障集约化平台的建成运行，接下来需要从关注实际应用效果出发，从规范标准的落地实施、事项办理的快速响应、跨区办理的条块联动、应用效果的实时评估等方面形成常态化机制建设模式，实时推进规范标准建设优化细化与管理模式适应性调整和创新探索，促进政府数字化服务能力进一步提质增效。二是以创新示范和复制推广相结合方式实现全面提速增效。领先发展地区的地方政府数字化服务能力仍将在一段时间内保持相对明显优势，承担更多的创新示范任务，持续聚焦群众办事难度大、办事频率高的事项，结合线上服务流程再造构建与之匹配的线下业务协同的体制机制，持续加强体制机制改革与数字技术应用深度融合，不断健全服务应用规范，以带动全国各地方政府整体发展，推动政府运行更加协同高效。三是以群众获得感为第一评价标准推进常态化以评促建。持续践行"人民城市人民建、人民城市为人民"的重要理念，第三方评价体系将以企业和群众获得感为第一评价标准，立足于用户视角，推动政务服务从政府供给导向向企业和群众需求导向转变，从被动服务向主动服务转变，从"能办"向"好办""爱办"转变，客观评估发现的存在问题，以期加强评估结果运用，助力各地先进经验复制推广。

2. 数据赋能从"数治"向"善治"转变提质加速

满足人民对美好生活的向往，是数字政府建设的出发点和落脚点，让数字化成果惠及全体人民，是数字政府建设的应有之义。各地积极探索推进数字化改革，越来越多的地区实现了"网上办、掌上办、一次办"，实现了"接诉即办、未诉先办"，有效解决了群众和企业办事难、办事慢、办事繁的问题，并通过数据研判，从经验决策向基于数据的科学决策转变，以便更好地服务人民群众。一是深化数据共享应用，推进政府数字化

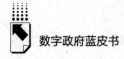

服务体系更加智能化。依托全国和地方的一体化政务服务平台，利用大数据、人工智能、区块链等技术，通过不断强化数据共享应用，在全国范围逐步以政务服务码为载体，推进各类卡、码、证承载的数据互通和服务融合，实现"码上办"；分析预判企业和群众办事需求，通过智能问答、智能预审、智能导办，实现"自助办"；建设企业服务空间和个人服务空间，推动惠企利民政策和服务免申即享、直达直享、快享快办，实现"精准办"，不断提升政府数字化服务的智能化、个性化、精准化服务水平。二是强化数据研判感知，推进政府数字化服务体系更加亲民。让数据在政府的履职、运行、决策中发挥基础作用，实现"用数据说话、用数据决策、用数据管理、用数据创新"。针对办事堵点的数据分析研究，查找政务服务优化、效能提升的薄弱环节，对苗头性、典型性、集中性问题提前研判，推动破解问题的关口前移，为优化流程、创新服务等提供参考；健全堵点数据分析应用机制实现趋势感知，提升智慧监管和智能服务能力，实现线上线下服务深度融合，让政府数字化服务体系更加智慧便捷。三是打通数据流通壁垒，推进政府数字化服务体系更加整体化。充分依托全国一体化政务服务平台加快建立权威高效的数据共享协调机制，支撑各地区、各有关部门政务服务和监管平台数据共享需求，提升数据共享统筹协调力度和共享效率，构建上下耦合、协同互促的整体联动体系，打造顶层设计更完备、协同推进更有力、服务质量更高、服务方式更便捷的全国政务服务"一张网"，推进"全国通办"整体发展。

3. 数据政务的"引领"和"驱动"效应进一步显现

中共中央、国务院印发的《数字中国建设整体布局规划》提出"2522"总体布局，指出要"做强做大数字经济、发展高效协同的数字政务、打造自信繁荣的数字文化、构建普惠便捷的数字社会、建设绿色智慧的数字生态文明"五位一体全面赋能经济社会发展。高效协同的数字政务将促进政府数字化转型与其他领域的数字化转型协同联动，将对数字中国建设具有引领和驱动作用。一是数字政务对领导干部数字素养提出更高要求。习近平总书记强调，领导干部要善于获取数据、分析数据、运用数据，要加强学习，懂得并用好大数据，提高对大数据发展规律的把握能力。全国各地数字政务的蓬勃发展提升了领导干部的数字技能，推进实现数据共享、政企合作、社会参与等目标的过程，为领导干部更好地具备数字经济思维能力和专业素质奠定了基础，以推动数字中国的整体发展。二是数字政务数据开放共享体系促进数据资源大循环。畅通数据资源大循环，不仅要推进数据资源在政府内部、行业内部、区域内部的共享利用，也要推进各类数据资源在政府、市场、社会之间的跨界有序流动，让各类数据资源面向经济社会发展的各个领域全方位赋能，有效释放政府、市场、社会数据资源的价值。[①] 这需要合理且充分地发挥数字政务的作用，实现"五跨""三融合"的同时，进一步加强数据的依法依规、高效共享和有序开放利用，充分释放数据的要素价值，使政府更多充当市场先期培育者和宏观引导者的角色，驱动数字经济更好地服务和融入新发展格局。三是数字政务深化改革全面赋能五位一体协同发展。数字政务充分运用数字技术赋能政务运行，从宏观决策协同到中观政策协调、从微观政策执行到服务资源配给的全过程，做好与相关领域改革和规划的有效衔接、统筹推进，促进数字政务与数字经济、数字社会、数字文化、数字生态文明的协调发展，打造泛在可及、智慧便捷、公平普惠的数字化服务体系，为其他领域的改革夯实基础、做好引领、持续赋能，更多通过数据开放、多元参与等方式让各方主体依托城市数字化治理界面实现高质量互动，让创新和智慧充分涌现，充分释放数字化发展红利，从而形成共建共治共享治理新格局。

---

① 翟云、程主、何哲等：《统筹推进数字中国建设 全面引领数智新时代——〈数字中国建设整体布局规划〉笔谈》，《电子政务》2023 年第 6 期，第 2~22 页。

专题篇
Special Report

B.2
营商环境数字化服务能力
发展现状及分析

王沙 党正阳 董亮*

摘 要: 持续提升地方政府数字化服务能力是加快营造市场化、法治化、国际化一流营商环境的重要抓手,营商环境是政府数字化转型成效的重要体现。本报告围绕企业全生命周期营商环境服务,选择政府数字化服务能力评价体系中的企业开办、工程建设、不动产登记、水电气网、纳税、企业歇业、企业注销等指标,作为营商环境领域政府数字化服务能力评价标准展开探讨。总体上全国337个地方政府表现一般,东部地区表现领先,省域发展差距较大,水电气网领域亟待提升。先发地区通过深化集成改革、拓展功能服务、加快线上应用,有效提升企业全生命周

---

* 王沙,成都市经济发展研究院营商环境专业首席研究员,营商环境研究所高级研究员,研究方向为营商环境、竞争情报;党正阳,成都市经济发展研究院营商环境研究所研究员,研究方向为政策分析、大数据分析、数据挖掘;董亮,成都市经济发展研究院营商环境研究所所长,研究方向为竞争情报、营商环境。

期营商环境数字化服务能力。我国营商环境数字化服务已加快从"单一"向"整体"、从"被动"向"主动"、从"能办"向"好用"转变。

关键词： 营商环境　政务服务　数字政府　全生命周期

党的二十大报告提出，深化简政放权、放管结合、优化服务改革，营造市场化、法治化、国际化一流营商环境。营商环境是企业等市场主体在市场经济活动中所涉及的体制机制性因素和条件，包括市场环境、政务环境、法治环境等诸多领域。[①] 不断优化政务服务、提升政务服务水平是优化营商环境的重要内容。政务服务能力和服务水平直接影响市场主体从开办、经营、发展到退出的全生命周期过程，关系到市场主体活力和社会创造力的培育与激发。加快政府数字化转型，提升数字化政务服务能力和服务水平，有利于促进制度性交易成本降低、政务服务精准供给和政府高效治理，为营造一流营商环境提供支撑。《国务院关于加强数字政府建设的指导意见》（国发〔2022〕14号）明确提出，以数字化改革助力政府职能转变，持续优化利企便民数字化服务，提升公共服务能力。世界银行新营商环境评估体系项目 Business Ready（B-READY）[②] 也将政府数字化转型和数字化政务服务相关内容作为重要评估标准，并将其贯穿评估体系的制度、服务和效率三大评估维度和十大评估指标。数字政府与营商环境紧密相关，

---

① 《优化营商环境条例》将营商环境定义为企业等市场主体在市场经济活动中所涉及的体制机制性因素和条件，并围绕市场主体保护、市场环境、政务服务、监管执法、法治保障等领域提出具体要求。

② 2023年3月，世界银行将新一轮营商环境评估体系正式命名为 Business Ready（B-READY）。2023年5月1日，公布《B-READY方法论》（B-READY Methodology Handbook）和《B-READY手册和指南》（B-READY Manual and Guide），围绕企业全生命周期中开办、经营与退出三大阶段，设置商业准入、经营场所、市政公用设施接入、劳动力、金融服务、国际贸易、税收、争端解决以及市场竞争等10个指标。

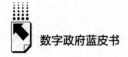

营商环境是政府数字化转型成效的重要体现，数字化政务服务的有效应用是优化营商环境取得成功的关键因素。本文将以营商环境数字化政务服务能力和服务水平为着眼点，围绕企业全生命周期从开办、经营到退出的重要阶段相关数字化服务能力，基于政府数字化服务能力评价体系中规范供给能力、融合供给能力以及服务回应能力的企业开办、工程建设、不动产登记、水电气网、纳税、企业歇业、企业注销等七大领域相关指标展开讨论。

一 整体情况

（一）全国整体表现一般

2023 年中国地方政府数字化服务能力评价指标体系中企业开办、工程建设、不动产登记、水电气网、纳税、企业歇业、企业注销领域 7 项指标分属规范供给能力、融合供给能力以及服务回应能力二级指标，权重在 0.2~0.4 区间。本文将 7 项指标得分进行归一处理，使每项指标最高分值为 100 分，并用平均赋权法，将 7 项指标组成的企业全生命周期视角下营商环境数字化服务能力得分计算结果进行泛化处理，总分为 100 分，以期得到标准可信结果。总体来看，企业全生命周期视角下地方政府营商环境数字化服务能力总体表现一般，全国 337 个地方政府营商环境数字化服务能力平均得分为 69.77 分，整体水平仍有较大提升空间。同时地方政府间差距较大，表现最优的北京市得分为 97.14 分，而表现最差的得分仅为 27.50 分（见图 1）。

具体来看，得分处于区间［90，100］的创新引领型城市，包括北京市、深圳市、上海市、广州市等 21 个城市，占比 6.23%，平均得分达到 93.36 分，代表我国地方政府营商环境数字化服务能力领先水平。得分处于区间［80，90）的积极追赶型城市包括哈尔滨市、长沙市、贵阳市、台州市、淄博市等 66 个城市，平均得分为 83.09 分。稳步推进型城市得分处于区间［60，80），包括赤峰市、包头市、开封市等 165 个城市，平均得分为 71.18 分。亟待发展型城市得分处于区间［0，60），包括呼和浩特

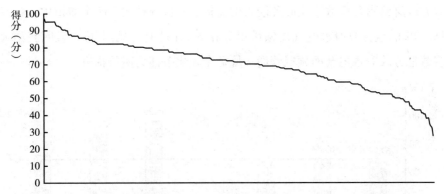

图1 企业全生命周期视角下地方政府营商环境数字化服务能力总体分布情况

市、赤峰市、包头市、乌鲁木齐市等85个城市，平均得分为50.85分（见表1）。

表1 企业全生命周期视角下地方政府营商环境数字化服务能力分布情况

单位：个，%

得分区间	频次	有效百分比	累计百分比
[90,100]	21	6.23	6.23
[80,90)	66	19.58	25.82
[60,80)	165	48.96	74.78
[0,60)	85	25.22	100.00
总计	337	100.00	—

（二）水电气网领域亟待提升

在七大领域表现方面，2023年企业全生命周期视角下我国地方政府营商环境数字化服务能力在纳税、企业歇业、企业注销领域较强，在工程建设、企业开办和不动产登记领域表现一般，而水电气网领域表现较差。其中，纳税领域表现最好，所有评估城市得分均在60分以上，平均得分为96.29分；企业歇业领域次之，平均得分为87.05分；水电气网领域表现最差，得分为32.51分（见图2），显示公共市政设施数字化服务能力是我国

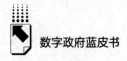

地方政府营商环境数字化服务能力的短板。本次评估的 337 个城市中，仅有 18.69% 的地方政府水电气网领域得分在 60 分以上（见图 3），表明我国大多数地方政府水电气网领域营商环境数字化服务能力亟待提升。

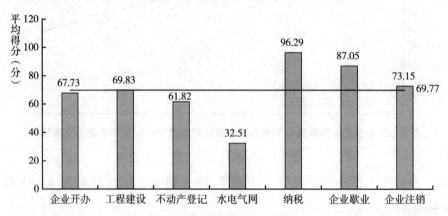

图 2　企业全生命周期视角下地方政府营商环境数字化服务能力各领域平均得分情况

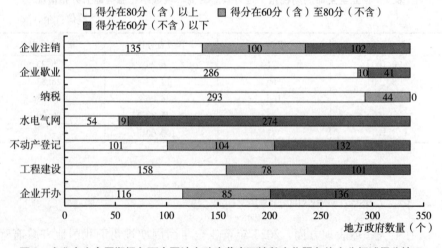

图 3　企业全生命周期视角下中国地方政府营商环境数字化服务能力分领域得分情况

（三）东部地区整体表现领先

在区域表现方面，东部地区企业全生命周期视角下地方政府营商环境数字化服务能力表现最好，平均得分 73.06 分，明显优于其他三大区域（见图 4）。

值得注意的是，四大区域中，仅东部地区平均分超过全国平均得分，显示区域差距较大。分领域来看，东部地区地方政府营商环境数字化服务能力在水电气网、纳税等领域处于全国领先地位，各领域发展水平较为平均。中部地区地方政府营商环境数字化服务能力在企业开办、不动产登记、企业注销领域表现最佳，但在工程建设与企业歇业领域短板明显。东北地区在纳税、企业歇业领域表现最好，但在企业开办领域落后较多。西部地区在工程建设领域表现领先，但在水电气网领域表现不佳，亟待提升（见图5）。

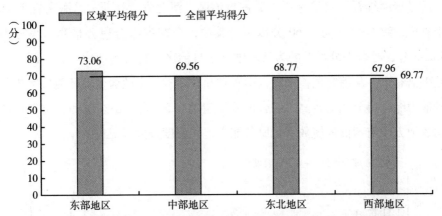

图4 企业全生命周期视角下地方政府营商环境数字化服务能力区域平均得分情况

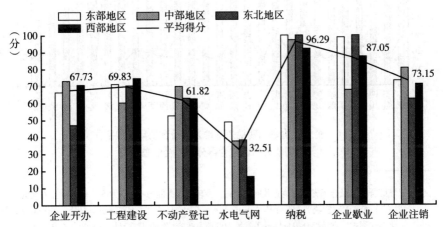

图5 企业全生命周期视角下地方政府营商环境数字化服务能力分项指标区域平均得分情况

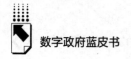

（四）省域发展差距较为明显

为有效评估省域内各地方政府营商环境数字化服务能力差异，综合评价各省域地方政府营商环境数字化服务能力和一体化发展水平，引入综合得分①和综合偏差②指标。从省域综合得分来看，全国27个省份（除4个直辖市外）企业全生命周期地方政府营商环境数字化服务能力发展差距较为明显，表现较为领先的是广东省和安徽省，综合得分均在80分以上，表现较差的是新疆维吾尔自治区、内蒙古自治区、河北省、江西省、海南省等12个省份，综合得分均在60分以下。其中，广东省综合得分最高，得分为83.53分，综合得分最低的为新疆维吾尔自治区，得分为39.02分，两者相差1倍有余。从综合偏差来看，山东省和甘肃省地方政府营商环境数字化服务能力综合得分相对较高，综合偏差均超过0.5，表明山东省和甘肃省省域内各地方政府营商环境数字化服务能力差异程度较大（见图6）。

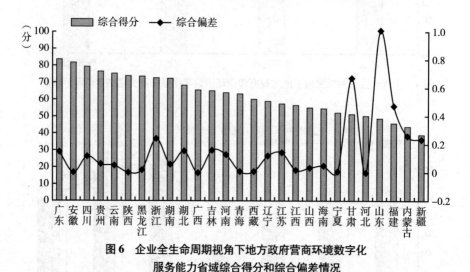

图6　企业全生命周期视角下地方政府营商环境数字化
服务能力省域综合得分和综合偏差情况

---

① 省域综合得分融合了省域内地方政府数字化营商环境服务能力一体化水平，具体计算方式为：省域综合得分=0.6×省域平均得分+0.4×normalize（省域总体方差）×省域平均得分，normalize为归一化表现形式，省域综合得分体现了省域内各地方政府数字化营商环境服务能力差异程度。

② 省域综合偏差=normalize（省域综合得分-省域平均得分），体现省域内地方政府营商环境数字化服务能力差异程度。

从各省域内地方政府营商环境数字化服务能力平均得分来看，表现较为领先的是广东省、四川省、安徽省、山东省、浙江省等5个省份，平均得分均在80分以上；表现较差的是新疆维吾尔自治区、河北省、内蒙古自治区、宁夏回族自治区、海南省、山西省、江西省7个省份，平均得分均在60分以下（见图7）。从各省域内地方政府得分差距来看，宁夏回族自治区、吉林省、贵州省、青海省、浙江省、四川省6个省份地方政府营商环境数字化服务能力差距较小，得分差距均在10分以内，其中宁夏回族自治区和青海省省域内地方政府营商环境数字化服务能力平均得分较低、得分差距较小，表明其营商环境数字化服务能力较低且整体发展水平较低。四川省、浙江省省域内地方政府营商环境数字化服务能力平均得分较高、得分差距较小，表明其营商环境数字化服务能力较强且整体发展水平较高，如四川省省域内地方政府营商环境数字化服务能力平均得分82.99分，最高得分和最低得分为90.48分和82.14分，其省域内最低得分比宁夏回族自治区内最高得分高29.76分。相较而言，海南省、江西省、陕西省3个省份省域内地方政府营商环境数字化服务能力平均得分差距均在50分左右，表明其营商环境数字

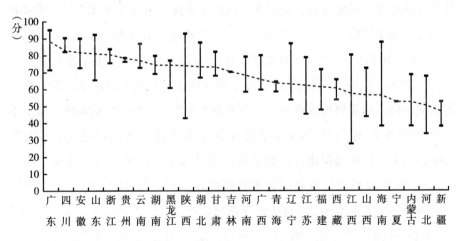

图7 企业全生命周期视角下各省份地方政府营商环境数字化服务能力得分及得分差距情况

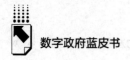

化服务能力省内差异较大，如江西省，省域平均得分为57.18分，省内最高得分为80.12分，省内最低得分为27.50分，得分差距52.62分，显示其省域内地方政府营商环境数字化服务能力和整体发展水平较低。

二 主要表现

（一）深化集成改革，便利企业准入准营

企业开办是企业全生命周期的第一个阶段，也是衡量地区营商环境政务服务水平的重要指标。近年来，通过"互联网+政务服务"集成改革，各地企业开办环节中的登记注册、公章刻制、申领发票和税控设备、员工参保登记、公积金缴存登记、银行开户预约等事项已基本实现"一网通办"，企业开办领域在精简申请材料、压缩办理时限、减少群众跑腿方面已近极致。但企业在拿到营业执照后，仍面临"准入不准营"问题，需要到不同部门办理行业所需各类许可证后，才能正式营业。便利企业准入准营，成为营商环境优化改革进入深水区后，企业开办领域优化提升的重点工作之一。《国务院办公厅关于加快推进"一件事一次办"打造政务服务升级版的指导意见》（国办发〔2022〕32号）明确要求，推进企业全生命周期相关政务服务事项"一件事一次办"，围绕企业从开办到注销全生命周期的重要阶段，梳理集成同一阶段内需要到政府部门、公用企事业单位和服务机构办理的多个单一政务服务事项。《国务院关于加强数字政府建设的指导意见》（国发〔2022〕14号）明确提出，以数字技术助推深化"证照分离"改革，探索"一业一证"等照后减证和简化审批新途径。本次评估的337个地方政府中，98.5%的地方政府已针对企业开办领域在政务服务网设置"集成服务""一件事一次办""办成一件事""一业一证"等相关专栏或专题页面，提供主题式、套餐式涉企服务。其中，上海、北京以及江苏、湖北、山东的19个城市，进一步实现企业准入准营的"一次告知、一表申请、一套材料"并发放"一业一证"行业综合许可证。

  "一业一证"改革是上海浦东新区首创的通过"行业综合许可证"破解"准入不准营"问题的重要举措。2020 年及 2022 年，国务院办公厅两次发文（国办发〔2020〕24 号及国办发〔2022〕30 号）提出，积极探索"一业一证"改革，将其从地方探索上升为全国改革。2021 年上海市针对国务院批复同意浦东新区首批试点中仅涉及地方事权的 25 个行业在全市范围推广实施"一业一证"改革，通过建立全市统一的"一业一证"改革行业目录和"六个一"集成服务机制，再造行业管理架构、审批指引方式、行业准入条件、审批申报方式、许可审查程序、行业准入方式，实现"一帽牵头""一键导航""一单告知""一表申请""一标核准""一证准营"。线上在上海一网通办平台设置"一业一证"专栏，线下在政务服务中心设立"一业一证"专窗，普陀区等市区还探索开展"一业一证"免费帮办，以增强实体服务保障，加强线下兜底服务。目前，上海一网通办平台已上线 43 个行业的"一业一证"申办服务（见图 8）。

图 8 上海一网通办平台一业一证专栏

资料来源：https://zwdt. sh. gov. cn/govPortals/column/ot/yyyz. html。

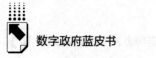

广州作为广东省"一照通行"首批试点改革城市，2021年开始探索简化企业开办和生产经营审批，将多业态经营涉及的多项许可事项与营业执照一次申请、并联审批、限时办结，通过营业执照归集各类许可信息，减少审批发证，推进电子证照应用，实现企业准入准营"一照通行"（见图9）。目前，广州已将"一照通行"改革事项相关涉企服务全面接入"穗好办"APP企业办事专区，实现企业登记信息、身份认证信息和电子证照信息一步采集全程复用，建立开办企业和食品、药品、医疗器械等跨部门事项"一网申请"的联办流程，通过精准识别申请人自主申报的标准经营范围，智能推荐一站式证照联办套餐供申请人填报。与此同时，广州创新探索"穗好办·随心办"一件事自由组合新模式，从用户办事视角，对"一件事一次办"服务进行优化升级，突破传统由部门点单的"一件事一次办"服务固定套餐模式，将选择权交还给市场主体，由其自主选择"一件事"涉及的全部或部分事项进行联办组合。平台通过自动将多个事项涉及表单整合

图9 广州市涉企审批服务"一照通行"平台

资料来源：https://zwfw.gzonline.gov.cn/wsbs-yztx/home。

为"一张表"，智能区分其中的共性材料和个性材料，最大限度减少办事人表单填写和材料提交。目前，广东政务服务网"事项随心办"服务专栏已上线118项涉企事项供申请人自主选择联办，实现"一次申请""一张表单""一套材料"办成"一件事"（见图10）。

图10 广东政务服务网"事项随心办"专栏

资料来源：https://zwfw.gzonline.gov.cn/gzyjszt。

（二）拓展功能服务，降低办税缴费成本

办税缴费是企业日常生产经营过程中必不可少且高频发生的重要环节。近年来，国内数字化税收征管服务创新改革不断加强，办税缴费流程精简，办理效率不断提高，实现企业办税缴费成本降低和税费红利直达快享，企业涉税事项逐步从注重管理向管理与服务并重转变，税收营商环境持续优化。中共中央办公厅 国务院办公厅《关于进一步深化税收征管改革的意见》提出，大力推行优质高效智能税费服务，切实减轻办税缴费负

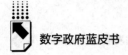

担。不断拓展"非接触式""不见面"办税缴费服务。本次评估的337个地方政府中，七成已将税务平台整合入政务服务网，企业可通过政务服务网中纳税服务相关专栏或窗口跳转当地电子税务局。依托政务服务网及省级电子税务局，337个城市全部实现税费在线申报、在线支付，提供发票办理、证明办理等在线服务，显示税务领域数字化政务服务单部门贯通能力表现优秀。《国家税务总局自然资源部关于进一步深化信息共享便利不动产登记和办税的通知》（税总财行发〔2022〕1号）提出2023年底前，全国所有市县力争实现不动产登记和税务"网上（掌上）办理"。本次评估发现，截至2023年9月，337个地方政府中仅有118个实现不动产登记税费在线支付，实现率约35%，显示办税缴费服务在跨部门协同方面有待加强。

衢州办税缴费精细化、智能化、便利化迅猛发展，不断拓展"非接触式"服务，办税缴费从"最多跑一次"到"一次也不跑"迭代升级。衢州市政务服务网企业服务专区中设立"税收财务"专栏，整合"财政票据""缴费征收""税务服务"三类共159项事项及服务，实现相关事项的在线咨询、申请和办理（见图11）。同时，依托浙江省"浙里办票"平台，针对电子票据提供"我要查验""我要票据""我要接口""我要咨询"等一站式在线服务，实现缴款、开票、验票、取票"零跑腿"，切实解决电子票据使用中的痛点、堵点、难点问题。

江苏省将涉企税费服务查询和办理功能整合入江苏"一企来办"企业综合服务平台，为企业提供一站式办税缴费服务。目前"一企来办"企业综合服务平台已经接入23项税收应用服务，其中包括A级纳税人查询、一般纳税人查询、普通发票查验、办税日历、办税地图、税务优惠信息查询、申报信息查询、缴款信息查询、发票票种票量核定等15个查询类服务，以及一般纳税人资格登记、税费缴纳、申报作废、开具税收完税证明等8个办理类服务（见图12）。值得一提的是，"一企来办"平台与税务系统采取单点登录、一号关联模式，企业不需要在多个网站重复登录，通过"一企来办"平台"涉企税费服务查询和办理"专栏即可在线办理相关税费事项。

图 11　衢州市政务服务网税收财务专栏

资料来源：https：//www.zjzwfw.gov.cn/zjservice-fe/#/serviceChild？id=184&tab Option=LIFE_ CYCLE&personType=2&siteCode=330801000000。

除此之外，"一企来办"平台中"网上中介服务超市"专栏还提供涉税专业服务机构服务内容、人员资质等信息，为企业提供一站式办税缴费中介服务，助力企业降低日常经营成本。

（三）加快线上应用，推进歇业制度落地

自 2022 年 3 月 1 日起施行的《中华人民共和国市场主体登记管理条例》首次设立歇业制度，明确自然灾害、事故灾难、公共卫生事件、社会安全事故等原因造成经营困难的市场主体，可以自主决定在一定时间内歇业，以保护市场主体活力，助力其缓解经营压力，渡过临时性难关。地方政府积极出台相关政策，进一步细化具体落实举措，探索通过实现平台互通、数据共享、在线办理，加快推动歇业制度落地见效。云南、广西等地明确提出将歇业备案信息推送至政务一体化平台，实现税务、人社、医保、公积金、法院等部门数据共享。本

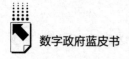

图12 江苏省"一企来办"企业综合服务平台涉企税费查询办理专栏

资料来源：https://sqt.jszwfw.gov.cn/homeTax。

次评估的 337 个地方政府中，282 个通过政务服务网公示企业歇业备案登记相关清单、示例样表与空白表格等必要材料，占比超八成；296 个政务服务网实现网上办理商事主体歇业备案或相关汽运企业、医疗机构、烟草等企业歇业登记，实现率约 87.8%。评估显示，《中华人民共和国市场主体登记管理条例》出台后的一年半时间里，企业歇业制度落实成效显著。

昆明作为云南省市场主体线上"一窗通"歇业备案登记改革试点，探索将歇业备案纳入"一件事一次办"，以有效解决企业歇业备案办理面临的"手续繁、环节多、多头跑"等问题。通过跨部门业务梳理、流程再造，整合市场主体歇业备案事项及税务、人社、公积金等领域延伸服务，实现相关业务部门数据同步采集、业务同步办理、结果实时共享的办理流程（见图13）。通过"昆明市场主体歇业备案登记一窗通"专栏,实现市场主体歇业"主题式""套餐式"
"一窗通"在线办理,实现申请人线上一表填写、一次提交、一次办成(见图13)。

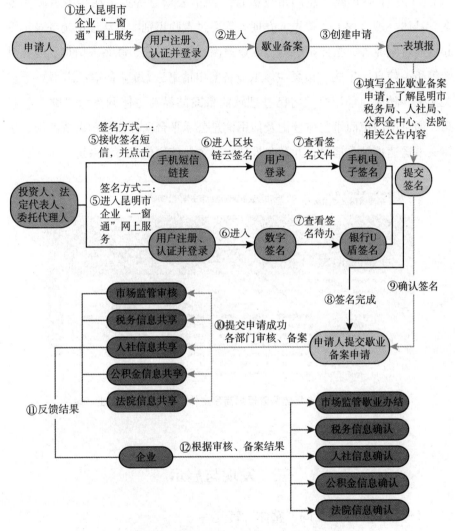

图13 昆明市市场主体歇业备案流程

资料来源:昆明市市场监管局优化营商环境典型实例。

厦门开展全域"歇业备案"试点,依托福建省网上办事大厅和厦门市
市场监督管理局商事主体网上审批系统,实现企业歇业备案全程网办。厦门

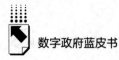

设立了多个在线企业歇业备案登录方式，企业可以自主选择通过福建省网上办事大厅厦门市市场监督管理局商事主体网上审批系统（见图14）、闽政通APP、i厦门 APP 或"厦门市场监管"微信公众号等渠道在线申请歇业备案。具体办理流程上，首先，办理人需通过人脸识别实名认证系统登录，发起歇业备案业务，按照指引填写歇业原因、歇业时间、联系人信息、委托时间等相关信息，生成《市场主体歇业备案申请书》《歇业备案承诺书》等相关文书。随后，登记机关将已办理歇业备案的经营主体调整为"歇业"状态，通过厦门市商事主体登记及信用信息公示平台向社会公示歇业期限、法律文书送达地址等信息，并及时推送国家企业信用信息公示系统。

图 14　厦门市市场监督管理局商事主体网上审批系统歇业模块

三　发现与启示

（一）从"单一"向"整体"转变

整体政府是世界银行营商环境评价倡导的改革导向，也是推动政府数字化转型、加快数字政府建设的必然选择。数字化营商环境政务服务不再将办理"一件事"的职能分别置于不同部门的单一事项，而是基于用户需求与最终目标所要经历的整个过程来重组政府服务事项及运作流程。例如，企业开办作为企业全生命周期的第一阶段，相关政务服务不是市场主体登记注册获取营业执照的单一事项或环节，而是企业实现准入准营的整个流程。跨层级跨部门的职能协同，跨平台跨系统的功能整合，破解传统政务服务供给碎片化、高成本、低效率问题，为市场主体提供一体化、便利化、智能化的整体性政务服务，是提升数字化营商环境政务服务能力和服务水平的重要路径。

（二）从"被动"向"主动"转变

营商环境是政府供给和企业需求的结合，需要以企业需求为导向，从实际问题出发，提高企业选择权和政府主动性，提升政务服务的供需匹配水平。一是将改革的话语权和服务的选择权更多地交给企业，实现从政府主导的固定套餐式的被动接受服务模式，向企业需求导向的自主选择服务模式转变。破除改革中政府部门的传统路径依赖，不再是政府觉得企业需要什么或者部门可以提供什么，而是更多地从企业端获取更多反馈，发现企业真正需要什么，及时对政策举措进行调整和修正。广州将固定搭配的"一件事一次办"升级为企业自选的"事项随心办"是一种有益探索。二是预留地方政府差异化创新改革空间，在完成国家及省份统一改革任务的情况下，鼓励地方政府探索原创性差异化改革举措。上海浦东的"一业一证"与广东的"一照通行"正是破解企业"准入不准营"的差异化创新举措。营商环境改革进入"无人区"后更需要充分发挥地方政府主动性，结合地方实际与企业需求制定，因地制宜、因时制宜开展试点探索。

（三）从"能办"向"好用"转变

公开透明可预期是一流营商环境的衡量标准，也是对一流政务服务的基本要求。本次评估中发现，在企业开办"一业一证"、工程建设联合验收、企业歇业备案登记等涉企服务领域，大部分省市政务服务网站没有开放免登录的浏览模式，而是均需用户注册登录后，才可获取相关政务服务所需的材料和流程图等办理信息。但"酒香也怕巷子深"，登录后才可查看的办理模

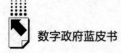

式，客观上限制了相关信息的可能触及范围。创新改革举措的落地需要数字化系统平台的功能支撑，更需要面向潜在受众的宣传讲解，让政务服务从停留在系统功能上的"能办"，向企业实践操作中的"好用"转变，提升政务服务可及性以及市场主体获得感。

参考文献

曹健、谭佳璐、舒伟：《营商环境研究述评与展望》，《财会月刊》2023 年第 18 期。

陈涛、邰啊龙：《政府数字化转型驱动下优化营商环境研究——以东莞市为例》，《电子政务》2021 年第 3 期。

《国家税务总局自然资源部关于进一步深化信息共享便利不动产登记和办税的通知》，2022 年 2 月 14 日，https：//www.gov.cn/zhengce/zhengceku/2022 - 02/14/content_ 5673427.htm。

《国务院办公厅关于加快推进"一件事一次办"打造政务服务升级版的指导意见》，2022 年 10 月 3 日，https：//www.gov.cn/zhengce/content/2022-10/03/content_5715 693.htm。

《国务院关于加强数字政府建设的指导意见》，2022 年 6 月 23 日，http：//www.gov.cn/zhengce/content/2022-06/23/content_5697299.htm。

韩春晖：《优化营商环境与数字政府建设》，《上海交通大学学报》（哲学社会科学版）2021 年第 6 期。

李晴、刘海军：《技术赋能市域社会治理现代化：制度逻辑、结构特征与实践路径》，《北京工业大学学报》（社会科学版）2023 年第 4 期。

The World Bank，Business Enabling Environment（BEE）Pre-Concept-Note，https：//www.worldbank.org/content/dam/doingBusiness/pdf/BEE - Pre - Concept - Note - - - Feb - 8 -2022.pdf.

孙友晋、高乐：《加强数字政府建设 推进国家治理现代化——中国行政管理学会2020 年会会议综述》，《中国行政管理》2020 年第 11 期。

王琼梅：《云南省市场主体线上"一窗通"歇业备案登记改革在昆试点》，《云南日报》2022 年 7 月 9 日。

徐宁：《我省开通"一企来办"，为企业"一站式"服务》，《南京日报》2023 年 8 月 16 日。

许召元：《优化营商环境进一步增强经济发展动力》，《中国中小企业》2023 年第 8 期。

张锐昕：《中国数字政府的核心议题与价值评析》，《理论与改革》2022 年第 6 期。

《中共中央办公厅国务院办公厅关于进一步深化税收征管改革的意见》，https：//www.gov.cn/zhengce/2021-03/24/content_ 5595384. htm。

周伟：《数据赋能：数字营商环境建设的理论逻辑与优化路径》，《求实》2022 年第4 期。

B.3
数字化政务公开发展实践与探索研究

王新莹　张兴叶*

摘　要： 国务院《关于加强数字政府建设的指导意见》提出，推进公开平台智能集约发展，提升政务公开水平，并从政策信息数字化发布、政策智能推送服务、政策信息传播格局、畅通互动渠道、统一知识问答库等多个方面作出部署。数字化既是实现政府治理现代化的重要手段，也为深化政务公开提供了新路径。本报告通过对全国337个地方政府数字化政务公开表现进行研究，发现地方政府在数字化政务公开规范性、便利性及回应感知能力等方面整体表现较好，但行政规范性文件公开标准、多渠道融合、智能分析应用等方面仍待加强。对此，建议地方政府明确标准规范、构建多维立体式数字化政务公开模式、运用数字化手段促进政务公开工作现代化，助力实现地方政府治理体系和治理能力现代化。

关键词： 数字政府　数字化服务能力　政务公开

　　坚持以人民为中心的发展思想，是习近平新时代中国特色社会主义思想的重要组成部分。推行政务公开，是政府服务人民、依靠人民，对人民负责、接受人民监督的重要制度安排。习近平总书记强调，要用制度安排把政务公开贯穿政务运行全过程，权力运行到哪里，公开和监督就延伸到哪里，以公开促落

---

* 王新莹，成都市经济发展研究院智慧治理研究所研究员，研究方向为政府治理、数字政府、政府网站、政务公开；张兴叶，电子科技大学公共管理学院，研究方向为数字公共治理、数字政府。

实、促规范、促服务。① 党的十九届四中全会首次明确提出推进数字政府建设；党的十九届五中全会明确提出加快数字化发展，从"十三五"时期的"互联网+"到"十四五"时期的数字化转型，从"互联网+政务服务"步入数字政府建设；② 党的二十大报告进一步提出，加快建设网络强国、数字中国。数字化既是实现政府治理现代化的重要手段，也为深化政务公开提供了新路径。

2022年6月，国务院印发《关于加强数字政府建设的指导意见》（国发〔2022〕14号），其中关于政务公开明确提出推进公开平台智能集约发展，提升政务公开水平，并从政策信息数字化发布、政策智能推送服务、政策信息传播格局、畅通互动渠道、统一知识问答库等多个方面作出部署。③ 可见，数字政府建设为全面深化政务公开提供了重要的契机，数字化政务公开的发展已逐渐成为衡量地方政府数字化服务能力的重要一环，运用数字化手段促进政务公开工作现代化，助力实现地方政府治理体系和治理能力现代化。鉴于此，本报告以数字化政务公开为着眼点，基于地方政府数字化服务能力评价指标体系中的清单内容流程的规范性、平台应用能力、主动感知回应能力、智能问答以及智能推送等相关评价点位，围绕数字化政务公开规范性、便利性及回应感知能力展示地方政府数字化政务公开发展现状，并提出下一步促进数字化政务公开发展的思考与启示。

一 整体情况

为评价地方政府数字化政务公开的发展现状，本报告指标体系中的清单规范性（A-1-1）、内容规范性（A-1-2）、流程规范性（A-1-3）、平台应用能力（A-2-2）、主动感知回应（B-1-1）、办事诉求受理能力（B-2-1）、智能问答（C-1-2）以及智能推送（C-2-2）指标均设有数字化政务

---

① 肖捷：《以人民为中心推进新时代政务公开》，《学习时报》2019年9月9日。
② 吕小刚：《数字化转型视角下政务公开的基本问题探析》，《党政干部学刊》2021年第3期。
③ 《国务院关于加强数字政府建设的指导意见》，中国政府网，https://www.gov.cn/gongbao/content/2022/content_5699869.htm，2022年6月6日。

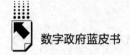

公开相关评价点位。其中，清单规范性（A-1-1）、内容规范性（A-1-2）、流程规范性（A-1-3）对政府信息公开平台规范设置及行政规范性文件集中有效公开进行评价，具体的评价点位包括政府信息公开目录规范性、政府信息公开指南内容规范性、政府信息公开年报发布时间、政府行政规范性文件设置以及政府文件有效期。平台应用能力（A-2-2）对惠企政策集中统一、分类分级情况、线上咨询以及在线申请进行评价，具体的评价点位包括是否提供惠企政策专栏、是否梳理公布惠企政策清单、政策咨询渠道以及政策是否提供在线申请。主动感知回应（B-1-1）对政府回应情况进行评价，具体的评价点位包括是否建立政府回应专栏以及是否对重点舆情、热点关注问题进行整理、回应。办事诉求受理能力（B-2-1）对知识库建设进行评价，具体的评价点位包括是否设立知识库以及是否定期更新知识库。智能问答（C-1-2）对是否设置智能问答及效果进行评价，具体的评价点位包括是否设置人工智能问答功能、是否设置常见问题、是否对问题有二次分类、智能问答是否具备语义分析能力以及是否对回答问题设置满意评价功能。智能推送（C-2-2）对优惠政策推送、智能推送实现进行评价，具体的评价点位包括是否实现惠企政策"免申即享"以及是否提供互联网智能主动推送功能和推送渠道。上述评价指标预设的最高分为16分。

通过评价发现，337个地方政府在数字化政务公开方面整体表现较好，平均分为10.29分，最高分为14.88分，最低分为3.30分（见图1）。其

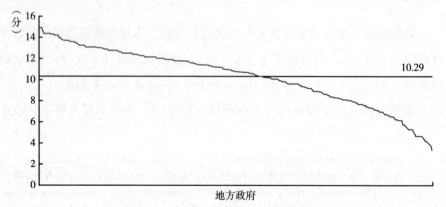

图1 地方政府数字化政务公开得分分布

中，有192个地方政府的得分超过全国平均水平，占比56.97%；有213个地方政府的得分率超过60%，占比63.20%。

从各省（自治区）的情况来看，福建省、浙江省、安徽省、吉林省、江苏省等省份地级行政区在数字化政务公开方面的平均得分相对更高。其中，福建省的地级行政区平均得分最高，达到14.36分。而宁夏的地级行政区平均得分最低，为5.14分。从省域内差异情况来看，省域内差异最小的为福建省，标准差为0.28分，省域内差异最大的为广东省，标准差为2.63分（见表1）。

表1　各省份数字化政务公开得分情况

单位：分

省（自治区）	平均得分	标准差	最大值	最小值
福　建	14.36	0.28	14.88	13.74
浙　江	13.40	0.49	14.28	12.36
安　徽	12.94	0.78	14.88	11.73
吉　林	12.41	0.82	13.92	11.28
江　苏	12.36	1.16	13.94	9.80
江　西	12.06	0.70	12.84	10.22
湖　北	11.96	0.85	13.46	10.82
河　北	11.89	0.86	13.08	10.71
内蒙古	11.88	0.96	13.20	9.12
黑龙江	11.57	1.15	13.53	9.14
贵　州	11.34	0.71	12.46	10.30
山　东	11.34	1.93	13.80	6.66
湖　南	11.08	1.39	12.74	7.40
广　西	10.90	0.70	12.32	9.90
广　东	10.75	2.63	14.28	8.01
海　南	10.62	1.27	11.84	8.81
河　南	9.85	1.34	11.98	6.22
甘　肃	9.85	0.89	11.27	7.43
山　西	9.11	1.10	11.12	6.89
陕　西	8.83	1.62	10.66	5.26
青　海	8.06	0.73	9.33	6.81

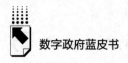

续表

省(自治区)	平均得分	标准差	最大值	最小值
四　川	7.97	2.30	12.34	3.30
辽　宁	7.86	1.46	10.83	5.26
西　藏	7.01	0.82	8.30	5.54
新　疆	6.13	1.78	9.57	3.93
云　南	5.73	1.01	7.31	3.71
宁　夏	5.14	0.96	7.06	4.66

从不同城市类型的得分情况来看，直辖市数字化政务公开的表现最好，平均得分为12.94分，整体表现优于副省级城市、省会城市和其他地级市（见表2）。

表2　不同类型城市数字化政务公开的得分情况

单位：分

城市类别	平均分	城市类别	平均分
直辖市	12.94	副省级城市	12.59
其他地级市	10.14	省会城市	11.11

二　主要表现

（一）数字化政务公开规范性日益提高，行政规范性文件公开标准有待完善

2019年4月，《中华人民共和国政府信息公开条例》对政府信息资源规范化提出要求，应加强政府信息资源的规范化、标准化管理，加强互联网政府信息公开平台建设。[①] 2019年11月，《国务院办公厅政府信息与政务公开

---

① 《中华人民共和国政府信息公开条例》，中国政府网，https：//www.gov.cn/gongbao/content/2019/content_5386612.htm，2019年4月3日。

办公室关于规范政府信息公开平台有关事项的通知》提出，各行政机关的政府信息公开平台是各级人民政府统一政府信息公开平台的基础，应统一规范，包括统一名称、统一格式等。[①] 2022 年 4 月，《国务院办公厅关于印发 2022 年政务公开工作要点的通知》对行政规范性文件集中公开提出要求，应在政府网站政府信息公开专栏集中公开并动态更新现行有效行政规范性文件。[②] 本报告根据相关文件要求，从政府信息公开平台规范设置及行政规范性文件集中有效公开方面，评估地方政府的数字化政务公开规范性。

在政府信息公开平台规范设置方面，本报告通过观察"政府信息公开目录规范性""政府信息公开指南内容规范性""政府信息公开年报发布时间"指标，就地方政府信息公开目录是否规范，政府信息公开指南是否同时包含获取方式、办公地址、办公时间、联系电话、互联网联系方式等要素，政府信息公开年报是否按时间要求公布开展评价。评价结果显示，本次评价的 337 个地方政府规范设置政府信息公开平台的得分率较高，均高于 70%（见图 2）。

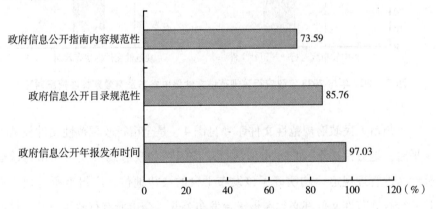

图 2　政府信息公开平台规范设置相关点位得分率情况

---

① 《国务院办公厅政府信息与政务公开办公室关于规范政府信息公开平台有关事项的通知》，中国政府网，https：//www. gov. cn/zhengce/content/2019－12/03/content_5457588. htm，2019 年 11 月 29 日。

② 《国务院办公厅关于印发 2022 年政务公开工作要点的通知》，中国政府网，https：//www. gov. cn/gongbao/content/2022/content_5688781. htm，2022 年 4 月 11 日。

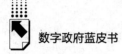

在行政规范性文件集中有效公开方面，本报告通过观察"政府行政规范性文件设置""政府文件有效期"指标，就地方政府是否设置栏目集中发布本级政府行政规范性文件以及规范性文件是否标注有效期/效力状况进行评价。评价结果显示，2023年，88.43%的地方政府（298个）集中发布政府行政规范性文件，较2022年报告中该项指标得分率（83.98%）有所提升；74.18%的地方政府（250个）规范性文件标注有效期或说明效力状况，2022年报告，该项指标的得分率仅为67.36%（见图3），地方政府数字化政务公开规范性日益提高。

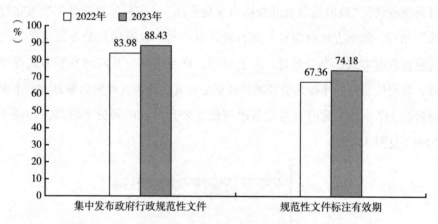

图3　2022年与2023年政府行政规范性文件集中发布及有效期标注情况对比

广州市人民政府规范性文件库（见图4）是全市行政规范性文件权威电子平台，地方性法规《广州市依法行政条例》和政府规章《广州市行政规范性文件管理规定》均明确了该发布平台的法律地位。广州市所有现行有效的行政规范性文件都必须在该平台发布公开，全市所有行政规范性文件的电子文本都以该平台为准。未在该平台发布的文件不得作为实施行政管理的依据。该平台集中发布市、区两级规范性文件，运用新技术手段和大数据方式，实现市区规范性文件全覆盖。该平台设置文件标题、发布单位、文件类型、文号、文件状态、成文日期、实施日期等多种检索条件，公众可实时查询检索，实现了广州市规范性文件的标准化、数字化、智能化管理。

图 4　广州市人民政府规范性文件库

资料来源：https：//www. gz. gov. cn/gkmlpt/search？ type ＝
standardSearch。

（二）数字化政务公开便利性成效初显，多渠道融合有待加深

《国务院关于加强数字政府建设的指导意见》（国发〔2022〕14 号）
指出，建设分类分级、集中统一、共享共用、动态更新的政策文件库。
优化政策智能推送服务，变"人找政策"为"政策找人"。[①] 本报告根据
相关文件要求，从数字化政务公开信息获取、数字化政务公开在线咨询
与申请、数字化政务公开送达性方面，评估数字化政务公开的便利性。

在数字化政务公开信息获取方面，本报告通过观察"是否提供惠企政
策专栏"以及"梳理公布惠企政策清单"指标就地方政府惠企政策集中

---

① 《国务院关于加强数字政府建设的指导意见》，中国政府网，https：//www. gov. cn/gongbao/
content/2022/content_ 5699869. htm，2022 年 6 月 6 日。

统一、分类分级情况开展评价。评价结果显示，83.98%的地方政府（283个）开设"惠企政策"专栏，56.38%的地方政府（190个）不仅公开惠企政策清单还按照行政区域、企业所属行业、企业规模等进行分类展示；28.49%的地方政府（96个）仅公布惠企政策清单但未进行分类；15.13%的地方政府（51个）既未公布惠企政策清单也未进行分类（见图5）。

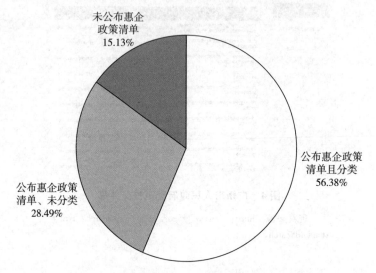

图5　地方政府公布惠企政策清单及分类的情况

2023年9月，中国政府网上线"惠企助企政策集纳查询"平台（见图6），汇聚各部门与企业相关的文件及解读信息，提供创业扶持、减税降费等12个主题的分类查询并且支持关键词检索，帮助企业精准获取所需政策。同时，集纳各省级地方惠企助企政策查询界面。

在数字化政务公开在线咨询与申请方面，本报告通过观察"政策咨询渠道""政策是否提供在线申请"指标，就地方政府是否在惠企政策中提供线上咨询渠道以及在惠企专栏或任一惠企政策中提供在线申请服务的情况进行评价。评价结果显示，75.37%的地方政府（254个）提供惠企政策线上咨询渠道（见图7）；73.59%的地方政府（248个）提供政策在线申请服

图6 中国政府网"惠企助企政策集纳查询"平台专栏

资料来源：https：//www.gov.cn/zhengce/qiye/#。

务(见图8)。

广东省开设政策咨询综合服务平台，提供"一号答""一站式"政策咨询综合服务，整合政府网站政策文件库、粤企政策通、12345便民热线、各级实体服务大厅等线上线下资源，实现政策信息便捷查询。提供政策查询步骤，公众首先可以通过平台搜索专区进行查询，查找政策的详细内容、办事指南等信息，然后可以向政策智能机器人实时提问，还可以通过12345在线自助下单，政策咨询服务实行"专员专办"，简单政策咨询窗口专员首接解

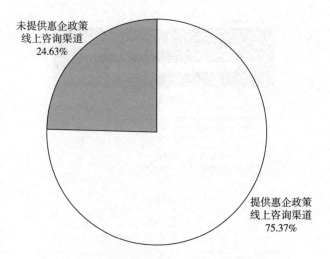

图 7　地方政府惠企政策线上咨询渠道提供情况

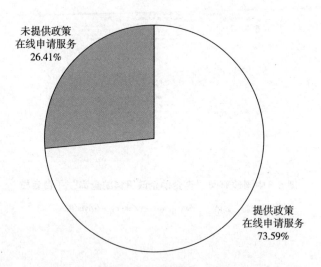

图 8　地方政府提供政策在线申请服务情况

答，专业性强的政策咨询类问题，形成"服务工单"，转交相关单位办理，提升政策咨询服务品质（见图 9）。

　　在数字化政务公开送达性方面，本报告通过观察"优惠政策推送""智能推送实现"指标，就地方政府是否通过政府网站、政务服务网对政策标注"免申即享"，以及是否设置政策匹配、智能推荐、信息推送等功能进行

图9 广东省政策咨询综合服务平台政策咨询流程

资料来源：http：//www.gd.gov.cn/zwgk/zcwd/index.html。

评价。评价结果显示，65.58%地方政府（221个）对任一政策进行"免申即享"标注，而2022年报告该指标得分率仅为41.84%；75.37%地方政府（254个）政务服务网或政府网站设置了政策匹配、智能推荐、信息推送等功能，而2022年报告中该指标得分率仅为68.25%，可见2023年地方政府在数字化政务公开送达性方面有所提升（见图10）。经调研发现，目前各地方政府开展政策智能推送仍然以政府网站和政务服务网为主，通过"PC端+政务新媒体"等多渠道融合公开方面有待加强。

2023年8月，"河北惠企利民政策通"平台（见图11）上线，该平台采用新媒体形式，应用数字化工具，将政策的发布、查询、推送、反馈及服务集成，让"人找政策"变为"政策找人"，通过建立用户画像、开展精准性的推送、智能标签和短视频互动等手段，使公众对政策一目了然，并且方便快捷使用政策。

浙江省打造以政府门户网站为主平台，政务新媒体、政务服务中心等线上线下共同发力的多渠道全媒体政策平台体系。一是公开主平台主动发声。

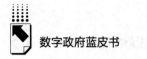
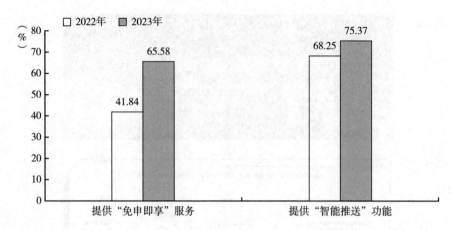

图10 2022年与2023年地方政府提供"免申即享"服务、"智能推送"功能情况对比

依托政府门户网站，统一规范设置政策解读类"政策进万家进万企""惠企政策兑现"等专栏，集中发布相关政策文件解读，权威平台主动发声。同时，解读形式多元，通过云展览、公益广告展播、在线知识竞赛、网络课堂、政策百问互动，运用H5、短视频、情景剧等，配合地方语言，将政策生动具体地展现给受众，起到了良好的政策传播效果。二是传统媒体与新媒体共同发力。实现报纸、电视、网络、移动端"四端"融合，充分利用"报、网、端、微、视、播"六位一体矩阵，提高和扩大政策解读的知晓度和影响面。其中浙江省市场监管系统通过政务新媒体向社会发布优化营商环境政策解读占全部推送内容比重已达65%。

（三）数字化政务公开回应能力稳步提升，智能分析应用有待加强

《国务院关于加强数字政府建设的指导意见》（国发〔2022〕14号）指出，紧贴群众需求畅通互动渠道。以政府网站集约化平台统一知识问答库为支撑，灵活开展政民互动，以数字化手段感知社会态势，辅助科学决策，及时回应群众关切。① 本报告根据相关文件要求，从政府回应、知识库设立及

---

① 《国务院关于加强数字政府建设的指导意见》，中国政府网，https：//www.gov.cn/gongbao/
content/2022/content_5699869.htm，2022年6月6日。

图 11　"河北惠企利民政策通"平台界面

资料来源：http：//www. hebei. gov. cn/hebei/14462058/14471802/14471750/15469178/index. html。

使用、智能问答方面，评估数字化政务公开的回应能力。

在政府回应方面，本报告通过观察"回应专栏"指标，就地方政府是否建立政府回应专栏以及是否对重点舆情、热点关注问题进行整理等进行评价。评价结果显示，50.74%的地方政府（171 个）开设政府回应专栏（见图 12），并进行回应解读。

厦门市人民政府网站解读回应频道下设回应关切专栏并对热点关注问题进

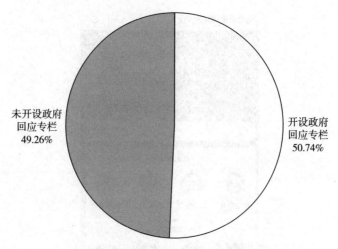

图 12 地方政府开设政府回应专栏情况

行整理，可按年份查询，也可按照商贸、海关、旅游，市场监管、安全生产监管，城乡建设、环境保护，劳动、人事、监察等分类进行查询（见图13）。

图 13 厦门市人民政府网站回应关切专栏

资料来源：https：//www.xm.gov.cn/jdhy/rdhy/。

在知识库设立及使用情况方面，本报告通过观察"知识库"相关指标，就地方政府是否设立知识库以及是否定期更新知识库进行评价。评价结果显示，45.70%的地方政府（154个）设立政府信箱知识库；较2022年报告中该项指标得分率（37.09%）有所提高（见图14）。

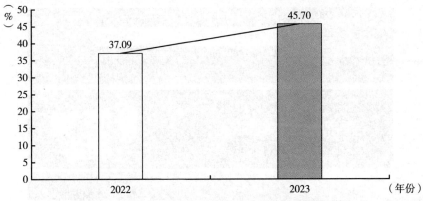

图14　2022年与2023年地方政府设立知识库情况对比

在智能问答方面，本报告通过观察"是否设置人工智能问答功能""是否设置常见问题""是否对问题有二次分类""智能问答是否具备语义分析能力""是否对回答问题设置满意评价功能"指标，衡量地方政府智能问答数字化服务能力。评价结果显示，本次评价的337个地方政府除"智能问答是否具备语义分析能力"指标（得分率仅为24.93%）外，其余指标得分率均高于50%（见图15）。

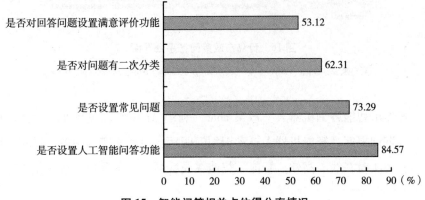

图15　智能问答相关点位得分率情况

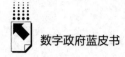

青岛市开设"政策问答平台"（见图16），建设24小时在线、智能答疑的政务公开新载体。每条惠企利民政策至少编写一个政策问答，政策问答采用大众化、口语化的语言，以通俗易懂、简洁明了的"一问一答"形式，将复杂政策简单化，做到深入浅出、具体实在，提高政策咨询问答质量。①

图16 青岛市政策问答平台界面

资料来源：http：//www.qingdao.gov.cn/ywdt/zwzl/zxwdpt_00/zxwdpt_01/。

青岛市智能咨询机器人"政策chat"利用AI技术（见图17），公众可以在线咨询提问，智能机器人自动识别问题后，通过文字、图解、视频等形式，实现实时在线、高效、智能、权威在线答疑。该平台提供智能化主题搜

① 薛华飞：《青岛市"政策问答平台"上线》，《青岛日报》2023年4月18日。

索功能，公众可以按照主题、单位、热门问答等要素快速查找所需信息，也可在查看答复的同时一键查看政策原文，强化政策的集成供给。

图 17　青岛市智能问答平台

资料来源：http：//www.qingdao.gov.cn：8083/ghwd/znwdqd/index.html。

三　发现与启示

（一）明确标准规范，提高行政规范性文件数字化水平

通过梳理当前行政规范性文件的标准规范发现，2018 年《国务院办公厅关于加强行政规范性文件制定和监督管理工作的通知》提出：行政规范性文件必须严格依照法定程序制发，重要的行政规范性文件要严格执行评估

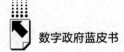

论证、公开征求意见、合法性审核、集体审议决定、向社会公开发布等程序。但对于"什么是重要的行政规范性文件"还不够明确，导致出现各行政机关在制发行政规范性文件程序方面过于随意现象。因此，对制定机关所公布的行政规范性文件建议明确标准规范。一是需要明确权威统一的互联网公布渠道，基于各行政机关的政府网站政府信息公开专栏，建立统一的行政规范性文件数字化格式，将其作为行政规范性文件数字化公开的权威渠道。二是明确行政规范性文件的制发程序，建议按照"评估论证—公开征求意见—合法性审核—集体审议决定—向社会公开发布"的流程严格执行。涉及公开征求意见环节部分，各地方政府应将数字技术应用于征求意见过程之中，提供便利的在线征集渠道，创新多元化的参与方式，引导公众参与其中。三是明确行政规范性文件的公开流程，建立各行政机关的行政规范性文件公开前的审核机制①，明确公开内容、公开渠道、公开方式，提高行政规范性文件公布的科学性和精准性。四是建立动态管理机制，各地方政府可利用数字化手段，自动计算文件有效期，在文件有效期届满前，自动提示清理，清理信息自动发送至相关部门，督促和提醒发布单位及时予以评估修订。对于有效期届满的文件，系统自动标注已失效，提高行政规范性文件管理数字化、智能化水平。

（二）构建多维立体式数字化政务公开模式，增强政府信息公开有效性

中国互联网络信息中心第 52 次《中国互联网络发展状况统计报告》显示，截至 2023 年 6 月，我国网民规模达 10.79 亿人，较 2022 年 12 月增长 1109 万人，我国手机网民规模达 10.76 亿人，较 2022 年 12 月增长 1109 万人，网民中使用手机上网的比例为 99.8%。② 政务新媒体逐渐承担起在政府信息公开中的应用功能，并得到广泛关注。基于此，一是需加强政务公开信

---

① 后向东：《论行政规范性文件的公布》，《四川行政学院学报》（社会科学版）2023 年第 4 期。

② 《中国互联网络发展状况统计报告》，https：//cnnic.cn/n4/2023/0828/c199-10830.html。

息发布管理机制，落实数字化政务公开的相关主体责任，保证公众多渠道获取信息的一致性。二是需加快推进政府门户网站、政务服务网与政务新媒体有机融合，将政务公开信息转换为适用于新媒体传播的多元形式，如图片、影像、音频等，通过政务微信、政务微博、政务 APP 等政务新媒体渠道公开，为用户获取政府信息提供多元化的便捷通道，增强政策信息的适用度。三是需加强推广传播效果立体协同，探索"线上+线下"融合发展模式，通过电视、报纸、线下数字化政务公开专区与政务公开平台联动发布信息，提高政务公开平台的影响力。四是需加强多部门协同合作①，明确职责分工，根据自身公开数据的范围，依法公开、依职责公开、分层公开，建立数据共享标准，加强政府部门间的数据资源整合，消除信息孤岛，形成跨区域、跨层级、跨部门的政务公开渠道，增强政务公开数据调用的快速性和时效性，以及政府信息公开有效性。

（三）利用数字技术手段，实现政策服务精准送达

数字政府建设背景下，目前政府部门主动公开的信息数量十分庞大，为方便公众获取信息、提高获取信息的准确性，超过八成地方政府提供人工智能问答功能，梳理公众提出重复率较高的政策咨询问题，形成了内容丰富的政策咨询问答知识库，普遍建立了关键词回复、人工回复及自动回复体系，但设置的智能问答回复普遍不能准确回应公众提出的政策反馈相关信息问题。基于此，建议运用云计算、区块链、人工智能、大数据等技术，通过公众访问行为的大数据分析，建立公众的政策需求画像，利用公众与政府互动产生的交互数据，通过标签技术建立公众与热点问答的关联关系，从多维度对用户和政策咨询描述相关的语义信息进行分析推荐，将政策发布由"人找政策"变为"政策找人"，增强政策信息到达率，实现政务公开由"简单互动"到"精准推送"的转型升级。

---

① 孟庆国、郭媛媛、吴金鹏：《数字社会治理的概念内涵、重点领域和创新方向》，《社会治理》2023 年第 4 期。

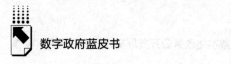
参考文献

汤志伟、李金兆等：《中国地方政府互联网服务能力发展报告（2022）》，社会科学文献出版社，2022。

肖捷：《以人民为中心推进新时代政务公开》，《学习时报》2019年9月9日。

吕小刚：《数字化转型视角下政务公开的基本问题探析》，《党政干部学刊》2021年第3期。

后向东：《论行政规范性文件的公布》，《四川行政学院学报》（社会科学版）2023年第4期。

孟庆国、郭媛媛、吴金鹏：《数字社会治理的概念内涵、重点领域和创新方向》，《社会治理》2023年第4期。

B.4
数字化转型视角下政民互动
现状与趋势分析

冯翼　张悦馨*

摘　要：　深入开展政民互动是践行人民城市重要理念的应有之义，也是数字政府建设的重要内容。按照《国务院关于加强数字政府建设的指导意见》，地方政府应着重把握整体协同、便利高效、智能精准、数据赋能等重要导向，在数字化转型进程中有力有效推进政民互动等重要工作。本报告以全国337个地方政府的12345热线、政府信箱平台作为评价对象，研究政府数字化转型进程中政民互动的发展现状。研究发现，地方政府在互动渠道拓展、诉求受理及回应机制建设等方面整体表现较好，注重不同部门、区县政府间的整合协同。与2022年报告相比，诉求回复效率、回复内容公开、诉求数据公开方面的表现有所进步，但诉求数据分析应用方面的表现仍然欠佳。对此，建议地方政府坚持建设整体型数字政府的发展方向，紧贴群众和企业需求不断优化平台建设，并注重对诉求"数据金矿"的挖掘分析工作，进一步提升政府科学决策水平，高效精准推进城市治理现代化。

关键词：　政民互动　政府回应　数字政府

---

* 冯翼，成都市经济发展研究院政府治理首席研究员、智慧治理研究所高级研究员，研究方向为政府治理、数字政府、营商环境；张悦馨，电子科技大学公共管理学院，研究方向为数字政府和数字公共治理。

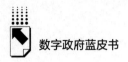

当前，我国正大力推进政府数字化转型走深走实。按照《国务院关于加强数字政府建设的指导意见》（国发〔2022〕14号）等政策文件要求，坚持人民至上是政府数字化改革进程中不变的首要原则。为此，我国地方政府在推进数字化转型时，不仅坚持"以人民为中心"作为根本价值目标，还尤其注重紧贴群众和企业需求畅通政民互动渠道，通过汇民智、集民情，推动解民忧、惠民生，以治理的"人民性"为基点推进实现高效能治理、高品质生活、高质量发展。近年来涌现的"接诉即办""一企来办"等一系列政民互动创新做法，正是地方政府善用数字技术、强化数字思维、探索数据赋能，进而实现以"数"促"治"的典型案例。鉴于此，本报告立足政府数字化转型视角，以整体协同、渠道多元、便利高效、智能精准、数据赋能为主要考察维度，通过人工数据采集、模拟写信等方式，分析研究我国地方政府政民互动的发展现状与趋势，并提出进一步提升政府回应能力、加强诉求数据分析研判、助力政府科学决策的思考与展望，以期为地方政府在数字化转型背景下，以人民城市理念引领城市治理现代化提供有益启示。

一　整体情况

为评价政府数字化转型进程中政民互动方面的现状，本报告指标体系中的平台整合能力（A-2-1）、主动感知回应（B-1-1）、办事诉求受理能力（B-2-1）、互动诉求受理能力（B-2-2）以及诉求回复响应（B-3-3）指标均设有12345热线、政府信箱平台相关评价点位，涵盖平台渠道建设、诉求受理、政府回应、诉求数据公开与分析、知识库建立与维护、智能自助服务等方面。其中，平台整合能力（A-2-1）设有相关评价点位，考查地方政府是否设置12345热线、政府信箱平台。互动诉求受理能力（B-2-2）、诉求回复响应（B-3-3）设有相关评价点位，考查公众通过12345热线、政府信箱平台提出诉求的便捷性、智能性，以及政府回复响应情况。主动感知回应（B-1-1）、办事诉求受理能力

（B-2-1）设有相关评价点位，考查 12345 热线、政府信箱平台是否开设在线自助查询诉求与回复功能，地方政府是否基于诉求数据对公共问题、公共需求进行总结分析，是否基于社会诉求建立并维护知识库、热点高频问答，以及是否定期公布诉求分析报告。上述相关评价指标的预设最高分计 15.60 分。

通过评价发现，337 个地方政府通过 12345 热线、政府信箱平台开展政民互动的整体表现较好，平均分为 10.52 分，最高分为 14.82 分，最低分为 2.04 分（见图 1）。根据此次评价结果，没有城市获得预设最高分（即 15.60 分），有 214 个城市的得分超过全国平均水平，占比 63.50%，有 187 个城市的得分率超过 60%，占比 55.49%。

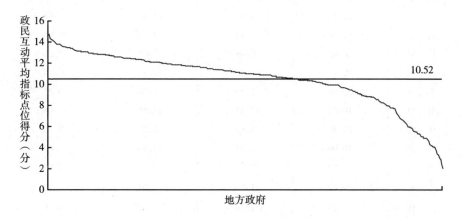

图 1　地方政府政民互动评价指标得分分布

从各省（自治区）的情况来看，贵州省、安徽省、福建省、陕西省、广东省等的省内地级行政区的平均分相对更高。其中，贵州省的地级行政区平均分最高，达到 12.65 分。而宁夏的地级行政区平均分最低，为 6.29 分。从省域内差异情况来看，差异最小的为福建省，标准差为 0.33 分，最大的为河北省，标准差为 3.22 分（见表 1）。结合 2022 年报告相关评价指标结果来看，贵州省、安徽省在政民互动方面持续保持高水平。

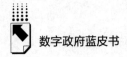

表1 各省（自治区）通过12345热线、政府信箱平台进行政民互动的得分情况

单位：分

省（自治区）	平均分	标准差	最大值	最小值
贵 州	12.65	0.53	13.86	12.00
安 徽	12.42	0.90	14.34	10.92
福 建	12.40	0.33	12.9	12.12
陕 西	12.12	0.81	13.14	10.14
广 东	12.01	1.96	14.16	5.52
湖 南	11.88	1.63	14.22	8.16
江 西	11.75	1.14	13.80	10.44
湖 北	11.53	2.53	13.74	5.34
浙 江	11.33	0.47	12.18	10.56
辽 宁	11.18	0.92	12.96	9.00
云 南	11.12	0.63	12.36	9.66
山 东	11.06	1.70	13.80	5.94
甘 肃	10.95	0.68	12.36	9.96
四 川	10.94	1.72	14.10	6.48
黑龙江	10.86	1.70	13.80	6.54
海 南	10.86	2.19	12.36	7.08
山 西	10.30	2.83	13.20	5.16
河 南	10.00	1.97	12.90	6.00
内蒙古	9.53	2.46	12.96	4.08
吉 林	9.42	1.80	11.94	4.92
广 西	9.25	2.16	12.42	4.26
江 苏	8.91	2.45	11.76	4.68
青 海	7.84	2.07	10.68	3.06
河 北	7.78	3.22	14.82	3.84
新 疆	7.05	3.14	10.56	2.04
西 藏	6.45	2.56	10.80	3.36
宁 夏	6.29	2.54	11.16	4.08

　　从不同城市类型的得分情况来看，直辖市通过12345热线、政府信箱平台进行政民互动的平均得分为11.96分，整体表现优于省会城市、副省级城市、地级市的平均得分（见表2）。

表 2　不同类型城市通过 12345 热线、政府信箱平台进行政民互动的得分情况

单位：分

城市类别	平均分	城市类别	平均分
直辖市	11.96	副省级城市	11.77
地级市	10.51	省会城市	11.41

二　主要表现

（一）互动渠道和机制建设表现良好，实名制管理趋势明显

《国务院关于加强数字政府建设的指导意见》（国发〔2022〕14 号）提出，地方政府应紧贴群众需求畅通互动渠道。《关于进一步优化地方政务服务便民热线的指导意见》（国办发〔2020〕53 号）提出，地方政府应坚持互联互通和协同发展相促进，强化 12345 热线平台与部门业务系统互联互通和信息共享，推动 12345 热线与各类线上线下政务服务平台、政府网站联动融合。因此，本报告关注地方政府是否设有线上政民互动平台，政民互动渠道是否畅通、多元，互动方式是否便民高效，以及不同政府部门、不同层级政府之间的整体协同情况，并开展评价研究。

在平台设置方面，本报告就地方政府是否开设 12345 热线、政府信箱平台进行评价。从评价结果来看，所有纳入评价的地方政府均设有政民互动平台。其中，98.81%的地方政府设有政府信箱平台，71.22%的地方政府设有 12345 热线平台，70.03%的地方政府既设有 12345 热线平台也设有政府信箱平台（见图 2），12345 热线作为"总客服"的发展趋势较为明显。

在整体协同方面，本报告就地方政府的 12345 热线或政府信箱平台是否整合本地部门、区县政府为一个统一渠道整体受理公众诉求进行评价。从评价结果来看，地方政府在受理体系整合方面整体表现良好，83.68%的地方政府进行了整合工作。如北京市（见图 3），点击"12345 网上接诉即办"，阅读写信须知后，即可进入写信页面，公众写明诉求提交即可，无须自行选

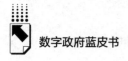

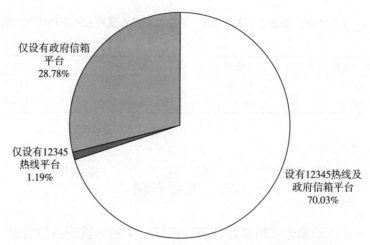

仅设有政府信箱
平台
28.78%

仅设有12345
热线平台
1.19%

设有12345热线及
政府信箱平台
70.03%

图2　地方政府12345热线、政府信箱平台设置情况

图3　北京市政府门户网站"我要投诉"页面

资料来源：https：//www. beijing. gov. cn/hudong/hdjl/com. web. writeletter.
userWriteLetter. flow？ letterType＝3。

择部门、区县等投递诉求的路径，体现了政民互动平台背后不同政府部门、
区县政府具有高度的整合性，使群众、企业提出诉求更为简单、方便。评价

110

中还发现,有省级政府从省级层面整体统筹了各市级政民互动平台,并打造形成全省统一品牌,浙江省创新开设的民呼我为统一平台(见图4)正是典型案例。还有一些地方政府,如江苏省为优化营商环境,还积极打造了企业诉求受理专门平台"一企来办"(见图5),颇具亮点。

图4　浙江省民呼我为统一平台(杭州市站点)

资料来源:https://zxts.zjzwfw.gov.cn/zwmhww/#/home/index。

图5　江苏省"一企来办"页面

资料来源:https://sqt.jszwfw.gov.cn/epoint-web-ystmh/epointystmhwz/pages/yqlb_index/yqlb_index.html。

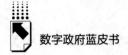

数字政府蓝皮书

在渠道拓展方面，本报告就地方政府是否开设12345热线、政府信箱的公众号及受理渠道，是否开设微信或支付宝小程序及受理渠道进行评价。从评价结果来看，67.36%的地方政府已开设微信公众号且设有诉求受理渠道，29.38%的地方政府已开设微信小程序且设有诉求受理渠道，43.03%的地方政府已开设支付宝小程序且设有诉求受理渠道（见图6）。其中，上海市（见图7）等50个地方政府既开设了微信公众号及受理渠道，也开设了微信和支付宝小程序及受理渠道，在渠道拓展方面表现优秀。

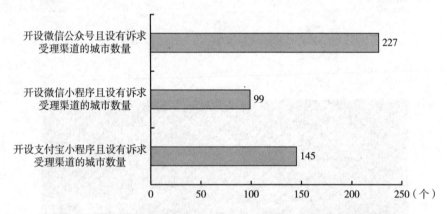

图6 地方政府微信公众号、小程序及支付宝小程序渠道建设情况

在诉求受理方面，本报告就地方政府在线受理公众诉求的便捷度进行评价，包括是否需要用户实名登录后提交诉求、诉求提交页面是否有引导提醒、诉求提交后是否有提交成功的提醒并告知结果查询方式，与2022年报告相关评价点位保持一致。从评价结果来看，与2022年报告相比，要求实名认证后方可提交诉求的地方政府数量有所上升，占比达78.04%。而引导提醒、诉求提交后提示提交成功并告知结果查询方式两个方面的表现与2022年报告相比则有所下降，71.22%的地方政府在诉求提交时有明显的引导提醒，90.21%的地方政府在诉求提交后进行了相应的告知提醒。

112

上海 12345 支付宝小程序搜索页面

上海 12345 微信小程序页面

图 7 上海市政民互动渠道情况

上海 12345 微信公众号页面

资料来源："上海 12345"微信公众号、#小程序: //上海 12345/fzvyQy3ezqrwNNw、支付宝 APP。

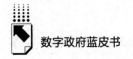

（二）政府诉求回复效率明显提升，回复公开工作全面推进

《国务院关于加强数字政府建设的指导意见》（国发〔2022〕14号）提出，应及时回应群众关切。数字化转型进程中，地方政府正不断优化完善回应体系，充分利用数字技术提高回应效率和回应到达性，持续提升群众和企业的获得感。因此，本报告关注群众在线上提交诉求后，地方政府是否及时回复、是否回访，是否提供自助查询回复内容服务，以及是否公开部分诉求的回复内容以便群众、企业自行查询，并开展评价研究。

在诉求回复方面，本报告就地方政府是否回复线上提交的互动诉求、是否按时回复、是否回访进行评价，与2022年报告相关评价点位保持一致。从评价结果来看，与2022年报告相比，地方政府在回复方面整体表现有所提升，按时进行回复的地方政府占比达到79.82%，而未进行回复的地方政府占比明显下降，占比13.06%。回访表现与2022年报告相比也有明显进步，37.98%的地方政府在回复诉求之后以电话、短信等方式进行了回访，进一步确保群众诉求得到满意解决（见图8）。

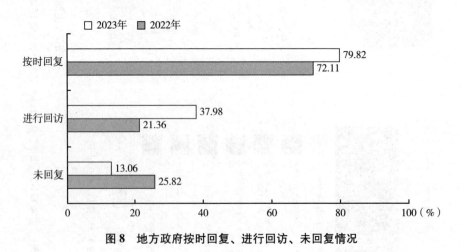

图8　地方政府按时回复、进行回访、未回复情况

在自助查询方面，本报告就地方政府是否设有自助搜索查询政府回复功能进行评价。从评价结果来看，44.81%的地方政府已提供相关搜索功能，

方便群众、企业自行搜索查询政府回复内容。

在回复公开方面，本报告就地方政府是否在网页端、微信公众号、微信小程序、支付宝小程序任一渠道在线公开政府回应诉求的情况进行评价，与2022年报告相关评价点位保持一致。从评价结果来看，地方政府在回应公开方面整体表现优秀，98.52%的地方政府对互动诉求的回复内容进行了公开，较2022年报告进一步提升，目前仅有5个城市还未进行公开。

（三）诉求数据公开表现有所提升，数据分析应用表现欠佳

群众、企业通过政民互动平台提出的诉求信息是蕴含着公共价值的"数据金矿"。为构建"以人为本"的服务型政府、提高政府决策民主化科学化水平，地方政府有必要充分应用数字技术、引入专业团队对诉求"数据金矿"进行科学、高效的挖掘分析，将诉求个案转化为揭示公共性需求、公共性问题和公共性价值的信息，形成热点高频问答、知识库供社会公众使用，并应用诉求数据辅助政府决策。[1]《国务院关于加强数字政府建设的指导意见》（国发〔2022〕14号）也对"数据赋能"这一原则进行了强调。因此，本报告关注地方政府政民互动平台的诉求数据分析、知识库建设、热点高频问题维护情况，并开展评价研究。

在诉求办理数据公开及分析方面，本报告就地方政府是否设置栏目对诉求办理情况进行数据公开、是否对诉求办理情况进行数据分析并发布分析报告开展评价，与2022年报告相关评价点位保持一致。从评价结果来看，83.98%的地方政府对诉求办理情况进行数据公开，公开情况较2022年报告表现更好。并且，43.92%的地方政府在公开数据的基础上，还配有数据图表，让数据展示更加直观，如合肥市（见图9）。但是，与2022年报告相比，诉求数据分析报告公开方面的表现有所下降，仅有33.83%的地方政府在12345热线平台或政府信箱等在线平台上定期（一般为月报或

---

① 冯翼、徐霁、殷丽娜等：《数字政府建设背景下政府回应能力研究——基于政治系统论视角》，《西华大学学报》（哲学社会科学版）2022年第6期。

季报）对一段时间的办理情况进行数据分析并形成图文并茂的报告予以发布（见图 10）。

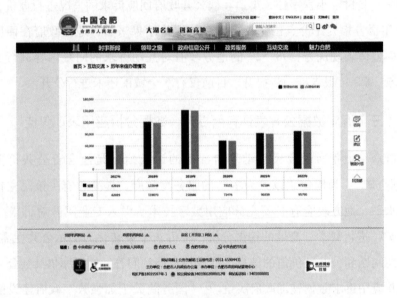

图 9　合肥市政府门户网站"互动交流"受理、办理信件情况

资料来源：https：//www.hefei.gov.cn/site/tpl/4121。

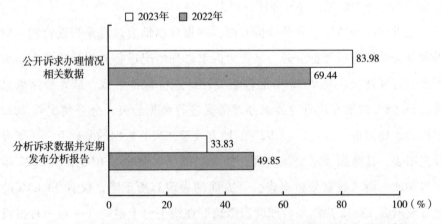

图 10　地方政府公开诉求办理情况相关数据、分析诉求数据并发布报告的情况

在知识库建设及热点高频问题更新维护方面，本报告就地方政府12345热线平台或政府信箱等在线平台是否设立知识库、近期热点或高频问题栏目进行评价，与2022年报告相关评价点位保持一致。从评价结果来看，仅有37.98%的地方政府设有知识库或热点高频问题栏目并持续更新，与2022年报告表现基本持平，整体表现仍然欠佳。

（四）在线智能问答服务广泛应用，智能应答水平有待提升

《数字中国建设整体布局规划》提出，到2025年政务数字化智能化水平应明显提升。《国务院关于加强数字政府建设的指导意见》（国发〔2022〕14号）提出，要构建数字化、智能化的政府运行新形态。智能化是政府数字化转型的重要方向，也是发展目标。因此，本报告就地方政府政民互动平台的智能问答功能嵌入情况开展研究，并探索以模拟写信方式通过常规渠道和智能问答渠道提出相同诉求，对比分析人工回复与智能回复的差异性。

智能问答功能嵌入情况的评价结果显示，76.85%的地方政府12345热线或政府信箱平台已经开通智能问答服务。在智能问答与人工回复的差异性对比方面，目前的智能问答更多基于诉求的关键词提供相关服务事项链接，应答方式更加直接、简洁，但在准确理解、精准回应诉求方面还有较大提升空间。人工回复内容相较于智能回答则更加全面，对于不同情形下的政府服务供给情况介绍得更为清楚，并且尤其注重在回复内容中对回复部门、回复时间、是否与诉求提出人进行沟通联络，以及后续咨询联系方式等内容进行"留痕"（见表3）。总的来看，对于明确对应政务服务事项的诉求，已有许多地方的智能回答能够给出较好的答复，而对于没有明确对应事项的诉求，仍然有赖于人工服务基于具体诉求内容给予详细解答。此外，值得注意的是，此次评价工作在使用智能问答的过程中，仍遇到提示了"系统维护中"等情况，导致无法通过智能问答获取服务，显示部分地区在线智能问答的稳定性还需加强。

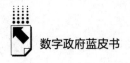

表3 某市对于模拟写信问题的智能回答与人工回复对比

模拟写信问题:大学生创业有哪些补贴?	
智能回答	人工回复
为您推荐以下服务: 【X市】创业培训补贴发放[事项] 【X市】就业见习补贴申领[事项]	2023年7月X日X时X分,市人社局就业促进处工作人员电话联系来信人,向来信人详细介绍了X市包括一次性创业补贴、创业培训、创业贷款、创业园区补贴等一系列创业扶持政策,同时告知来信人可通过市人社局官网或关注局微信公众号,查询X市发布的创业政策内容

注:表中的"X"为隐去的具体时间、地区等信息。

三 发现与启示

通过评价地方政府数字化转型进程中的政民互动现状发现,地方政府在互动渠道、机制建设方面以及对于政府部门、区县政府受理诉求的整合性方面表现良好,政府对于诉求回复的效率较2022年报告表现有所进步,在政府回应内容公开、诉求数据公开方面的表现也有所提升。整体来看,群众、企业向地方政府提出诉求、与政府进行互动的在线渠道畅通,且互动渠道呈现多元化趋势,许多地方政府已在群众、企业常用的微信、支付宝上开通诉求受理渠道,使政民、政企互动更加便捷。此外,大部分地方政府已经在政民互动平台上嵌入智能问答功能,正探索推动互动的智能化发展。但是,在评价中也发现,与2022年报告相比,对于诉求数据的分析应用表现还没有显著进步,定期公布诉求数据分析报告的地方政府仍然偏少,且知识库、热点高频问答栏目建设与维护方面也仍有较大提升空间。另外,与2022年报告相比,有更多的地方政府在互动方面推行实名制管理,值得关注。基于此,本报告提出以下三方面建议,以期为地方政府在数字化转型背景下,进一步优化12345热线、政府信箱等线上政民互动平台建设,提升履职能力提供参考。

（一）持续提高整体协同水平，贴合群众需求打造互动平台

高效协同是推进国家治理体系和治理能力现代化应遵循的原则之一，这不仅在《数字中国建设整体布局规划》中有明确要求，也在中共中央、国务院印发的《党和国家机构改革方案》中有所强调。[①] 可见，系统性、整体性、协同性不应仅仅体现在政民互动平台的页面上呈现，更应作为一条重要原则贯穿于地方政府治理的各方面、全过程。对此，地方政府应持续致力于推进"三融五跨"[②] 工作，进一步推动各级政府、不同部门加强协作联动，以建设整体型数字政府为导向，以政民互动为重要切入点，形成合力推进数字化转型。同时，在政民互动平台的打造与呈现方面，地方政府也应更加注重紧贴群众、企业多层次多样化服务需求，学习借鉴北京打造"接诉即办"平台、江苏打造"一企来办"平台等创新做法，进一步提升政民、政企互动平台的易用性，推出更多群众和企业愿用、爱用的平台。此外，地方政府还应注意对于实名制手段的使用规范性，以及推行实名制之后对于个人、市场主体信息的保护，使实名制既能够有效服务于营造健康清朗的政民互动环境，又不会对群众和企业提出诉求的积极性、便捷性产生负面影响。

（二）注重加强数据分析研判，善用诉求数据辅助政府决策

各类线上政民互动平台现已成为社情民意"聚合地"，应用数字技术对平台的各类社会诉求进行分析能够进一步使诉求数据变为重要信息，清晰反映群众和企业的所需所盼。[③]《国务院关于加强数字政府建设的指

[①] 高乐、李晓方：《发展高效协同的数字政务：数字中国整体布局视域下的政府数字化转型》，《电子政务》2023 年第 9 期。

[②] "三融五跨"指《国务院关于加强数字政府建设的指导意见》（国发〔2022〕14 号）提出的"统筹推进技术融合、业务融合、数据融合，提升跨层级、跨地域、跨系统、跨部门、跨业务的协同管理和服务水平"。

[③] 沈费伟、诸靖文：《数据赋能：数字政府治理的运作机理与创新路径》，《政治学研究》2021 年第 1 期。

导意见》（国发〔2022〕14号）更是明确提出，应充分汇聚整合多源数据资源，拓展动态监测、统计分析、趋势研判、效果评估、风险防控等应用场景，全面提升政府决策科学化水平。然而，目前地方政府在各类诉求数据的分析与应用方面的表现仍然不佳。对此，地方政府应进一步提高对于"数据赋能"理念的认识，积极应用数字技术对政民互动平台汇聚的各类诉求数据进行挖掘，从中精准感知社会发展态势、及时捕捉群众和企业真实需求，将诉求数据分析研判成果作为政府决策的重要依据，实施更加精准、高效的公共治理。同时，地方政府还应基于诉求数据分析研判情况，加快推进知识库、热点高频问答栏目建设并面向社会开放，精准对接群众、企业实际需求发布政府权威回应，提升政府回应的有效性、显示度。

（三）稳步推进智能技术应用，促进城市治理更加敏捷高效

在政民互动领域，许多地方政府面临着社会诉求受理量不断上升、诉求内容日益复杂多元、人工服务面临人力成本压力等诸多挑战，因此已率先探索引入智能技术，在线上智能问答、后台智能分析等方面进行尝试，以期提高政府回应、政府治理的效率和精准性。[1] 随着ChatGPT、文心一言的推出，应用新一代人工智能技术推动城市治理的智能化转型更是成为前沿议题。[2] 然而，是否应该在政府服务和决策体系中深度嵌入智能技术、如何善用智能技术等方面也仍然存在争议。对此，地方政府在政民互动及其他领域探索智能技术应用之时，应尤其注重把握新兴智能技术使用的限度，在制度规范框架下对智能技术进行开发、试点、应用、推广，使智能技术服务于治理需要、服务于人民群众对美好生活的向往，稳步有序推动智能技术与政府治理有机融合，形成"1+1大于2"的正协同效应，让智能技术成为推进城市治理更加敏捷高效的有力支撑。

---

[1]　白佳、杭一揆：《在线服务智能化技术的应用研究——基于江苏12345政务服务热线的实践》，《江苏通信》2023年第3期。

[2]　马亮：《国家治理智能化转型及其进路》，《国家治理》2023年第13期。

参考文献

白佳、杭一揆:《在线服务智能化技术的应用研究——基于江苏 12345 政务服务热线的实践》,《江苏通信》2023 年第 3 期。

冯翼、徐霁、殷丽娜等:《数字政府建设背景下政府回应能力研究——基于政治系统论视角》,《西华大学学报》(哲学社会科学版)2022 年第 6 期。

高乐、李晓方:《发展高效协同的数字政务:数字中国整体布局视域下的政府数字化转型》,《电子政务》2023 年第 9 期。

马亮:《国家治理智能化转型及其进路》,《国家治理》2023 年第 13 期。

沈费伟、诸靖文:《数据赋能:数字政府治理的运作机理与创新路径》,《政治学研究》2021 年第 1 期。

B.5
数字化转型背景下社会信用体系
转型路径探索与研究

张海霞　王　贺*

摘　要： 习近平总书记在中央政治局第三十四次集体学习时强调，要完善数字经济治理体系，健全法律法规和政策制度，完善体制机制，提高我国数字经济治理体系和治理能力现代化水平。数字化转型背景下，数据治理体系的优化与数据创新实践的推进为社会信用体系建设、相关数据价值的实现提供了契机，社会信用体系数字化也成为政府创新治理理念、形成数字治理新格局的重要支撑。本报告设置社会信用体系相关指标，对337个地方政府（含4个直辖市和333个地级行政区）基于互联网开展社会信用体系数字化转型情况进行评估。首先，从总体表现、各点位表现、不同类别城市表现和省（自治区）表现方面来展示相关视域的整体情况；其次，对相关视域下不同维度的具体表现予以分析，发现存在省级行政区信用立法进度较快、公共信用信息目录规范度不高、重点人群信用信息公示处于初级阶段、信用信息报告查询获取较为便利但数据质量以及应用场景尚处于起步阶段等现象；最后，从完善配套机制、汇聚信用数据和创新信用产品三个方面来阐述数字化转型背景下社会信用体系数字化变革的发现和启示，以期推进社会信用体系数字化转型创新探索。

关键词： 数字化转型　社会信用　信用数据

---

* 张海霞，成都市经济发展研究院智慧治理研究所高级研究员，研究方向为社会信用、信息公开和政务服务；王贺，成都市经济发展研究院营商环境研究所研究员，研究方向为竞争情报、社会信用。

对于现代政府而言,大数据已经成为一种新的治理价值观。[1] 政府在运行过程中积累了大量数据资源,但是政府运用数据的效果和掌握的数据量并不匹配。[2] 政府数据治理需要依法治理、源头治理、精准治理和长效治理,从而实现数据可用、有用、易用和善用等。[3] 而相关治理的数字化为新型社会信用体系建设提供基础,在数字化转型背景下,如果想进一步拓展信用体系的内涵和外延,丰富信用管理的手段和范围,则需从信用发展的法治化、信用信息采集的多维化、信用信息传递的平台化、信用产品供给的多元化等方面着手,去探索社会信用体系的数字化转型路径。

本报告主要衡量数字化转型背景下 337 个地方政府社会信用体系在法治、标准和具体应用方面的情况。具体来讲,将监测城市划分为直辖市、社会信用示范城市[4]、副省级城市/省会城市[5]和其他地级行政区[6] 4 种类别,并从社会信用体系法治建设情况、社会信用体系标准建设情况、个人诚信体系建设情况和公共信用信息报告获取情况 4 个评估维度进行调查和分析,尝试阐述各地社会信用体系数字化转型的现状,同时将评估维度的具体点位有重点地结合优秀案例和专家研究进行分析,以期对数字化转型视角下探索社会信用体系转型路径提出相关意见建议。

一　整体情况

(一)社会信用体系视域总体得分偏低

从总体得分来看(见图 1),数字化转型背景下地方政府社会信用体系

---

① 司林波、刘畅、孟卫东:《政府数据开放的价值及面临的问题与路径选择》,《图书馆学研究》2017 年第 14 期。

② 王淼:《"大数据+网格化"模式中的公共数据治理问题研究——以突发公共卫生事件防控为视角》,《电子政务》2021 年第 1 期。

③ 安小米、王丽丽、许济沧等:《我国政府数据治理与利用能力框架构建研究》,《图书情报知识》2021 年第 5 期。

④ 社会信用示范城市仅限于地级行政区,共 91 个,未包含区级和县级市社会信用示范城市。

⑤ 副省级城市/省会城市仅有 12 个,不重复计算已计入社会信用示范城市。

⑥ 除社会信用示范城市、副省级城市/省会城市以外的其他地级行政区。

的整体得分偏低，该评价指标预设的总分为 1.08 分，但平均分仅为 0.67 分。从得分率来看，在 4 个直辖市中，天津的得分率为 100%，上海和重庆的得分率为 90%，北京的得分率为 72%。在 333 个地级行政区中，仅大连市得分率为 100%，得分率超过 80% 的地级行政区有 17 个，得分率超过 60% 的地级行政区有 229 个，有 6 个地级行政区未取得实质性进展，得分率为 0.00%。相关数据标明，虽然大多数地方政府都在推进社会信用体系的数字化转型，但整体水平依旧偏低。

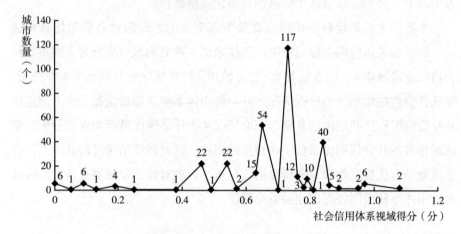

图 1　社会信用体系视域得分分布

（二）公共信用信息查询获取优势显著

从指标各评价点位的平均得分率来看（见表 1），总体得分比例最高的是"公共信用信息报告获取情况"，平均得分率为 90.36%；其后是"社会信用体系法治建设情况"，平均得分率为 39.76%；"社会信用体系标准建设情况"的平均得分率为 31.51%；而平均得分率最低的是"个人诚信体系建设情况"，仅为 28.34%，公示情况较不理想。相关数据表明，由于国家对信用报告的获取和格式进行了统一规定，多数地方政府都可以通过信用报告获取基础的社会信用数据，而社会信用体系的法治、标准和个人诚信体系建设指标，有待进一步发展和优化。

表 1   社会信用体系各评价点位得分情况

单位：%

评价点位	平均得分率
公共信用信息报告获取情况	90.36
社会信用体系法治建设情况	39.76
社会信用体系标准建设情况	31.51
个人诚信体系建设情况	28.34

（三）直辖市表现明显优于其他类城市

从不同城市类别来看（见表 2），直辖市表现相对较好，平均得分率为 88.00%；副省级城市/省会城市表现次之，平均得分率为 70.00%；社会信用示范城市平均得分率为 68.62%；其他地级行政区平均得分率为 58.92%。相关数据表明，直辖市和副省级城市/省会城市由于城市级别较高，在出台综合性信用立法方面和建设信用门户网站等基础设施方面处于领先水平，在社会信用体系数字化转型的进程中可率先垂范。

表 2   社会信用体系视域不同类型城市得分情况

单位：%

城市类别	平均得分率
直辖市	88.00
副省级城市/省会城市	70.00
社会信用示范城市	68.62
其他地级行政区	58.92
总计	71.39

（四）各省域间差距不大、得分率呈钟形分布

从各省（自治区）地级行政区的社会信用体系视域的平均得分情况来看（见表 3），省（自治区）的平均得分率均在 80% 以下，平均得分率在 70%～80%（不含）的省（自治区）有 7 个；平均得分率在 60%～70%（不

含）的省（自治区）有 14 个，所占比例超过 50%；平均得分率在 50%~
60%（不含）的省（自治区）有 3 个；平均得分率在 50% 以下的省（自治
区）有 3 个。相关数据表明，各省（自治区）数字化转型背景下社会信用
体系转型路径仍处于探索阶段，除极少数地级行政区先行先试外，主要依托
省级出台的规定进行规范，目前相关差距并不明显。

表 3　社会信用体系视域省（自治区）平均得分率情况

单位：%

平均得分率	省（自治区）
[80,100)	无
[70,80)	广东、海南、吉林、江苏、辽宁、山西、陕西
[60,70)	安徽、福建、甘肃、贵州、河北、河南、黑龙江、湖南、江西、内蒙古、山东、四川、云南、浙江
[50,60)	广西、湖北、宁夏
[0,50)	青海、西藏、新疆

注：省（自治区）按拼音字母排列，未包括台湾数据。

二　主要表现

（一）省级行政区信用立法进度较快，有待达成全覆盖

2022 年 3 月，中共中央办公厅、国务院办公厅印发的《关于推进社会
信用体系建设高质量发展促进形成新发展格局的意见》提出，加快推动出
台社会信用方面的综合性、基础性法律，鼓励各地结合实际在立法权限内制
定社会信用相关地方性法规。信用立法是以法治方式推动城市信用治理的直
接体现，可以将政府赋能的社会信用建设模式转变为以法赋能的社会信用建
设模式，是新时代社会信用体系建设发展的关键。[1] 本报告设立社会信用体

---

[1] 谢新水、吴芸：《新时代社会信用体系建设：从政府赋能走向法的赋能》，《中国行政管理》
2019 年第 7 期。

系法治建设指标，主要评估地方政府综合性信用立法①相关情况。

从不同城市类型来看（见表4），直辖市中综合性信用立法独立出台的占比最高，为75.00%，仅北京市在征求意见流程；社会信用示范城市中综合性信用立法的占比为72.53%，其中独立出台的占比为9.89%，所属省（自治区）出台的占比为62.64%；副省级城市/省会城市综合性信用立法的占比为75.00%，其中独立出台的占比16.67%，所属省（自治区）出台的占比为58.33%；其他地级行政区综合性信用立法的占比为76.08%，其中独立出台的占比为0.43%，所属省（自治区）出台的占比为75.65%。

表4　综合性信用立法相关情况

单位：个，%

项目	直辖市		社会信用示范城市		副省级城市/ 省会城市		其他地级行政区	
	数量	比例	数量	比例	数量	比例	数量	比例
独立出台	3	75.00	9	9.89	2	16.67	1	0.43
所属省（自治区）出台	—	—	57	62.64	7	58.33	174	75.65
未出台	1	25.00	25	27.47	3	25.00	55	23.92

从各省（自治区）视域看综合性信用立法情况（见表5），有19个省份已经出台综合性社会信用条例，在未出台综合性社会信用条例的8个省（自治区）中，宁夏、新疆的综合性社会信用条例均处于征求意见流程，福建、安徽综合性社会信用条例进入立法预备状态，浙江、湖北、内蒙古虽未出台综合性社会信用条例，但出台了专项的公共信用信息管理条例，仅西藏未发布相关信息。

---

① 综合性信用立法指社会信用条例和社会信用促进条例，不含信用信息条例和企业信用促进条例等专项条例。

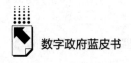

表5 从省（自治区）视域看地级行政区综合性信用立法情况

单位：个

省（自治区）	出台情况	有"独立出台"的地级行政区数量	省（自治区）	出台情况	有"独立出台"的地级行政区数量
江　苏	是	2	四　川	是	0
辽　宁	是	2	陕　西	是	0
河　北	是	1	青　海	是	0
广　东	是	1	贵　州	是	0
黑龙江	是	1	广　西	是	0
吉　林	是	1	浙　江	否	2
河　南	是	0	福　建	否	1
江　西	是	0	新　疆	否	1
湖　南	是	0	西　藏	否	0
山　西	是	0	安　徽	否	0
云　南	是	0	湖　北	否	0
海　南	是	0	内蒙古	否	0
山　东	是	0	宁　夏	否	0
甘　肃	是	0	—	—	—

注：按省（自治区）发布情况和所辖有"独立出台"的地级行政区数量排列，未包含台湾数据。

总体来看，直辖市和省（自治区）综合性信用立法进程较快，地级行政区综合性信用立法主要集中社会信用示范城市和副省级城市/省会城市，其他地级行政区仅有新疆克拉玛市依出台了相关信用条例。这表明各省级行政区综合性社会信用立法已然趋于成熟，社会信用示范城市也在信用立法上积累了许多成功经验，对进一步提高社会信用体系建设法治化、规范化水平具有重要意义。

（二）公共信用信息目录规范待提升，需持续加强梳理并公布

2020年12月，国务院办公厅印发《关于进一步完善失信约束制度构建诚信建设长效机制的指导意见》，提出要科学界定公共信用信息纳入范围和程序、规范公共信用信息共享公开范围和程序，公共信用信息是否可共享、可公开及在何种范围内共享和公开，应当根据合法、必要原则确定，并在编

制公共信用信息目录时一并明确。目录的出台将有助于推动社会信用体系建设标准建设，整治不同部门在失信认定和实施惩戒措施上的标准不统一乱象，防止政出多门。本报告设立社会信用体系建设标准建设指标，主要评估地方政府在互联网上公布公共信用信息目录情况。

根据评估结果（见表6），直辖市均出台了公共信用信息目录，其中独立出台且已公开的占比为75.00%，独立出台但未公开的占比为25.00%；社会信用示范城市出台公共信用信息目录的占比为39.56%，其中独立出台且已公开的占比为7.69%，独立出台但未公开的占比为2.20%，所属省（自治区）出台的占比为29.67%；副省级城市/省会城市出台公共信用信息目录的占比为91.67%，其中独立出台且已公开的占比为16.67%，独立出台但未公开的占比为8.83%，所属省（自治区）出台的占比为66.67%；其他地级行政区出台公共信用信息目录的占比为70.00%，其中独立出台且已公开的占比为1.30%，独立出台但未公开的占比为0.87%，所属省（自治区）出台的占比为67.83%。

表6 公共信用信息目录公布情况

单位：个，%

项目	直辖市		社会信用示范城市		副省级城市/省会城市		其他地级行政区	
	数量	比例	数量	比例	数量	比例	数量	比例
独立出台且已公开	3	75.00	7	7.69	2	16.67	3	1.30
独立出台但未公开	1	25.00	2	2.20	1	8.33	2	0.87
所属省（自治区）出台	—	—	27	29.67	8	66.67	156	67.83
省市均无相关信息	—	—	55	60.44	1	8.33	69	30.00

注：独立出台但未公开指未公开具体的目录，但可以在互联网上查询到编制信息。

总体来看，直辖市和省（自治区）公共信用信息目录编制情况较好，有19个省份已经发布公共信用信息目录相关信息。但从具体公布情况来看，有以下问题。一是各地方政府公共信用信息目录名称多样化。如重庆为《全国公共信用信息基础目录市内分工（2023年版）》，南京为《南京市公共信用信息补充

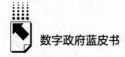

目录》，沈阳为《公共信用信息征集目录》。二是公共信用信息目录要素不统一。如目录要素"是否公开"，部分地方政府叫披露方式，部分地方政府叫开放属性；如部分地方政府有共享方式、更新频次等，部分地方政府无；如部分地方政府公布了具体的事项清单和事项类型，而部分地方政府仅公布资源名称。

从公共信用信息目录编制的创新方面来看，福建厦门进一步优化公共信用信息目录公示，在信用门户网站设立信用目录公示专栏，可通过主体类型、信用类别、开放属性、信息类别、行政区划和单位等进行分类查询，并公布了具体的资源名称（见图2）。天津每年均会更新出台《天津市公共信用信息目录》，坚持在编制过程中面向社会征求意见，并注重公共信用信息目录的宣传，除传统的政策解读外，还制定了专门的视频解读（见图3）；目录内容包含《天津市公共信用信息目录简版（2022版）》和《天津市公共信用信息目录数据项规范（2022版）》两部分，目录展示各部门的具体事项，包含部门、公共信用信息、权责清单事项名单、主体类别、目录类别、公开类型和更新频率，数据项规范则明确了具体的数据归集标准和数据项内容。

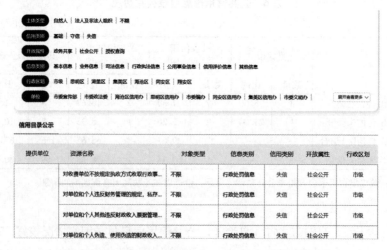

图2　信用中国（福建厦门）信用目录公示栏目

资料来源：https://service.credit.xm.gov.cn/publicity/catalog。

【信用解读】天津市公共信用信息目录（2022版）

图3　天津市公共信用信息目录视频解读

资料来源：https：//gyxxh.tj.gov.cn/ZTZL7953/ZTZL1511/cxjs/202301/t20230103_6067408.html。

（三）重点人群信用公示建设起步，栏目信息维护亟须强化

2016年，国务院办公厅印发《关于加强个人诚信体系建设的指导意见》，提出建立重点领域个人诚信记录，要以重点领域、重点人群为对象，加快建立和完善个人信用记录形成机制，及时归集有关人员在相关活动中形成的诚信信息，确保信息真实准确，实现及时动态更新。本报告设立个人诚信体系建设情况指标，主要评估地方政府在信用门户网站中公示重点人群信用信息情况。

根据评估结果（见表7），直辖市公示重点人群信用的占比为50%，北京和天津均有相关栏目且有具体内容公布；社会信用示范城市公示重点人群信用的占比为38.46%，其中有相关栏目且有具体内容公布的占比为36.26%，有相关栏目但查询不到具体内容的占比为2.20%；副省级城市/省会城市公示重点人群信用的占比为33.33%，其中，有相关栏目且有具体内容公布的占比为25.00%，有相关栏目但查询不到具体内容的占比为8.33%；其他地级行政区公示重点人群信用的占比为26.52%，其中，有相

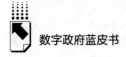

关栏目且有具体内容公布的占比为 22.17%，有相关栏目但查询不到具体内容的占比为 4.35%。

表 7　重点人群信用公示情况

单位：个，%

项目	直辖市		社会信用示范城市		副省级城市/省会城市		其他地级行政区	
	数量	比例	数量	比例	数量	比例	数量	比例
有相关栏目且有具体内容公布	2	50.00	33	36.26	3	25.00	51	22.17
有相关栏目但查询不到具体内容	—	0.00	2	2.20	1	8.33	10	4.35
没有建设相关栏目	2	50.00	56	61.54	8	66.67	169	73.48

注：没有建设相关栏目包括未建设信用门户网站、未开通重点人群信息集成栏目等。

　　总体而言，只有近 1/3 的地方政府在信用门户网站中建立重点人群信用栏目，重点人群信用公示仍处于起步阶段。但从实际公示的内容来看，有以下问题：一是部分地方政府仅建立了重点人群信用相关栏目，但无具体内容；二是部分地方政府公示的内容仅限于名字和职业证书号，仍属于基础信息，公示涉及的相关活动中形成的诚信信息较少。

　　从重点人群信用公示的创新方面来看，湖北荆州在信用门户网站设立重点人群栏目，提供了 24 类重点人群信息（见图 4），并同步公示了重点人群的奖励记录、处罚记录、投诉记录、职业资格年检情况、职业信用记录和相关违法违纪违约行为描述等信息（见图 5）。安徽宿州在信用门户网站设立重点人群信息查询栏目，提供了 9 类重点人群信息，并标注了每类重点人群的数量（见图 6），同时在重点人群的信息详情图中，包含了基本信息，还包含了失信信息、表彰荣誉信息、许可资质信息（见图 7）。

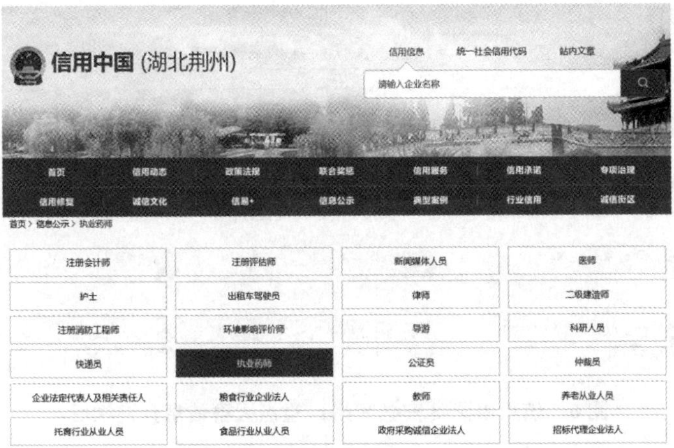

图4　信用中国（湖北荆州）重点人群信息公示

资料来源：http：//xyjz. jingzhou. gov. cn/publicity/zdrq/info ＿ zyys. html。

图5　信用中国（湖北荆州）重点人群——教师相关信息具体内容公示

资料来源：http：//xyjz. jingzhou. gov. cn/publicity/detail ＿ img. html？ configId ＝ js&id＝ce9ce4d7301011ed95f1fa163ee1d365。

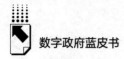

图 6　信用中国（安徽宿州）重点人群信息查询栏目

资料来源：https：//credit. ahsz. gov. cn/cms/zdrqcx/zdrqcx. action。

图 7　信用中国（安徽宿州）重点人群具体查询详情

资料来源：https：//credit. ahsz. gov. cn/cms/zdrqcx/toDetail. action？id＝736
c52d4840b4fa9a721abd56ae4bdb3&zdrqtype＝6。

（四）信用信息报告获取较为便利，数据质量及应用场景需优化

《国务院办公厅关于加快推进社会信用体系建设构建以信用为基础的新型监管机制的指导意见》要求积极拓展信用报告应用，鼓励各类市场主体在生产经营中更广泛、更主动地应用信用报告。本报告设立公共信用信息报告查询获取情况指标，主要评估地方政府通过互联网渠道提供公共信用信息报告情况。

根据评估结果（见表8），直辖市和社会信用示范城市均可直接通过本

地信用门户网站查询获取公共信用信息报告，所占比例为100%；副省级城市/省会城市直接通过本地信用门户网站查询获取公共信用信息报告的比例为91.67%，仅新疆乌鲁木齐查询获取的信用报告无具体内容；其他地级行政区直接通过本地信用门户网站查询获取公共信用信息报告的比例为80.00%，有相关服务但无法通过本地信用门户网站获取的比例为11.74%。

表8　公共信用信息报告查询获取情况

单位：个，%

项目	直辖市		社会信用示范城市		副省级城市/省会城市		其他地级行政区	
	数量	比例	数量	比例	数量	比例	数量	比例
有相关服务且可以直接通过本地信用门户网站申请获取	4	100.00	91	100.00	11	91.67	184	80.00
有相关服务但无法通过本地信用门户网站获取	0	0.00	0	0.00	1	8.33	27	11.74
无法在本地获取相关服务	0	0.00	0	0.00	0	0.00	19	8.26

注：无法在本地获取相关服务包含无信用门户网站和有信用门户网站但不支持查询。

总体来看，公共信用信息报告查询获取较为便利，多数地方政府都可在本地信用门户网站查询获取公共信用信息报告。从实际体验来看，有以下问题：一是部分地方政府不支持本地公共信用信息报告查询获取，网站所设置的信用信息查询仅限于查询网站的新闻类咨询信息，或查询渠道直接链接信用中国网站或国家企业公共信用信息系统；二是部分地方政府信用门户网站设置了相关功能但查询不到具体内容，或者仅支持查询不支持下载；三是部分地方政府未对查询获取公共信用信息报告的渠道进行整合，如信用门户网站查询、App查询、一体化平台查询等渠道未进行整合。

从公共信用信息报告查询获取的创新方面来看，上海设置了多种类型的信用报告查询，如法人信用报告和自然人信用报告，还额外提供市场主体专用信用报告（替代无违法记录证明专用版）；并开放了多种渠道进行查询，

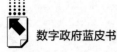

如在线查询报告和现场查询报告，在线查询报告同时支持信用门户网站查询、微信公众号查询和小程序查询，并公布现场查询报告所需材料、流程、预约申请表和查询服务网点（见图8和图9）。南京设置了法人和自然人信用报告两种类型的查询，提供了法人信用报告在线验证服务和线下服务地址，同时为方便相关使用者，还提供了自然人信用信息的批量查询（见图10）。

图8 信用上海信用报告获取渠道展示

资料来源：https://credit.fgw.sh.gov.cn/。

图9 信用上海现场查询展示

资料来源：https://xyfw.fgw.sh.gov.cn/credit-front/order/jq/form。

图 10　信用南京信用报告相关功能展示

资料来源：http://njcredit.nanjing.gov.cn/xyfw/。

三　发现和启示

（一）完善配套机制，为社会信用体系数字化转型奠定坚实基础

完善相关法律法规。目前，虽然地方在先行制度建设上进行试点，但国家层面综合性信用立法工作尚未取得实质成果，全国范围内仍缺乏统一的标准，导致地方无统一指引，制度供给明显落后于实践发展。2023 年 9 月，新华社授权发布《十四届全国人大常委会立法规划》，社会信用建设法被列入第二类项目，即"需要抓紧工作、条件成熟时提请审议的法律草案"，因此需进一步加快国家社会信用立法进程，构建信用法治监督与保障机制，规范信用信息和信用数据处理和利用，实现数字化社会信用体系的系统规范发展，真正从法治轨道上推动社会信用体系数字化转型。

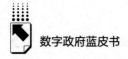

深化信用标准规范。以目录为例，虽然国家出台了基础的公共信用信息目录，部分地方信用条例也对公共信用信息目录制定的程序进行规范，但各地目前并未完全遵循相关规范，存在编制程序缩减、目录相关要件不统一和编制后未公开等情况，目录并没有为公众广泛知晓。由于公共信用信息目录同时针对不同部门多元异构的信用数据，因此需进一步统一优化信用标准规范制定流程和要素，利用目录管理提高公共信用信息归集的条理性，以期形成合力，为后续信用数据的共享和应用提供有利的先行基础和前提条件，通过标准体系设计促进社会信用体系数字化转型。

（二）汇聚信用数据，为社会信用体系数字化转型提供核心资源

汇聚多元主体的信用数据连接创造价值。目前，通过查看各地提供的公共信用信息报告和重点人群信用信息，发现能够准确提供的信息基本只有"双公示"和职业证书相关信息，其他行政管理信息、信用承诺及其履行情况信息、信用评价结果信息等信用信息较少。由于数据要素的价值会随着数据分享与传播的范围扩大和速度加快而逐渐提升，涉及行业、区域和主体越多，数据要素包含的价值就越高。想对社会信用体系数据资源进行深度挖掘和高效利用，需进一步融合集成政府部门间不同类别的海量数据资源，着力打造更加可信和开放的数据生态，丰富政府业务数据化的渠道和形式，并设立专门的部门或岗位以完成数据的汇聚和整理。通过建立统一的基础数据库，协调多主体权责关系解决不同主体间数据异构、权责不清等问题，最大化地为社会信用体系建设数字化转型提供核心资源。

（三）创新信用产品，为社会信用体系数字化转型拓展应用场景

创新信用产品为拓展新场景指引方向。目前，部分地方汇集了海量的多元异构信用数据，除少数地方提供了替代无违法违规证明的专项信用信息报告以外，其余地方提供的信用产品仅为企业公共信用信息报告，产品种类和服务方式较为单一、形式趋同，信用产品缺乏市场创新，应用场景也较为有限。因此政府需把握利益相关者对政府数据的需求状态和政府数据满足多元

主体的需求过程，建立更为健全的政企交流机制，以开放共赢的态度，多种渠道调研企业对公共数据的需求，并在保障数据安全和精细化管理的基础上，推出更多信用产品，尽力满足企业提出的数据需求和数据更新周期需求，从而为社会信用体系数字化转型拓展更多的应用场景。

参考文献

安小米、王丽丽、许济沧等：《我国政府数据治理与利用能力框架构建研究》，《图书情报知识》2021 年第 5 期。

《国务院办公厅关于加快推进社会信用体系建设构建以信用为基础的新型监管机制的指导意见》，2019 年 7 月 16 日，https：//www. gov. cn/zhengce/content/2019-07/16/content_ 5410120. htm。

《国务院办公厅关于加强个人诚信体系建设的指导意见》，2016 年 12 月 30 日，https：//www. gov. cn/zhengce/content/2016-12/30/content_ 5154830. htm。

《国务院办公厅关于进一步完善失信约束制度构建诚信建设长效机制的指导意见》，2020 年 12 月 18 日，https：//www. gov. cn/zhengce/zhengceku/2020－12/18/content_ 5570954. htm。

秦光远、张嘉一、刘伊霖：《社会信用体系数字化转型：一个文献评述》，《农村金融研究》2022 年第 12 期。

司林波、刘畅、孟卫东：《政府数据开放的价值及面临的问题与路径选择》，《图书馆学研究》2017 年第 14 期。

王森：《"大数据+网格化"模式中的公共数据治理问题研究——以突发公共卫生事件防控为视角》，《电子政务》2021 年第 1 期。

谢新水、吴芸：《新时代社会信用体系建设：从政府赋能走向法的赋能》，《中国行政管理》2019 年第 7 期。

张俊瑞、卢颖：《数字化转型视角下政府数据创新实现路径探究》，《信息通信技术与政策》2023 年第 8 期。

中共中央办公厅国务院办公厅印发《关于推进社会信用体系建设高质量发展促进形成新发展格局的意见》，2022 年 3 月 29 日，https：//www. gov. cn/gongbao/content/2022/content_ 5686028. htm。

B.6
以跨地区联动为视角的政务服务
区域协同现状与趋势研究

罗燕　殷丽娜*

摘　要： 政务服务区域协同是深化"放管服"改革、优化营商环境的重要
举措，有利于各类生产要素的自由流动、建立全国统一大市场，
是一项"小切口、大成效"的改革措施。相较于 2022 年报告，
2023 年报告显示我国地方政府跨地区联动能力平均得分率上涨，
各评估点位表现也均有较大提升，区域协同的行政层级由省级、
市级层面向区（市）县层面延伸扩展，但同时我国政务服务区域
协同还存在一些问题。一是区域发展不均衡，主要为地级行政区
之间、省（自治区）所辖城市之间、省（自治区）之间发展不均
衡。二是服务效能不强，各地跨地区网上通办实际应用效果参差
不齐，部分地区网上通办专区使用体验不佳、群众满意度不高，
在群众惯用的移动端渠道，区域协同办理的覆盖面有待拓宽，体
验度有待优化。三是与群众需求贴合度不够，部分地区追求通办
事项数量的增加，未从群众办理实际角度出发梳理通办事项，或
对待群众需求度较高的高频事项区域协同办理积极性不高，给群
众办事带来不便。为此，需要从加强顶层设计和整体统筹、强化
要素支撑、深化移动端服务等方面着力，解决跨地区联动加强政
务服务区域协同存在的难点堵点，从而推动政务服务区域协同持
续优化。

---

* 罗燕，成都市经济发展研究院智慧治理研究所研究员，研究方向为电子政务、政府网站、大
数据分析、新媒体发展；殷丽娜，成都市经济发展研究院智慧治理研究所研究员，研究方向
为政府治理、政务服务。

关键词： 数字政府　区域协同　跨域通办　政务服务 APP　电子证照

推进政务服务区域协同、异地通办，是转变政府职能、提升政务服务能力的重要途径，是畅通国民经济循环、促进生产要素自由流动的重要支撑，对于提升国家治理体系和治理能力现代化水平具有重要作用。近年来，我国政务服务区域协同持续发展，由部分地区先行先试走向全国一体化推进。在国家战略部署层面，陆续出台《关于加快推进政务服务"跨省通办"的指导意见》《关于加强数字政府建设的指导意见》《关于扩大政务服务"跨省通办"范围进一步提升服务效能的意见》等多个文件，对提升跨层级、跨地域、跨系统、跨部门、跨业务的协同管理和服务水平作出部署。在地方改革创新层面，服务覆盖面不断扩大，服务效能持续提升，有效满足各类市场主体和广大人民群众异地办事需求。本报告通过以全国 4 个直辖市和 333 个地级行政区在全域通办、跨省联办、跨域通办、区域合作专栏的表现作为评价点位，分析总结地方政府政务服务跨地区联动供给、协调整合和要素支撑情况，考察政务服务区域协同实现度，并从中发现存在的不足与短板，以期为我国进一步推动政务服务区域协同合作，进而深化"放管服"改革、优化营商环境带来有益启示。

一　整体情况

（一）跨地区联动能力总体表现较好

2023 年报告指标体系中的跨地区联动能力（A-3-3）作为评价地方政府跨地区数字化服务能力的评价指标，评估点位包括是否公布全域通办清单、是否公布跨省办理事项清单、是否公布跨城市联办事项清单，以及是否开设区域合作专栏或平台。该指标预设的总分为 3.2 分。

通过评价发现，337 个地方政府的跨地区联动能力整体水平较好，平均分为 2.67 分，平均得分率为 83.44%。其中，有 111 个地级行政区的得分率为 100%，占比 32.94%，有 272 个地级行政区的得分率达到 70% 以上，占比 80.71%（见图 1）。

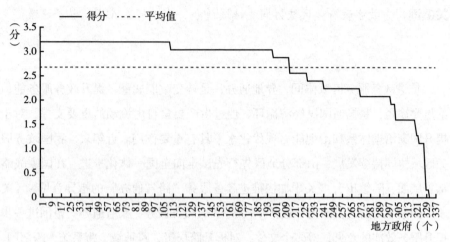

图1　地方政府跨地区联动能力得分分布情况

从各省（自治区）的情况来看，河北、浙江、安徽、湖北、吉林等省份地级行政区跨地区联动能力的得分均为满分。从省域内差异情况来看，无差异的为河北、浙江、安徽、湖北、吉林、新疆、辽宁、宁夏、海南、广西、贵州、甘肃，标准差为0分，差异最大的为陕西，标准差为1.10分（见表1）。

表1　各省（自治区）地级行政区跨地区联动能力的得分情况

单位：分

省（自治区）	得分	标准差	最大值	最小值
河　北	3.20	0.00	3.20	3.20
浙　江	3.20	0.00	3.20	3.20
安　徽	3.20	0.00	3.20	3.20
湖　北	3.20	0.00	3.20	3.20
吉　林	3.20	0.00	3.20	3.20
河　南	3.19	0.04	3.20	3.04
湖　南	3.11	0.08	3.20	3.04
四　川	3.11	0.08	3.20	3.04
新　疆	3.04	0.00	3.04	3.04
辽　宁	3.04	0.00	3.04	3.04
江　苏	2.90	0.44	3.20	2.24
江　西	2.84	0.58	3.20	1.12
青　海	2.80	1.06	3.20	0

省(自治区)	得分	标准差	最大值	最小值
黑龙江	2.74	0.69	3.04	1.12
广　东	2.61	0.59	3.04	0.64
内蒙古	2.61	0.71	3.04	1.12
云　南	2.59	0.12	3.04	2.56
西　藏	2.49	0.22	3.04	2.40
宁　夏	2.40	0.00	2.40	2.40
福　建	2.31	0.20	2.88	2.24
山　东	2.26	0.37	3.04	2.08
海　南	2.24	0.00	2.24	2.24
广　西	2.24	0.00	2.24	2.24
贵　州	2.08	0.00	2.08	2.08
甘　肃	1.60	0.00	1.60	1.60
山　西	1.45	0.89	3.04	0.16
陕　西	0.99	1.10	3.04	0

从不同城市类型的得分情况来看，直辖市跨地区联动能力的平均得分为3.12分，整体表现优于副省级城市、省会城市和其他地级行政区（见表2）。

表2　不同类型城市跨地区联动能力的得分情况

单位：分

城市类别	平均分
直辖市	3.12
副省级城市	2.90
省会城市	2.72
其他地级行政区	2.66

注：其他地级行政区指除省会城市、副省级城市以外的地级行政区。

从指标各评估点位的表现情况来看，公布跨省办理事项清单的地级行政区占比最高，公布率为91.39%；其后是全域通办清单，公布率为84.27%；区域合作专栏或平台的开设率为80.71%；公布跨城市联办事项清单的占比最低，公布率为78.33%（见表3）。

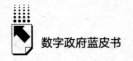

表3 跨地区联动能力各评估点位表现情况

单位：%

评价点位	公布率/开设率
是否公布跨省办理事项清单	91. 39
是否公布全域通办清单	84. 27
是否设置区域合作专栏或平台	80. 71
是否公布跨城市联办事项清单	78. 33

（二）区域合作专栏或平台开设情况较好

2023年报告将是否设置区域合作专栏或平台的数据采集渠道由2022年报告的政务服务网扩展为政务服务网和政务服务APP，两个渠道同步采集。通过评价发现，337个地级行政区区域合作专栏或平台总体开设率为80.71%，其中，136个地级行政区在两个渠道均开设，136个地级行政区在其中一个渠道开设，65个地级行政区未开设（见图2）。

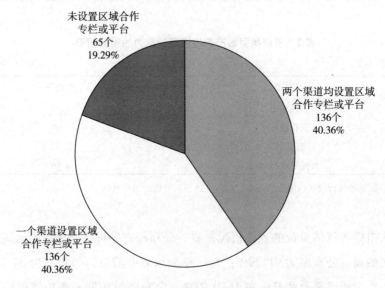

图2 各地级行政区设置区域合作专栏或平台的情况

　　从各省（自治区）情况来看，有20个省（自治区）所有的地级行政区均开设区域合作专栏或平台，开设率达100%，其中，河北、浙江、安徽等7个省（自治区）全面覆盖政务服务网和政务服务APP两个渠道。青海、海南、陕西等7个省（自治区）开设率未达到100%（见表4）。

表4　各省（自治区）地级行政区开设区域合作专栏或平台情况

单位：个，%

省（自治区）	开设专栏或平台的地级行政区数量	开设率	在一个渠道开设的地级行政区数量	两个渠道均开设的地级行政区数量	两个渠道均开设的地级行政区数量占比
河　北	11	100.00	0	11	100.00
浙　江	11	100.00	0	11	100.00
安　徽	16	100.00	0	16	100.00
湖　北	13	100.00	0	13	100.00
吉　林	9	100.00	0	9	100.00
江　苏	13	100.00	0	13	100.00
黑龙江	13	100.00	0	13	100.00
河　南	17	100.00	1	16	94.12
云　南	16	100.00	1	15	93.75
湖　南	14	100.00	8	6	42.86
四　川	21	100.00	12	9	42.86
山　西	11	100.00	8	3	27.27
江　西	11	100.00	9	2	18.18
新　疆	14	100.00	14	0	0.00
辽　宁	14	100.00	14	0	0.00
内蒙古	12	100.00	12	0	0.00
西　藏	7	100.00	7	0	0.00
宁　夏	5	100.00	5	0	0.00
山　东	16	100.00	16	0	0.00
贵　州	9	100.00	9	0	0.00
青　海	7	87.50	0	7	100.00

续表

省(自治区)	开设专栏或 平台的地级 行政区数量	开设率	在一个渠道 开设的地级 行政区数量	两个渠道均 开设的地级 行政区数量	两个渠道均开 设的地级行政 区数量占比
海　南	3	75.00	0	3	100.00
陕　西	2	20.00	2	0	0.00
广　东	3	14.29	3	0	0.00
福　建	0	0.00	—	—	—
广　西	0	0.00	—	—	—
甘　肃	0	0.00	—	—	—

在政务服务网平台，337 个地级行政区中有 208 个开设区域合作专区（含区域合作专栏或平台），占比 61.72%，专区累计数量为 692 个。[①] 其中，开设专区数量为 2~4 个的地级行政区占比最高，为 49.04%，开设数量为 1 个的地级行政区占 34.13%，开设专区数量在 5 个及以上的占比 16.82%（见图 3）。

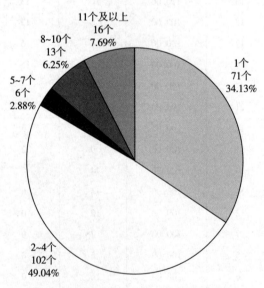

图 3　政务服务网平台设置区域合作专栏或平台的情况

---

① 按照各地级行政区开设专区数量累计，多个地级行政区开设的同一专区计为多个，下同。

从各省（自治区）情况来看，开设专区累计数量较多的为河南、山东、新疆等（见表5），河南省所属地级行政区开设豫闽通办、黄河流域通办、黄河金三角通办等区域合作专区，山东省所属地级行政区开设沪鲁通办、胶州五市通办专区、黄河流域省会城市通办等区域合作专区。

表5　各省（自治区）地级行政区政务服务网开设区域合作专栏或平台情况

单位：个

省（自治区）	开设专区的地级行政区数量	开设专区累计数量
河　南	16	192
山　东	15	117
新　疆	14	56
黑龙江	12	49
辽　宁	14	34
吉　林	9	34
云　南	16	32
贵　州	9	27
四　川	9	21
安　徽	16	19
江　苏	13	17
湖　南	6	17
青　海	7	14
湖　北	13	13
浙　江	11	11
河　北	11	11
山　西	3	7
海　南	3	6
陕　西	2	5
江　西	2	3
广　东	2	2

在移动端，上海市、重庆市、河北省、江苏省等17个省（区、市）的省级政务服务APP开通跨省通办专区（见表6），占比54.84%，开通率有待进一步提升。

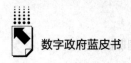

表6 省级政务服务APP开通跨省通办专区情况

省(区、市)	APP名称	专区名称
上 海	随申办市民云	跨省通办上海专区
重 庆	重庆市政府	跨省通办
河 北	冀时办	跨省通办服务专区
江 苏	苏服办	江苏"跨省通办"服务专区
浙 江	浙里办	跨省通办
海 南	海易办	全省通办、跨省通办
山 西	三晋通	跨省通办
内蒙古	蒙速办	内蒙古自治区"跨省通办"服务专区
西 藏	西藏政务	跨省通办
宁 夏	我的宁夏	宁夏回族自治区"跨省通办"服务专区
安 徽	皖事通	跨省通办
江 西	赣服通	跨省通办
河 南	豫事办	跨省通办专区
云 南	办事通	云南省"跨省通办"服务专区
湖 北	鄂汇办	跨省通办
湖 南	湘易办	跨省通办专区
四 川	天府通办	川渝通办专区

二 主要表现

(一)区域协同服务水平提升

自2020年9月国务院办公厅印发《关于加快推进政务服务"跨省通办"的指导意见》(国办发〔2020〕35号)以来,我国各地均着力推进政务服务区域协同,方便企业和群众异地办事。2022年10月,国务院办公厅再次发布《关于扩大政务服务"跨省通办"范围进一步提升服务效能的意见》(国办发〔2022〕34号),新增22项高频政务服务"跨省通办"事项,并提出提升服务效能、加强服务支撑等要求,旨在更好满足企业和群众异地办事需求。

近年来，我国区域协同通办呈现向民生需求热点聚焦的趋势。例如，居民婚姻登记的试点范围，由 2021 年在辽宁省、重庆市等 5 个省（直辖市）实施"跨省通办"试点[①]，到 2023 年发展为在北京、天津、河北、内蒙古等 21 个省（自治区、直辖市）实施"跨省通办"试点[②]，极大方便群众异地办事。《国务院办公厅关于扩大政务服务"跨省通办"范围进一步提升服务效能的意见》（国办发〔2022〕34 号）新增的 22 项"跨省通办"政务服务事项，包括临时居民身份证办理、子女投靠父母户口迁移、城乡居民养老保险参保登记/待遇申请、住房公积金汇缴/补缴/租房提取等民生热点事项，切实满足户籍、社保、住房等与群众生活密切相关的异地办事需求。在国家政务服务平台"跨省通办"服务专区（见图 4），包括面向个人的电子社保卡申领等和面向经商创业者的个体工商户变更登记等 100 余项高频服务事项实现全程网办。

图 4　国家政务服务平台"跨省通办"服务专区

资料来源：http://gjzwfw.www.gov.cn/col/col1132/index.html。

---

① 《国务院关于同意在部分地区开展内地居民婚姻登记"跨省通办"试点的批复》（国函〔2021〕48 号），2021 年 5 月 19 日，https://www.gov.cn/zhengce/content/2021-05/19/content_5608622.htm。

② 《国务院关于同意扩大内地居民婚姻登记"跨省通办"试点的批复》（国函〔2023〕34 号），2023 年 5 月 18 日，https://www.gov.cn/zhengce/content/202305/content_6874636.htm。

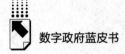

2023 年报告数据显示, 337 个地方政府的跨地区联动能力平均得分率较 2022 年报告上涨 13.03 个百分点, 得分率达到 100% 和 70% 以上的地级行政区数量分别增加 27 个、50 个。2023 年报告跨省办理事项清单、全域通办清单的公布率较 2022 年报告分别上涨 3.64 个、12.23 个百分点, 100% 公开全域通办清单、跨省办理事项清单和跨城市联办事项清单的省 (自治区) 数量由 6 个增加到 11 个。337 个地级行政区区域合作专栏或平台的总体开设率较 2022 年报告上涨 11.71 个百分点。政务服务网区域合作专区开设累计数量由 359 个增加到 692 个, 其中省际跨省通办专栏、市际通办专栏以及基层政府通办专栏的数量有大幅增长。如河南省开通 "豫闽通办" "黄河流域通办" 等特色通办专栏, 实现政务服务事项和便民服务事项跨省通办。[①] 山东省临沂市兰山区与江苏省苏州市吴中区、南京市栖霞区, 河南省永城市, 陕西省宝鸡市凤翔区等 3 省 4 地签订 "跨省通办" 合作协议, 企业和群众网上办事更便利。[②]

(二) 区域协同服务支撑持续强化

国务院办公厅先后发文要求, 扩大电子证照应用领域, 推动全国互通互认, 全面提升电子证照应用支撑能力;[③] 增强 "跨省通办" 数据共享支撑能力。[④] 本报告以各省 (自治区) 政务服务 APP 为例, 考察各地方政府的电子证照服务供给情况。考察结果显示, 目前全国 4 个直辖市和 22 个省 (自治区) 的政务服务 APP 均已提供电子证照申领服务, 用户登录该省 (自治区) 政务服务 APP 后, 可通过我的证照、电子证照、(我的) 卡包、亮证 (照)、靓证等服务入口申领个人和企业电子证照 (见图 5), 服务供给率达 81% 以上 (见表 7), 服务

---

① 《@河南人这些 "跨省通办" 服务请收藏》, 大河网, 2022 年 11 月 24 日, https://news.dahe.cn/2022/11-24/1138865.html。

② 《临沂市兰山区: 政务服务 "跨省通办" 朋友圈再扩大》, 鲁网, 2023 年 6 月 28 日, http://sd.sdnews.com.cn/sdgd/202306/t20230628_4254721.htm。

③ 《国务院办公厅关于加快推进电子证照扩大应用领域和全国互通互认的意见》 (国办发〔2022〕3 号)。

④ 《国务院办公厅关于扩大政务服务 "跨省通办" 范围进一步提升服务效能的意见》 (国办发〔2022〕34 号)。

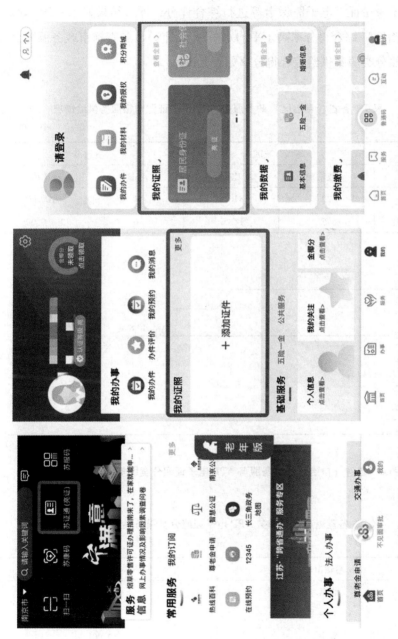

图 5　江苏（左）、海南（中）、山东（右）政务服务 APP 电子证照申领和运用入口

支撑持续强化。同时，本报告从个人证照是否支持分类添加/查询，是否可添加电子身份证、电子医保卡等进行综合评分，评分结果显示，59.26%的省（自治区）综合得分率高于平均水平（见图6），各直辖市政务服务 APP 电子证照分类服务供给综合得分率如表8所示。

表7　各省（自治区）政务服务 APP 电子证照申领服务供给情况

单位：个，%

项目	省级行政区		直辖市	
	数量	比重	数量	比重
提供	22	81.48	4	100.00
未提供	5	18.52	0	0.00

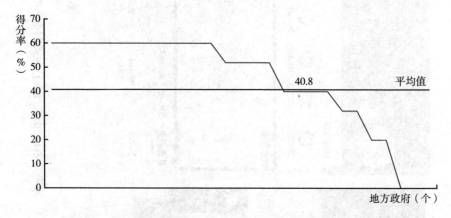

图6　各省（自治区）政务服务 APP 电子证照分类服务供给综合得分率

表8　各直辖市政务服务 APP 电子证照分类服务供给综合得分率

单位：%

直辖市	得分率
北京	60.00
上海	60.00
重庆	52.00
天津	53.00

已提供电子证照申领服务的地方政府中，74%以上的省（自治区）政务服务 APP 支持个人电子证照分类添加或查询以及户政类电子证照的添加，81%以上的省（自治区）政务服务 APP 支持电子医保卡或电子社保卡类证照的申领或添加，支持以上全部个人电子证照申领或添加的省（自治区）不足 60%；4 个直辖市支持以上所有功能（见表9）。

表9　各直辖市政务服务 APP 电子证照分类服务供给情况

单位：个，%

服务供给	省级行政区数量	比重	直辖市数量	比重
个人电子证照分类添加/查询	20	74.07	4	100
个人电子身份证/户籍/居住证添加	20	74.07	4	100
个人电子医保卡/社保卡添加	22	81.48	4	100
以上功能均提供	16	59.26	4	100

电子证照的申领和添加功能仅是相关服务的基础，只有明确数据采集渠道、应用场景、互认范围等，才能让电子证照实实在在用起来，真正发挥电子证照在政务服务区域联动过程中的支撑作用。国家部委方面，住建部、农业农村部、文化和旅游部已明确推行如建筑起重机械使用登记证书、渔业捕捞许可证、执业兽医资格证书等电子证照在全国范围或部分省（自治区）范围内运行的工作安排，同步明确政府端数据标准、电子证照版式、内部调用形式、互认范围等，以及个人和企业端申领渠道、亮证方式等。地方政府方面，2020 年 8 月，沪、苏、浙、皖四省（市）发布《关于长三角地区交通运输电子证照互认事宜的通知》，用户可在一市三省政务服务 APP 及国家政务 APP 进行电子证照申领、亮证及备查，四地交通运输部门对电子证照予以认可。2022 年 2 月，四川省和重庆市联合发布《川渝电子证照互认共享清单（第一批）》（见表10），明确持证人在四川省和重庆市内办理政务服务相关事项以及面对部分证件查验场景时，可通过四川"天府通办"APP 或重庆"渝快办"APP 亮证，与纸质版证件具有同等效力，两地互认。2023 年 7 月，北京、天津、河北联合印

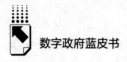

发《关于进一步推进京津冀交通运输电子证照共享互认的通知》，提出经三地核发的道路运输经营许可证、道路运输证等五大类电子证照已实现三地互认。

表10　川渝电子证照亮证互认实施清单（第一批）

序号	电子证照名称	签发单位	亮证渠道	应用场景	涉及"川渝通办"事项名称	试点范围
1	中华人民共和国机动车驾驶证	四川省公安厅、重庆市公安局	"交管12123"移动端亮证两地互认	到公证机构申办机动车驾驶证公证时通过指定APP亮证	机动车驾驶证公证	川渝两地各级公证机构
2	中华人民共和国律师执业证	四川省司法厅、重庆市司法局	"天府通办"APP、"渝快办"APP亮证两地互认	到司法行政部门办理业务，通过指定APP展示律师执业证电子证照	—	四川全省范围内、重庆全市范围内
3	中华人民共和国社会保障卡	四川省人力资源和社会保障厅、重庆市人力资源和社会保障局	"四川人社"APP、"天府通办"APP、"重庆人社"APP、"渝快办"APP亮证两地互认	①在社保经办机构办理养老保险服务时申请人通过指定APP亮证申请；②在公共就业创业服务管理机构办理就失业登记、失业保险金申领等通过指定APP亮证	—	四川全省范围内、重庆全市范围内
4	就业创业证	四川省人力资源和社会保障厅、重庆市人力资源和社会保障局	"四川人社"APP、"天府通办"APP、"重庆人社"APP、"渝快办"APP亮证两地互认	在公共就业创业服务管理机构办理职业培训、社会保险补贴、创业补贴、就业见习补贴等业务时通过指定APP亮证	就业创业证查询、核验	四川全省范围内、重庆全市范围内

序号	电子证照名称	签发单位	亮证渠道	应用场景	涉及"川渝通办"事项名称	试点范围
5	道路运输证	四川省交通运输厅、重庆市交通局	"天府通办"APP、"渝快办"APP亮证两地互认	政府服务、执法场景时通过指定APP亮证	—	四川全省范围内、重庆全市范围内

（三）区域协同服务渠道拓展

据统计，截至2023年6月，我国网民规模达10.79亿人，手机网民规模达10.76亿人，占比99.8%。① 政务服务APP"跨省通办"专栏设置，是"跨省通办"服务向移动端延伸的重要举措。2023年报告考察结果显示，仅有2个直辖市和15个省（自治区）政务服务APP上设置"跨省通办"专栏（见表11、图7），该项服务覆盖面还有提升空间。

表11　各省（自治区）政务服务APP"跨省通办"专栏供给情况

单位：个，%

项目	省级行政区		直辖市	
	数量	比重	数量	比重
提供	15	55.56	2	50.00
未提供	12	44.44	2	50.00

目前，全国31个省（自治区）已全部以省域为单位统筹建设政务服务APP或小程序，移动政务服务水平持续提升。针对不同地区用户需分别登录不同省（自治区）的政务服务APP或小程序的问题，国家政务服务平台APP"跨省通办"专区（见图8）作了较高程度汇集，现已发布在全国范围

① 中国互联网络信息中心（CNNIC）：第52次《中国互联网络发展状况统计报告》，2023年8月，https://www.cnnic.net.cn/n4/2023/0828/c88-10829.html。

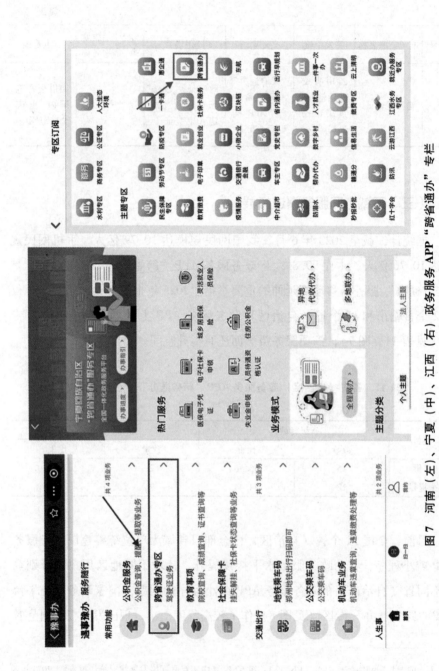

图 7 河南（左）、宁夏（中）、江西（右）政务服务 APP "跨省通办"专栏

内实现"跨省通办"的事项清单、高频办理事项、高频查询事项、按照个人和部门分类归集可"跨省通办"事项清单。地理位置毗邻地区联动协同，满足人口和生产要素流动频繁带来的更多"跨省通办"需求。如沪、苏、浙、皖四省（市）在建设"长三角一网通办专区"的基础上，在政务服务移动端开通"长三角无感漫游"服务专区（见图9），长三角地区用户只需访问四省（市）任一政务服务APP或小程序，即可根据手机定位自动切换至本地区政务服务界面，非长三角地区用户可直接查找该区域内任一城市的政务服务信息。上述服务不仅将"跨省通办"服务延伸至移动端，还从集成服务方面发力提升移动政务服务智能水平。

三 发现与启示

2023年报告数据显示，相较于2022年报告，我国地方政府跨地区联动能力有较大提升，但同时也应看到，我国政务服务区域协同还存在一些问题。一是区域发展不均衡。如地级行政区之间、省（自治区）所辖城市之间、省（自治区）之间不均衡，内部差异明显。二是服务效能不强。通办专栏各地实际应用效果参差不齐，部分地区网上通办专区使用体验不佳、群众满意度不高，在群众惯用的移动端渠道，区域协同办理的覆盖面有待拓宽，体验有待优化。三是与群众需求贴合度不够。部分地方政府未从群众办理实际角度出发考虑可行性，而仅是追求通办事项数量的增加，实际办件量低，部分地方政府为地方利益考虑，对高频事项办理设置阻碍。[①]

归结以上问题产生的原因，既有各地经济发展水平、社会文化环境的不同决定了各地在政务服务信息化方面的资源投入和服务效率存在差异，也有不同地区、不同部门之间的体制机制壁垒、政策壁垒、利益壁垒等导致政府机构横向和纵向的协同性不强，还有部分地方政府为追求形象工程、政绩工程而导致跨地区联动服务虚有其表，实际应用效果欠佳。此外，电子证照要

---

① 臧姗：《优化营商环境视角下政务服务"跨省通办"问题探究》，《行政与法》2023年第10期。

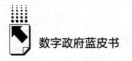

数字政府蓝皮书

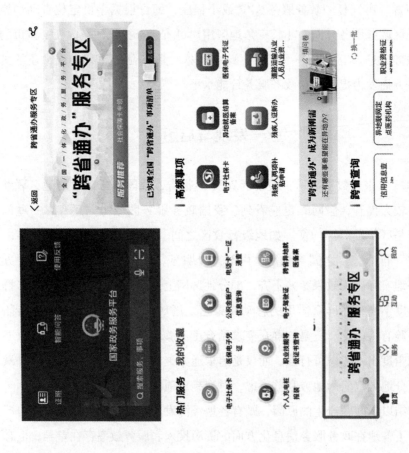

图 8 国家政务服务平台 APP "跨省通办" 服务专区

158

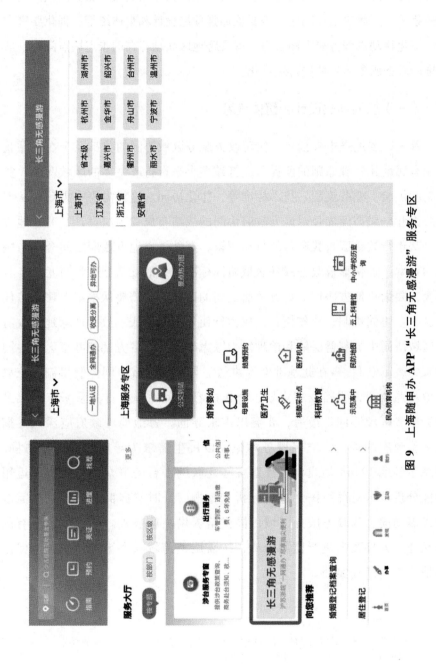

图 9　上海随申办 APP "长三角无感漫游" 服务专区

159

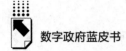
素支撑度不高、移动互联网技术应用度不足，也是限制政务服务区域协同发展的瓶颈。要解决上述问题，需要从加强顶层设计和整体统筹、强化要素支撑、深化移动端服务等方面着力，解决跨地区联动存在的难点堵点问题，从而推动政务服务区域协同持续优化。

（一）加强顶层设计和整体统筹

首先，要加强中央指导。实现政务服务区域协同的关键在于在遵循我国现有属地化管理原则的前提下，打破多个平行行政主体的区域壁垒，实现制度供给、业务流程、技术标准等一体化协同。这就需要中央政府从宏观层面和全局高度加强对地方政府协同的战略布局和顶层设计，突破地方政府基于行政辖区自我利益的行动逻辑，有效提升地方政府之间合作与协同的效率，加快形成政务服务区域协同标准体系的互认互通和制度衔接。① 其次，要强化地方协作。地方政府之间的区域协同需要从根本上建立信任机制，在协同机制、合作模式、权力行使等方面达成一致，消除地方政府在区域协同中的利益保障和治理能力顾虑，使参与各方都能共享区域协同带来的改革红利。② 在此基础上构建稳定有序的区域协同体制机制，依靠有效沟通协商，明确战略规划、合作内容以及各方权责关系来有序推进政务服务区域协同。最后，要突出需求导向。各地地方政府应深入贯彻服务型政府的理念，立足服务本位，以民生需求为导向推动区域协同。可基于各地12345热线、留言建言等互联网平台的群众诉求数据，运用智能分析技术对民声民意进行分析和挖掘，及时掌握群众异地办事需求的发展动向，为政务服务区域协同供给提供决策线索。同时可对已有的跨域通办办件数据进行监测分析，按需调整跨域通办事项清单，确保区域协同供给落到实处。

---

① 钟伟军：《地方政府的分散创新与中央主导下的创新整合——长三角政务服务"一网通办"的实践路径》，《江苏社会科学》2022年第1期。
② 臧姗：《优化营商环境视角下政务服务"跨省通办"问题探究》，《行政与法》2023年第10期。

（二）增强服务支撑要素区域协同运用

据统计，截至 2022 年底，全国电子社保卡领用人数达 7. 15 亿。[①] 电子证照的申领和使用在个人和企业日常生活、生产过程中正发挥着越来越重要的作用。学者刘旭然指出，政务服务跨域互动过程中，随着数字化的深入发展、技术与业务的融合深化加速释放技术的倍增效能，推动政务服务跨域互动向超时空互动、智慧协同转型。[②] 电子证照作为政务服务"跨省通办"的重要应用性支撑要素，其广泛和深度运用有助于提升政务服务"跨省通办"的便利化和智慧化水平。本报告数据显示，目前个人和企业通过移动端亮证办事的便利度还有待提升。电子证照的应用程度和应用范围基于跨地区和跨部门工作协同程度，一方面，可由国家部委通过明确电子证照标准、互认范围、获取方式、应用场景、证照共享、数据安全等各方面内容，自上而下纵向推动本领域电子证照在部分省（自治区）之间甚至全国范围内的运用；另一方面，可由各省（自治区）之间强化区域横向联动，不断探索在一定范围内实现数据共享和互认，实现更多电子证照的应用和互认。

（三）深化移动端资源整合和区域联动

学者钟伟军认为，以提升公民体验为目标的政府信息化过程，总体可以划分为三个阶段：一是信息技术的政府部门内部协调，二是基于信息技术的跨部门协同，三是基于信息技术的跨辖区协同。第三个阶段让公民无须为涉及多个辖区政府的事务往返于不具有行政隶属关系的辖区政府间，从更加宏观的意义上实现了整体智治的理念。[③] 上述第三个阶段指的正是本文重点探

[①] 中华人民共和国国家互联网信息办公室：《数字中国发展报告（2022 年）》，2023 年 5 月 23 日，http：//www. cac. gov. cn/2023－05/22/c＿1686402318492248. htm？eqid＝e964285800089 bd400000004646d59f6。

[②] 刘旭然：《数字化转型视角下政务服务跨域治理的特征、模式和路径——以"跨省通办"为例》，《电子政务》2022 年第 9 期。

[③] 钟伟军：《地方政府的分散创新与中央主导下的创新整合——长三角政务服务"一网通办"的实践路径》，《江苏社会科学》2022 年第 1 期。

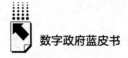

究的政务服务"跨省通办"，通过区域协同逐步实现整体政府的智慧治理。前文提到，目前有 21 个省（自治区）已在政务服务网上设置了跨域通办专栏，但移动端方面暂仅有约半数的省（自治区）政务服务 APP 设置了"跨省通办"专栏，可见"跨省通办"服务向移动端的延伸还有较大优化空间。2020 年报告提到，"掌上通办"平台应遵循与政务服务网数据同源、服务形式相同的建设原则，以满足不同习惯用户群体的多样化选择。各省（自治区）可将区域协同、联动的理念贯穿于政务服务 APP 建设过程中，在同步设置"跨省通办"专栏的基础上，借鉴如"长三角无感漫游"服务专区的经验，区域联动建设政务服务 APP，真正实现让用户在一个入口即可获取跨域政务服务，提升区域间智能化协同联动水平。

参考文献

《国务院办公厅关于加快推进政务服务"跨省通办"的指导意见》（国办发〔2020〕35 号），《中华人民共和国国务院公报》2020 年第 29 号。

《国务院办公厅关于扩大政务服务"跨省通办"范围进一步提升服务效能的意见》（国办发〔2022〕34 号），《中华人民共和国国务院公报》2022 年第 29 号。

《国务院关于同意在部分地区开展内地居民婚姻登记"跨省通办"试点的批复》（国函〔2021〕48 号），《中华人民共和国国务院公报》2021 年第 15 号。

《国务院关于同意扩大内地居民婚姻登记"跨省通办"试点的批复》（国函〔2023〕34 号），《中华人民共和国国务院公报》2023 年第 15 号。

汤志伟、李金兆等：《中国地方政府互联网服务能力发展报告（2020）》，社会科学文献出版社，2020。

汤志伟、李金兆等：《中国地方政府互联网服务能力发展报告（2022）》，社会科学文献出版社，2022。

臧姗：《优化营商环境视角下政务服务"跨省通办"问题探究》，《行政与法》2023 年第 10 期。

李丹丹：《整体性治理视角下政务服务协同发展路径研究——以长三角一体化示范区"跨省通办"为例》，北京化工大学硕士学位论文，2022。

刘旭然：《数字化转型视角下政务服务跨域治理的特征、模式和路径——以"跨省通办"为例》，《电子政务》2022 年第 9 期。

孙宗锋、席嘉诚：《数字化协同治理的类型及其逻辑——以政务服务"跨省通办"为例》，《电子政务》2023 年 6 月 29 日。

黄璜：《对"数据流动"的治理——论政府数据治理的理论嬗变与框架》，《南京社会科学》2018 年第 2 期。

钟伟军：《地方政府的分散创新与中央主导下的创新整合——长三角政务服务"一网通办"的实践路径》，《江苏社会科学》2022 年第 1 期。

B.7
数据驱动视角下政府数据开放的现况与效能分析

叶昶秀　刘安琪　龚泽鹏*

摘　要： 数据开放旨在通过数据驱动经济社会高速发展，因而评估数据开放水平可以从数据驱动能力的角度展开。本报告围绕数据驱动能力，分析我国地方政府数据开放平台建设的现况与效能。数据驱动能力的指标包括数据开放能力、数据检索能力、数据调用能力、数据应用能力与数据安全保障五个方面。结果表明，在全国 4 个直辖市和 333 个地级行政区中，仍有 42.14% 的地方政府没有开通数据开放平台，数据开放标准指南建设率不到 40%；在已开通数据开放平台的地方政府中，绝大部分建设了数据目录，数据检索能力较好；但是数据开放平台的数据接口数量偏少，创新应用成果不足，数据调用能力与数据应用能力有待提升；数据开放平台的数据安全政策保障得到关注，但还需进一步完善。基于此，本报告提出三点建议：加大数据开放力度，完善数据检索调用功能；鼓励应用成果创新，提升数据应用能力；重视个人隐私保护，增强数据安全保障。

关键词： 数据开放　数据驱动能力　数据应用　数据安全

政府数据开放是提升政务服务能力，促进数据要素流通的重要手段。我国颁布了多项政策文件强调促进数据开放共享，如 2015 年的《促进大数据

---

* 叶昶秀，电子科技大学公共管理学院博士研究生，研究方向为数字政府治理；刘安琪，电子科技大学公共管理学院，研究方向为数字政府治理；龚泽鹏，电子科技大学公共管理学院副教授，研究方向为数字政府治理。

发展行动纲要》、2016 年的《政务信息资源共享管理暂行办法》、2020 年的《中华人民共和国国民经济和社会发展第十四个五年规划和 2035 年远景目标纲要》。为保障数据资源的安全有效共享和利用，我国于 2022 年发布《关于构建数据基础制度更好发挥数据要素作用的意见》，提出构建数据基础制度体系；2023 年发布《数字中国建设整体布局规划》，指出将数据资源体系建设作为数字中国建设的两大基础之一，提出畅通数据资源大循环，推动公共数据汇聚利用。总之，数据开放作为政府提升数字化服务能力的重要举措，是数字中国、数字政府建设的重要内容。

数据开放的现状评估是促进数据开放水平提升的基础。因此，本报告对我国 337 个地方政府数据开放平台的建设状况进行评估。鉴于数据开放的目标是通过数据资源的开放共享驱动经济社会快速发展，因而本报告以"数据驱动能力"为中心，从"数据开放能力"、"数据检索能力"、"数据调用能力"、"数据应用能力"与"数据安全保障"五个方面评价数据开放水平。其中，"数据开放能力"的权重为 0.2，主要评估地方政府是否建立数据开放平台以及数据开放标准指南的有无。"数据检索能力"的权重为 0.2，主要评估数据开放平台是否提供对各类公共数据的分类目录显示功能。"数据调用能力"的权重为 0.2，主要评估地方政府数据开放平台是否有数据接口 API 以及数据接口 API 的数量。"数据应用能力"的权重为 0.3，主要有三方面的评估内容：一是数据应用栏目的设置情况，二是数据应用的数量情况，三是数据接口的在线申请情况。"数据安全保障"的权重为 0.1，评估内容包括数据开放政策法规是否涉及数据安全相关章节以及省级平台注册过程是否对个人数据收集进行说明。本报告中，数据驱动能力的满分为 10 分。

一　整体情况

从地方政府数字驱动能力的得分率来看（见图 1），全国 337 个地方政府中，不到 1/5 的地方政府（61 个）的得分率超过 80%；78 个的得分率在 60% 到 80% 之间。然而，近 3/5 的地方政府（198 个）的得分率未达到

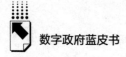

60%，特别是有 43 个的得分率为 0。由此可见，全国大多数地方政府仍然需要加快推进政府数据开放工作。

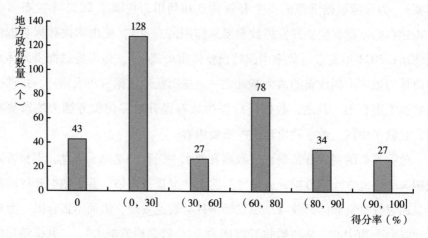

图1　各地方政府数字驱动能力得分率分布

不同行政级别的地方政府的数据驱动能力平均得分率差距较大。北京、上海、天津和重庆 4 个直辖市的平均得分率为 84.30%，高于副省级/省会城市 32.91 个百分点（见表 1）。其他地级行政区的平均得分率最低（38.61%），不到直辖市平均得分率的一半。综上，城市级别越高，地方政府的数字驱动能力越强。

表1　不同类型城市数据驱动能力平均得分和平均得分率

单位：分，%

城市类型	平均得分	平均得分率
直辖市	8.43	84.30
副省级/省会城市	5.14	51.39
其他地级行政区	3.86	38.61

除直辖市以外的 27 个省级行政区的数据驱动能力的得分率如表 2 所示。浙江省与山东省的平均得分率超过 90%，而浙江省是唯一得分率超过 95%

的省份。有9个省级行政区的平均得分率均超过60%，且大多数为东部沿海省份。此外，有超过一半的（15个）省级行政区的平均得分率不足30%，其中有9个省级行政区的平均得分率不足10%，3个省级行政区（青海省、甘肃省、云南省）的得分率不到5%。这说明大部分省级行政区的数据驱动能力得分不高，有很大提升空间。值得注意的是，辽宁省与黑龙江省的平均得分率在20%左右，但这两个省均有地级行政区的得分率超过80%，特别是黑龙江省的极差高达85.40分，说明省内各城市的数据驱动能力差距较大。

此外，直辖市的平均得分率存在较大差距。其中，上海（91.60%）、北京（84.20%）和重庆（84.00%）的得分率均超80%，天津的得分率为77.40%。与前述省级行政区相比较，直辖市的平均得分率处于前列。

表2　省（自治区）数据驱动能力得分率情况

单位：分，%

省（自治区）	平均得分率	标准差	最小值	最大值
浙江	96.16	2.61	90.20	100.00
山东	90.05	2.81	84.00	94.00
四川	81.63	15.29	22.00	94.00
广西	77.63	4.35	73.00	87.60
贵州	74.91	5.44	70.80	87.80
江苏	71.35	15.02	42.00	91.60
广东	69.74	10.67	50.00	92.80
安徽	60.23	21.84	10.00	85.40
福建	60.18	7.03	54.20	78.00
湖北	43.68	31.87	5.00	91.60
江西	34.49	31.54	5.00	85.20
宁夏	31.08	26.32	15.60	78.00
湖南	29.30	29.79	0.00	79.20
山西	27.87	32.03	0.00	80.40
内蒙古	23.73	25.97	5.00	72.20
辽宁	20.46	17.38	12.00	80.40
黑龙江	18.40	30.60	0.00	85.40

续表

省份(自治区)	平均得分率	标准差	最小值	最大值
陕西	13.00	2.11	12.00	17.00
河南	9.66	17.28	0.00	67.20
河北	8.91	21.40	0.00	73.00
吉林	8.89	2.20	5.00	10.00
新疆	8.20	17.60	0.00	68.80
海南	8.00	16.00	0.00	32.00
西藏	5.14	3.18	0.00	11.00
青海	4.38	1.77	0.00	5.00
甘肃	3.57	2.34	0.00	5.00
云南	1.56	2.39	0.00	5.00

从评价指标来看，数据开放能力、数据检索能力、数据调用能力、数据应用能力和数据安全保障等指标的平均得分率均不高。具体来讲，"数据安全保障"指标的平均得分率最高，为55.93%。其后依次为"数据检索能力"（50.15%）、"数据开放能力"（49.08%）、"数据调用能力"（38.65%）和"数据应用能力"（23.99%）。这一现状表明各地方政府的数据驱动能力还需要进一步提升，尤其是在数据调用和数据应用方面。

图2反映了地方政府在不同指标上的平均得分率。从行政级别来看，直辖市在5个指标上的平均得分率均高于副省级/省会城市，而后者又高于其他地级行政区。直辖市与其他两类（副省级/省会城市、其他地级行政区）在"数据安全保障"指标上的平均得分率差距最小；在"数据开放能力"、"数据检索能力"、"数据调用能力"和"数据应用能力"等指标上的平均得分率差距较大；副省级/省会城市与其他地级行政区在5个指标上的平均得分率的差距则较小。此外，直辖市和副省级/省会城市在"数据检索能力"指标上的平均得分率要高于在其他4个指标上的平均得分率，而其他地级行政区在"数据安全保障"方面的平均得分率高于在其他4个指标。

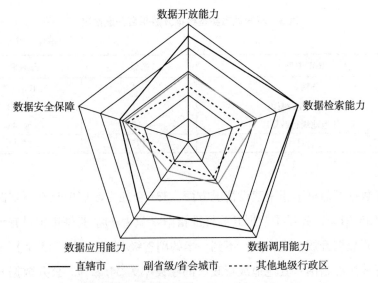

图 2　地方政府数据驱动能力二级指标平均得分率雷达图

二　主要表现

（一）地方政府仍需加快开通数据开放平台，加快数据开放标准指南建设

整体上讲，仍有近 43% 的地方政府没有开通数据开放平台，且不同行政级别的地方政府的平台开通率差距较大（见表 3）。具体来说，4 个直辖市均开通了数据开放平台；65.63% 的副省级/省会城市开通了数据开放平台，与 2022 年报告相比无变化；56.48% 的其他地级行政区开通了数据开放平台。未开通数据开放平台的其他地级行政区大多分布在甘肃、陕西、宁夏、新疆、青海、西藏、云南等经济欠发达的地区。值得注意的是，吉林省与青海省无一地级行政区开通数据开放平台。与 2022 年报告相比，337 个地方政府开通数据开放平台的比例只提高了 2.67 个百分点（新增 9 个城市）。综上，我国副省级/省会城市和其他地级行政区仍需要加快开通数据开放平台步伐。

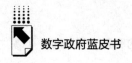

表3 不同城市类型数据开放平台开通情况

单位: 个, %

城市类型	数量	开通率
直辖市	4	100
副省级/省会城市	21	65.63
其他地级行政区	170	56.48
合计	195	57.86

在数据开放标准指南建设情况方面,337个地方政府中只有不到四成的城市(35.91%)建设了数据开放标准指南(见表4)。直辖市中只有天津市还未公开数据开放标准指南;不到一半的副省级/省会城市(15个)开放了数据开放标准指南;其他地级行政区的建设率为34.22%。公开数据开放标准指南有助于提高数据开放的透明度,引导公众使用公开数据,提升数据开放效能。当前较低的数据开放标准指南建设率说明了各地方政府特别是其他地级行政区,应该抓紧梳理本地数据开放管理要素和程序,加快标准指南的开放。

表4 不同城市类型数据开放标准指南建设情况

单位: 个, %

城市类型	数量	建设率
直辖市	3	75.00
副省级/省会城市	15	46.88
其他地级行政区	103	34.22
合计	121	35.91

以北京市为例。作为最早一批开通数据开放平台的城市之一,北京市在数据开放平台上建设的内容非常丰富和全面。如图3所示,北京市公共数据开放平台的一级栏目包括"开放数据"、"竞赛数据"、"开放计划"、"数据伙伴"、"政策动态"和"互动反馈"。在"政策动态"栏目中,北京市公共数据开放平台公布了"开放京津冀"、"北京开放"与"其他省市"相关

的数据开放法规政策，并设立专门的"标准指南"栏目公开《北京市政务数据开放服务指南》，此外还设立"咨询建议"栏目，供公众咨询政务数据开放的相关问题与反馈意见。在《北京市政务数据开放服务指南》中，北京市规定了政务数据开放服务遵循的原则、政务数据开放的服务流程等内容，发布了数据开放服务需求申请表与数据详细描述表的标准模板，使数据开放服务更加规范。

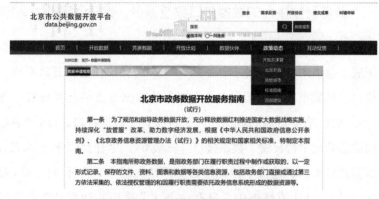

图3　北京市数据开放平台标准指南页

资料来源：https：//data. beijing. gov. cn/sjkfzxfw/index. htm。

（二）绝大部分数据开放平台建设了数据目录，数据检索能力较好

数据开放平台设置数据目录有利于平台对公开数据规整分类，便于公众对数据资源的检索、定位与获取，提升用户在平台使用过程中的便捷性和满意度。北京、上海、天津与重庆4个直辖市均建设了数据目录（见表5）。20个副省级/省会城市的数据开放平台设置了数据目录，结合前文数据可知，开通了数据开放平台的副省级/省会城市基本都设置了数据目录。其他地级行政区中建设了数据目录的有145个，占已开通数据开放平台的其他行政区的85.29%。整体来讲，已开通数据开放平台的地方政府中，绝大部分都设置了数据目录。

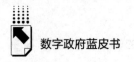

表5 不同城市类型数据目录建设情况

单位：个，%

数据应用栏目有无	直辖市		副省级/省会城市		其他地级行政区	
	数量	比例	数量	比例	数量	比例
没有	0	0	12	37.50	156	51.83
有	4	100	20	62.50	145	48.17

（三）数据开放平台的数据接口数量偏少，数据调用能力有待提升

数据接口保障政府开放数据的可机读、原始性、开放性，促进数据共享和应用集成。总体来看，不到一半（44.51%）的城市在数据开放平台上设置了数据接口。从城市类型来看，4个直辖市的数据开放平台都设置了数据接口；18个副省级/省会城市的数据开放平台设置了数据接口；128个其他地级行政区的数据开放平台设置了数据接口（见表6）。尽管大部分（76.92%）已开通的数据开放平台都建设了数据接口，但是大部分平台开放的API接口数量在200个以下。4个直辖市中，只有一个（北京市）数据开放平台开放了3000个及以上的API接口，天津市和重庆市的API接口数量在200个至1000个之间；有43.75%的副省级/省会城市所开放的API接口数量为0个，25.00%所开放的数量在0~200个；其他地级行政区中则有57.48%的开通API接口数量为0个，22.26%开放的接口数量为0~200个。综上，地方政府数据开放平台的数据接口数量总体偏少，还需不断提升数据调用能力。

表6 地方政府数据开放平台数据接口开通数量情况

单位：个，%

API接口数量	直辖市		副省级/省会城市		其他地级行政区	
	数量	比例	数量	比例	数量	比例
0个	0	0	14	43.75	173	57.48
0~200个	0	0	8	25.00	67	22.26
200~500个	1	25.00	0	0	13	4.32
500~1000个	1	25.00	0	0	13	4.32
1000~1500个	0	0	4	12.50	13	4.32

续表

API 接口数量	直辖市		副省级/省会城市		其他地级行政区	
	数量	比例	数量	比例	数量	比例
1500~2000 个	0	0	2	6.25	7	2.33
2000~3000 个	1	25.00	1	3.13	3	1.00
≥3000 个	1	25.00	3	9.38	12	3.99

以遂宁市为例（见图4）。遂宁市公共数据开放平台共设置"数据资源"与"数据服务"两个栏目可供用户调用数据。"数据资源"栏目主要是提供全站公共数据的资源目录及下载功能，"数据服务"主要提供公共数据的接口及申请功能。具体来看，在"数据服务"页下，遂宁市公共数据开放平台在页面左侧及页面顶部对全站公共数据进行了分类，供用户筛选所需的数据，例如在左侧进行了"部门信息"与"行政区划"的筛选；在页面顶部则是"开放条件"、"基础分类"与"数据领域"等分类，用户可以根据"更新时间"、"浏览量"、"申请量"与"评分"进行数据排序；在具体的数据项中，将数据归属区、服务类型与开放条件醒目地标示了出来，方便用户浏览及调用数据。

图 4　遂宁市数据开放平台的"数据服务"页

资料来源：https：//www. suining. gov. cn/data#/ResourceService。

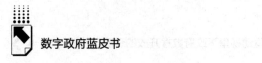

（四）数据开放平台的应用成果不足，需要增强数据应用能力

数据应用栏目设置情况。在337个城市中，仅有36.50%的城市在数据开放平台上设置了数据应用栏目（见表7）。其中，直辖市的建设率为100%，副省级/省会城市与其他地级行政区的建设率分别为50.00%和34.22%。在已开通数据开放平台中，超过六成（63.08%）都在平台上设置了数据应用栏目。其中，在21个已开通数据开放平台的副省级/省会城市中，有5个城市（南京市、福州市、合肥市、西安市、大连市）没有设置数据应用栏目；在开通数据开放平台的170个其他地级行政区中，有67个没有设置数据应用栏目。

表7　地方政府数据开放平台的数据应用栏目设置情况

单位：个，%

城市类型	数量	建设率
直辖市	4	100.00
副省级/省会城市	16	50.00
其他地级行政区	103	34.22
合计	123	36.50

数据应用公布情况。数据应用栏目的设置只是基础，数据的真正应用才是关键。目前，地方政府数据开放平台会出现"有栏目、有应用"、"有栏目、无应用"与"无栏目、无应用"三种情况（见表8）。4个直辖市的建设情况较好，既有数据应用栏目，又有具体的数据应用；副省级/省会城市中只有不到一半（46.88%）的城市既"有栏目"又"有应用"，另一半是"无栏目、无应用"；有73.09%的其他地级行政区是"无应用"的。从应用数量来看，大部分地方政府数据开放平台公布的应用数量在10个以下（见表9）。所有直辖市数据开放平台的数据应用数量均超过10个，其中北京市的数据应用数量超过了100个，是337个地方政府中最多的；65.63%的副省级/省会城市与87.38%的其他地级行政区开放的数据应用数量在10个以

下，且没有 1 个副省级/省会城市或其他地级行政区的应用数量超过 100 个。因此，地方政府需要注重发挥数据应用栏目的实际价值，激发数据应用成果创造活力，提高数据应用能力。

表8　地方政府数据开放平台数据应用公布情况

单位：个，%

应用公布情况	直辖市		副省级/省会城市		其他地级行政区	
	数量	比例	数量	比例	数量	比例
有栏目、有应用	4	100.00	15	46.88	81	26.91
有栏目、无应用	0	0.00	1	3.13	22	7.31
无栏目、无应用	0	0.00	16	50.00	198	65.78

表9　地方政府数据开放平台的数据应用数量情况

单位：个，%

数据应用数量	直辖市		副省级/省会城市		其他地级行政区	
	数量	比例	数量	比例	数量	比例
0 个	0	0.00	18	56.25	220	73.09
0~10 个	0	0.00	3	9.38	43	14.29
11~20 个	1	25.00	3	9.38	17	5.65
20~50 个	1	25.00	5	15.63	16	5.32
50~100 个	1	25.00	3	9.38	5	1.66
>100 个	1	25.00	0	0.00	0	0.00

API 接口申请情况。数据应用成果产出的关键资源在于开放数据，API 接口则是数据获取的便捷渠道。本报告发现，只有 137 个地方政府数据开放平台开放了 API 服务的在线申请（见表10），表明许多地方政府虽然提供了开放数据的目录，但是并未提供数据的 API 接口申请。此外，对于已开通数据开放平台的城市（195 个）来说，具有在线申请 API 服务的城市占比为 70.26%，并不算太高。

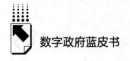

表 10　不同城市类型 API 服务的在线申请情况

单位：个，%

城市类型	数量	建设率
直辖市	4	100.00
副省级/省会城市	18	56.25
其他地级行政区	115	38.21
合计	137	40.65

以烟台市为例（见图 5）。烟台市公共数据开放平台的"数据应用"栏目公布了基于公共数据的应用成果。在"数据应用"页左侧，平台对应用所属领域进行分类，方便公共查询；在页面顶端，平台统计了基于应用类型的应用数量：截至 2023 年 9 月 23 日，烟台公共数据开放网共公布 101 个数据应用；数据应用类型则涵盖了多种目前主要的分类，包括"移动应用"、"web 应用"、"小程序"、"分析报告"、"创新方案"与"可视化应用"，用户可以根据类型筛选所需应用。此外，页面右上角为公众提供了"上传应用"的渠道，方便数据应用成果的共享。从数据应用成果的类型和数量来看，烟台市数据开放平台具有较强的数据应用能力。

图 5　烟台公共数据开放网"数据应用"栏目

资料来源：http://data.yantai.gov.cn/yantai/application/index? page=1。

（五）数据开放平台的数据安全政策保障情况较好，隐私政策还需完善

数据安全是数据开放的重要保障。本报告从地方政府数据开放平台的政策法规中是否有数据安全保障相关章节以及省级平台注册页面是否有隐私保护条款/隐私政策两方面评估数据开放平台的数据安全保障能力。在337个地方政府中，有244个的政策文件中有数据安全保障相关章节。其中，直辖市的比例为100%，副省级/省会城市的比例为84.38%，其他地级行政区的比例为70.76%（见表11）。在隐私政策建设方面，31个省级平台中有21个平台在注册过程中没有隐私政策说明，其他有隐私政策说明的省份基本在数据驱动能力得分率上排名靠前。总之，各地方政府需要尽快注意完善平台的隐私政策建设。

表11　不同城市类型数据开放平台的数据安全保障情况

单位：个，%

安全保障情况	直辖市		副省级/省会城市		其他地级行政区	
	数量	比例	数量	比例	数量	比例
没有	0	0.00	5	15.63	88	29.24
有	4	100.00	27	84.38	213	70.76

三　发现与启示

（一）加大数据开放力度，完善数据检索调用功能

数据已成为政府治理和社会发展的基础性资源以及在世界范围内获取竞争优势的战略性资源，政府建设数据开放平台的关键在于充分发挥数据的最大价值，推动数据驱动的可持续发展。根据本报告的研究结果，在337个地方政府中目前仍有34.37%的副省级/省会城市与43.52%的其他地级行政区

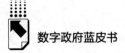

未开通数据开放平台。相较于 2022 年报告的统计结果，副省级/省会城市的数据开放平台开通率没有变化，其他地级行政区的数据开放平台开通率稍有提升，仅新增 9 个数据开放平台。对于整个社会的数据开放的需求来说，这样的开放力度远远不够，各地方政府开通数据开放平台的步伐还需进一步加快，数据开放工作需要常态化。另外，在已开通的数据开放平台中，数据检索与数据调用的功能还需要进一步完善。建设数据资源目录是数据开放的基本要求，而从报告数据来看，开通了数据开放平台的地方政府中仍有 13.33%未提供对各类公共数据的分类目录显示功能，公众不能够按照部门、主题、领域等简单的分类进行数据查找；还有 23.08%的地方政府未在数据开放平台提供公共数据的接口服务，没有满足数据可调用的要求。而数据的开放价值只有在数据被有效检索和调用时才能得到充分利用。因此，地方政府应强化数据开放的理念，提供便捷的数据搜索和访问功能，为数据开放平台配备友好的界面和强大的搜索引擎，帮助用户快速定位所需数据，并提供多样化的数据调用方式，包括 API 接口、批量下载等。

（二）鼓励应用成果创新，提升数据应用能力

开放数据本身不是目的，吸引社会各界共同参与价值创造才是政府开放数据的最终目的。公众从公共数据开放平台免费获取与利用数据，开发相关数据应用，进而激发社会创新动力。于政府而言，数据资源采集、共享和利用的一体化管理，有助于推进数据驱动下的政府治理现代化。于社会而言，政府数据开放能够为民众提供更多便利，满足公众的数据需求，从而创造巨大的公共价值。根据评估结果，在已开通了数据开放平台的地方政府中，有 63.08%设置了数据应用栏目；而在设置了数据应用栏目的平台中，还有 18.7%并未公布任何应用，出现"有栏目、无应用"的现象，并且，在公布了具体应用的平台中，应用成果的数量较少，大多在 10 个以下。数据应用可以将开放的数据资源转化为有用信息和知识，并应用于各个领域的决策和创新，在政府治理、经济发展、社会创新等方面都具有重要的价值，因此，各地方政府需要不断鼓励应用成果创新，提升数据应用能力。此外，实

现开放数据的大规模应用和价值创造，需要公众、公共部门、社会组织等主体之间的协作。一方面，加强数据质量管理，提高数据的准确性和时效性，确保数据应用的可信度和有效性；另一方面，建设专业的数据应用团队，提升数据分析与挖掘的能力，推动数据驱动的创新和应用。同时，还可以加强与高校、研究机构等的合作，共同推进数据应用技术和方法的研究与促进。比如举办数据创新应用大赛，鼓励社会各界对公共数据的创新利用，解决城市发展的相关问题。

（三）重视个人隐私保护，增强数据安全保障

数据的广泛流通和深度利用，容易导致数据通道和信道暴露，从而给数据安全带来威胁。如何平衡数据安全和数据利用之间的矛盾，防止公共数据被非法获取、篡改、泄露或者不当利用，是政府数据开放过程中亟须解决的重要问题。本报告显示，337 个地方政府中有 72.4%的数据开放政策文件包含了数据安全保障相关章节，对公共数据开放主体的数据安全管理职责进行了明确，还有 15.63%的副省级/省会城市与 29.24%的其他地级行政区没有对数据安全进行政策规制；对于隐私政策，31 个省级行政区中有 67.74%未在平台注册页面注明隐私保护条款，未涉及对个人数据收集的相关说明。在数据开放的背景下，保障个人隐私的安全对于维护公众信任和平衡数据开放的利益至关重要。地方政府在建设数据开放平台的过程中，需要将安全管理贯穿于公共数据采集、归集、清洗、共享、开放、利用和销毁的全过程，履行数据安全保护义务。一是加强法律法规的制定和执行，明确个人隐私的保护原则和责任，规范政府数据开放自由裁量权，厘清政府数据开放的范围边界和使用方式。二是建立完善的隐私保护机制，确保个人数据的合法性、正当性和安全性，采取技术手段防范个人隐私的泄露和滥用，在保护原始数据隐私性的前提下实现对数据价值挖掘和开发利用。三是加强数据管理和访问控制，确保个人数据只在法律法规范围内被收集和使用，并进行明确的目的限制，对侵犯公民合法权益的数据，应给予开放主体中止、撤回已开放数据的权利。

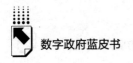
参考文献

《国务院印发〈促进大数据发展行动纲要〉》，中国政府网，http：//www. gov. cn/xinwen/2015-09/05/content_ 2925284. htm，2015 年 9 月 5 日。

《国务院印发〈政务信息资源共享管理暂行办法〉》，中国政府网，http：//www. gov. cn/xinwen/2016-09/19/content_ 5109574. htm，2016 年 6 月 19 日。

《国务院印发〈关于加强数字政府建设的指导意见〉》，中国政府网，https：//www. gov. cn/xinwen/2022-06/23/content_ 5697326. htm，2022 年 6 月 23 日。

中华人民共和国国家互联网信息办公室：《中共中央国务院印发〈数字中国建设整体布局规划〉》，http：//www. cac. gov. cn/2023-02/27/c_ 1679136694986243. htm，2023 年 2 月 27 日。

代佳欣：《英美新三国政府开放数据用户参与的经验与启示》，《图书情报工作》2021 年第 6 期。

赵龙文、张国彬、赵雪琦：《共生视角下政府开放数据应用生态系统演化研究》，《现代情报》2022 年第 5 期。

李轩：《隐私计算赋能公共数据开放的逻辑进路与风险规制》，《科学学研究》2023 年 8 月 29 日。

姚志奋、王保民：《政府数据开放的公共安全悖论及其法治策应》，《中国科技论坛》2023 年第 8 期。

区 域 篇
Regional Report

B.8
浙江省地方政府数字化服务能力
发展研究报告（2023）

冉晓暄 韩 啸*

摘 要： 信息技术正引领地方政府互联网服务模式的嬗变。近年来，浙江省
地方政府积极推进数字化政府建设，提高政务服务能力。本报告分
析总结浙江省及其下辖地级行政区政府数字化服务能力取得的进步，
提供借鉴参考。浙江省地方政府数字化服务能力平均得分为83.67
分，位居31个省份中的第四名，排名较上年报告上升1位，数字化
服务能力持续领先。下辖11个地级行政区政府数字化服务能力的评
估数据显示，浙江省82%以上的地级行政区都有不同程度的进步。
浙江省政府数字化服务能力的提升得益于以下三方面的成功实践：
一是全面构建整体性工作格局，形成纵向贯通、横向协调、执行有
力的高效执行链；二是打造一体化"互联网+政务服务"平台，提
升政务服务工作实效；三是坚持人民至上的数字政府建设价值取向，

---

* 冉晓暄，电子科技大学公共管理学院，研究方向为数字政府治理；韩啸，电子科技大学公共
管理学院副教授，研究方向为数字政府治理。

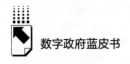
让"百姓少跑腿，数据多跑路"。

关键词： 数字政府　数字化服务能力　浙江省

一　案例背景

浙江省政府持续推进"四张清单一张网""最多跑一次""政府数字化转型""全面推进数字化改革"等一连串改革。紧扣用户体验、基层需求、改革任务，依托全省统一的"浙里办"政务服务平台，创新构建"全省统一办、网上一站办、大厅就近办、多元协同办、无感智能办"的"一网通办"浙江模式，为百姓提供了优质、普惠的数字化公共服务。数字政府的内涵及愿景设计，是"以人民为中心"理念的外在化，是使命落地程度的评估依据。[①] 为贯彻落实国务院关于加快推进"互联网+政务服务"的相关工作要求，浙江省政府印发《浙江省深化"最多跑一次"改革推进政府数字化转型工作总体方案》，以"最多跑一次"改革为总牵引，聚焦"掌上办事之省"和"掌上办公之省"建设目标，以一体化数据平台为关键支撑，通过数据共享促进业务协同，提升政府治理体系和治理能力现代化。[②] 2022 年颁布《浙江省人民政府关于深化数字政府建设的实施意见》，意见指出到 2025 年实现政府履职核心业务数字化全覆盖，到 2035 年建成"整体智治、唯实惟先"的现代政府。作为全国数字经济先发省和国家信息经济示范区，浙江将数字政府作为数字经济和数字社会的基础性工程，在全国率先建成省级政务云服务体系和政务服务"一张

---

① 何圣东、杨大鹏：《数字政府建设的内涵及路径——基于浙江"最多跑一次"改革的经验分析》，《浙江学刊》2018 年第 5 期，DOI: 10.16235/j.cnki.33-1005/c.2018.05.009。

② 《浙江省人民政府印发〈浙江省深化"最多跑一次"改革推进政府数字化转型工作总体方案〉》，2018 年 12 月 28 日，https://zjjcmspublic.oss-cn-hangzhou-zwynet-d01-a.internet.cloud.zj.gov.cn/jcms_files/jcms1/web3096/site/attach/0/0b9838a1528b44d2b59ff3ce7cf5f8a8.pdf。

网"，出台《浙江省数字化改革总体方案》，实施全国第一部公共数据和
电子政务政府规章，争创政府数字化转型先行区和示范区。2023 年 6 月，
浙江省出台《浙江省营商环境优化提升"一号改革工程"实施方案》，助
力浙江省政务服务网迭代升级（见表 1）。

表 1　浙江省提升政府数字化服务能力主要政策

序号	文件	年份
1	《浙江省保障"最多跑一次"改革规定》	2018
2	《浙江省人民政府关于印发浙江省深化"最多跑一次"改革推进政府数字化转型工作总体方案的通知》	2018
3	《浙江省人民政府办公厅关于印发浙江省建立政务服务"好差评"制度工作方案的通知》	2019
4	《浙江省人民政府办公厅关于加快推进政务服务"跨省通办""全省通办"工作的实施意见》	2020
5	《浙江省人民政府办公厅关于印发浙江省政务公开五年行动计划（2021—2025 年）的通知》	2020
6	《浙江省人民政府办公厅关于全面推进基层政务公开标准化规范化工作的实施意见》	2020
7	《浙江省人民政府办公厅关于进一步整合优化政务服务便民热线的通知》	2021
8	《浙江省人民政府关于印发浙江省数字政府建设"十四五"规划的通知》	2021
9	《浙江省人民政府关于深化数字政府建设的实施意见》	2022
10	《浙江省数字化改革总体方案》	2023
11	《浙江省营商环境优化提升"一号改革工程"实施方案》	2023

在政府数字化服务基础设施建设方面，浙江省下辖杭州市、宁波市和温
州市等 11 个地级行政区，现已实现省、市、县、乡、村五级政务服务体系
全覆盖。浙江省数字化转型以"最多跑一次"改革为总牵引，聚焦"掌上
办事之省"和"掌上办公之省"建设目标，以一体化数据平台为关键支撑，
以构建业务协同、数据共享两大模型为基本方法，打造整体协同、高效运行
的数字政府，推进政府治理体系和治理能力现代化。同时实现网上一站办、

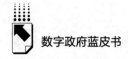
大厅就近办、基层帮你办、全省统一办，让政务服务更加泛在可及、普惠公平，助力高质量发展建设共同富裕示范区。2022年6月，作为群众企业服务的总入口"浙里办"上线8周年，实名注册用户突破8200万，日均活跃用户280万，同年8月，"浙里办"微信小程序上线运行。截至2023年6月，作为群众企业服务的总入口，"浙里办"实名注册用户量突破1亿，汇聚3638项依申请政务服务事项、2000余个便民惠企服务、"企业开办"等40件多部门联办"一件事"。①

截至2023年9月，浙江省政府开展"好差评"工作，共计为部门和地区处理2亿8309万7千余件政务服务事项，收到好评2亿8309万4千余条，差评整改率100%。为群众处理2亿6288万余件政务服务事项，收到好评2亿6277万余条，评价渠道实现线上、线下全覆盖。②"电子证照、电子签章"应用改革试点是杭州开展营商环境创新试点的重要举措之一，将有助于企业办事实现"一照通办"，有效提升政务服务便利化水平。目前，杭州在全国率先实现21个部门的251项企业办事事项凭电子营业执照"一照通办"，共计减少企业申报材料753件，精简率达41.57%。③

在政府数字化服务管理体制方面，2018年11月在浙江省委的高度重视和浙江省人大的主导下，浙江省第十三次人民代表大会常务委员会第七次会议通过《浙江省保障"最多跑一次"改革规定》。同年12月，浙江省深化"最多跑一次"改革推进政府数字化转型工作，树立"整体智治、唯实惟先"的现代政府理念，以"互联网+政务服务"为抓手，持续推进"四张清单一张网"和"最多跑一次"改革，政府数字化转型在审批服务领域率先突破，走在全国前列。2020年，浙江省省长提出要基本建成"掌上办事之省""掌上办公之省"。与此同时，浙江省提出"1212"总体，其中，"1"是一面旗帜，以"最多跑一次"改革为牵引；"2"是掌上办公、掌上办事；"1"是一个支撑——公共数据平台；"2"是两大模型——数据共享模型、

---

① 数据来源：https://www.zjzwfw.gov.cn/jpccweb/mrfz/gyzjzwfww/index.html。
② 数据来源：https://portal.zjzwfw.gov.cn/pc/portal/rate/dataOpen/#/。
③ 数据来源：https://baijiahao.baidu.com/s?id=1752266264300149725&wfr=spider&for=pc。

业务协同模型。政府数字化转型包含"四横三纵"七大体系，"四横"分别是全面覆盖政府职能的数字化业务应用体系、全省共建共享的应用支撑体系、数据资源体系、基础设施体系；"三纵"分别是政策制度体系、标准规范体系、组织保障体系。2023年6月，浙江省出台《浙江省营商环境优化提升"一号改革工程"实施方案》，进一步优化调整涉企监督检查事项，推动实施跨部门综合监管，加快"双随机、一公开"监管提质拓面，实现"进一次门、查多项事"，进一步推动企业"最多跑一次"改革工作，助力营商环境优化提升、浙江政务服务网迭代升级。总体来看，浙江省的政府数字化转型在全国已经形成较为明显的先发优势。

二　案例分析

本次全国地方政府数字化服务能力评估使用三级指标体系，包括4项一级指标、9项二级指标以及24项三级指标。采集浙江省下辖的杭州市、宁波市和温州市等11个地级行政区的相关数据。在此基础上，对浙江省11个地级行政区的各项指标得分以及总得分进行计算和比较分析，进而评估浙江省地方政府数字化服务能力的发展状况。

（一）浙江省地方政府数字化服务能力分析

本次评估数据显示，浙江省下辖的11个地级行政区数字化服务能力得分排名位居全国前10%（本次评估共计337个样本，包括地级行政区和直辖市）。浙江省11个地级行政区中有3个（温州市、湖州市、宁波市）排名分布在全国前10名，浙江省各地级行政区政府数字化服务能力在全国处于相对领先水平。2022年报告中，浙江省各地级行政区排名处于全国前30%，2023年报告中浙江省各地级行政区均排名全国前10%（见表2）。通过与2022年报告的排名分布情况对比，发现浙江省各地级行政区数字化服务能力仍处于相对领先水平，且全省80%以上的地级行政区在排名领先的基础上都有不同程度的进步。

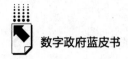

表2　浙江省地方政府数字化服务能力排名年度对比

地级行政区	2022年报告排名	2023年报告排名	2023年较2022年排名变化
杭州市	28	20	↑8
湖州市	23	7	↑16
嘉兴市	9	19	↓10
绍兴市	5	13	↓8
舟山市	94	25	↑69
宁波市	16	9	↑7
金华市	57	11	↑46
衢州市	86	21	↑65
台州市	74	16	↑58
丽水市	44	12	↑32
温州市	69	6	↑63

从往年对比来看，浙江省各地级行政区政府数字化服务能力取得了明显进步。相比2022年报告而言，2023年报告中浙江省11个地级行政区中9个地级行政区全国排名均有不同程度的上升，浙江省全部地级行政区排名位于全国前10%。舟山市的排名与2022年报告相比上升最为显著，从2022年报告总得分全国第94名上升到第25名，提升幅度高达69位。衢州市、温州市、台州市、金华市全国排名上升幅度较大，分别上升65位、63位、58位、46位。嘉兴市、绍兴市的位次与2022年报告相比有一定降低。整体而言，浙江省各地级行政区政府数字化服务能力发展处于全国领先态势，且持续向好。

从省级层面以往对比来看，浙江省整体的政府数字化服务能力持续领先。2022年报告中，浙江省地方政府互联网服务能力平均总得分为82.21分，位居参评31个省份的第5名。2023年报告中，浙江省地方政府数字化服务能力平均总得分为83.67分，位居参评31个省份中的第4名。相较于2022年报告，浙江省地方政府数字化服务能力平均得分及全国排名持续领先，全国排名上升1位。2022年报告中，浙江省地方政府互联网服务能力低于第一名省份9.62分，2023年报告中这一差距缩小为6.22分。浙江省在本次评估的31个省份中，成为地方政府数字化服务能力平均得分 80 分以上的 4 个省份之一。浙江省地方政府数字化服务水平位于全国前列，持续领先。

如表 3 所示，浙江省 11 个地级行政区政府数字化服务供给能力、服务响应能力、服务智慧能力和数据驱动能力各项平均得分分别为 33.87 分、24.10 分、16.09 分和 9.62 分。其中，数据驱动能力的得分率最高为 97.30%。与全国平均水平相比，浙江省地方政府数字化服务供给能力、服务响应能力、服务智慧能力和数据驱动能力均较高。与上年三项指标平均得分相比，浙江省 11 个地级行政区政府服务供给能力全国排名下降 1 名，服务响应能力和服务智慧能力全国排名均上升 1 名，整体来看服务能力有所提升。从变异系数来看，较小的变异系数表明浙江省 11 个地级行政区之间政府数字化服务供给能力、服务响应能力、服务智慧能力和数据驱动能力的发展较为均衡。2022 年报告中，浙江省地方政府数字化服务响应能力的标准差为 2.16，变异系数为 6.47%；服务智慧能力的标准差为 1.58，变异系数为 9.56%，表明通过一年的建设发展，浙江省地方政府数字化服务响应能力、服务智慧能力的发展更为均衡。

表 3　浙江省地方政府数字化服务能力一级指标得分、得分率

单位：分，%

一级指标	全国平均值	全国平均得分率	浙江省平均值	浙江省平均得分率	标准差	变异系数
服务供给能力	30.94	72.63	33.87	84.90	0.45	1.34
服务响应能力	21.91	72.83	24.10	81.90	0.47	1.98
服务智慧能力	11.82	59.20	16.09	81.40	0.67	4.18
数据驱动能力	4.04	40.70	9.62	97.30	0.26	2.71

（二）浙江省地方政府数字化服务供给能力分析

本次评估数据显示，浙江省 11 个地级行政区政府数字化服务供给能力平均得分为 33.87 分，在本次评估的 31 个省份中位居第五名。与 2022 年浙江省政府互联网服务供给能力平均得分 32.20 分相比，2023 年浙江省地方

政府数字化服务供给能力平均得分增加了 1.67 分，排名下降 1 名，11 个地级行政区地方政府数字化服务供给能力排名均位于全国前 80 名，整体趋势略有下降。在本次评估中，宁波市政府数字化服务供给能力排名相较于 2022 年报告上升 52 位，跃居全国第 39 名，排在全国前列。衢州市、温州市、舟山市政府数字化服务供给能力全国排名也有突破式提升，分别位列全国第 67、34、41 名。绍兴市、台州市、杭州市、金华市地方政府数字化服务供给能力排名有所下降（见表 4）。通过与 2022 年报告对比，发现浙江省部分地级行政区地方政府数字化服务供给能力有所下降，但浙江省总体地方政府数字化服务供给能力位于全国前列。

表 4　浙江省地方政府数字化服务供给能力得分情况

单位：分，%

地级行政区	2022 年得分	2023 年得分	2023 年得分率	2022 年全国排名	2023 年全国排名	2023 年较 2022 年排名变化
杭州市	33.47	33.70	83.63	24	59	↓35
湖州市	32.33	34.33	86.76	43	38	↑5
嘉兴市	32.47	34.10	85.94	53	46	↑7
绍兴市	32.61	33.50	83.44	46	66	↓20
舟山市	31.41	34.20	86.31	88	41	↑47
宁波市	31.36	34.31	86.69	91	39	↑52
金华市	32.24	33.69	84.49	57	60	↓3
衢州市	31.55	33.50	83.44	83	67	↑16
台州市	32.22	32.97	81.56	59	78	↓19
丽水市	32.15	33.80	84.69	63	56	↑7
温州市	32.35	34.46	87.19	54	34	↑20

就本次评估中浙江省地方政府数字化服务供给能力的二级指标（规范供给能力、平台供给能力、融合供给能力）得分和排名结果而言，浙江省 11 个地级行政区在规范供给能力、平台供给能力、融合供给能力平均得分率分别为 79.61%、94.91%、83.58%。与全国平均得分率相比，浙江省地方政府数字化规范供给能力、平台供给能力、融合供给能力平均得分率均较高。

　　在规范供给能力方面，杭州市得分在浙江省内处于领先水平，在全国排名第 73 名。在平台供给能力方面，湖州市、嘉兴市、舟山市、宁波市、台州市、温州市得分均处于全国领先水平；浙江省在全国排名第 2 名，在平台供给能力方面处于领先优势。在融合供给能力方面，浙江省 9 个地级行政区位列全国前 30%。

表 5　浙江省地方政府数字化服务供给能力二级指标得分、得分率

单位：分，%

地级行政区	规范供给能力		平台供给能力		融合供给能力	
	得分	得分率	得分	得分率	得分	得分率
杭州市	9.88	83.13	10.92	84.00	12.9	83.87
湖州市	9.61	81.50	11.82	99.00	12.9	83.87
嘉兴市	9.37	79.30	11.82	99.00	12.9	83.87
绍兴市	9.37	79.30	11.22	89.00	12.9	83.87
舟山市	9.48	80.30	11.82	99.00	12.9	83.87
宁波市	9.59	81.30	11.82	99.00	12.9	83.87
金华市	9.37	79.30	11.52	94.00	12.8	83.33
衢州市	9.37	79.30	11.22	89.00	12.9	83.87
台州市	8.76	70.30	11.82	99.00	12.39	81.20
丽水市	9.37	79.30	11.52	94.00	12.9	83.87
温州市	9.73	82.63	11.82	99.00	12.9	83.87

　　根据上面分析可知，湖州市在浙江省地方政府数字化服务供给能力中表现较为突出（见图 1）。湖州市地方政府在数字化服务供给能力这个项目上得 34.33 分，居浙江省内第二、全国第 38 名，较全国数字化服务供给能力平均分数高出 3.39 分。湖州市政务服务网首页涵盖一网通办、个人服务、法人服务、部门服务、服务清单和"好差评"等板块（见图 2），方便群众和企业线上快捷办理业务。

　　在规范供给能力方面，湖州市政务服务网"服务清单"专栏涵盖政务服务清单、收费清单、中介清单和其他清单 4 个板块，下设 13 个部分（图 3 部分展示），清单内容详细，办理流程规范。平台供给能力方面，湖州市实现全域全能"一网通办"，通办事项 3329 个。湖州市政务服务网站开展

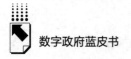
数字政府蓝皮书

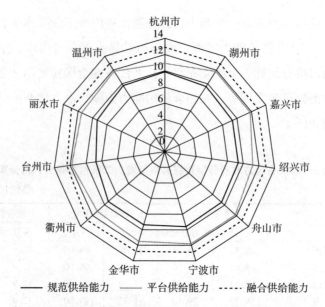

图1 浙江省地方政府数字化服务供给能力二级指标得分雷达图

"好差评"工作，总办件数834万条，差评87条，按期整改率100%。湖州市开展"一件事一次办"主题集成服务，分热门一件事联办、个人一件事联办、法人一件事联办和企业一站式通办4个板块（见图4），下设300余

图2 湖州市政务服务网

资料来源：https：//www.zjzwfw.gov.cn/zjservice/front/index/page.do？webId=48。

个办理事项，通过整合平台，多渠道为公众提供政务服务。融合供给能力方面，湖州市整合市级 56 个部门，实现跨部门协同，网上一站式办理（见图 5）。并统一湖州市 4 个区的业务办理通道，实现跨区基层帮办服务（见图 6）。

图 3　湖州市政务服务网"服务清单"页面

资料来源：https：//www.zjzwfw.gov.cn/zjservice/item/ygzw/detail.do？webId=48。

图 4　湖州市"一件事一次办"主题集成服务

资料来源：https：//www.zjzwfw.gov.cn/zjservice/ztjcfw/page.do？webId=48。

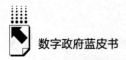

数字政府蓝皮书

图5 浙江政务服务网"一网通办"整合湖州市级部门服务

资料来源：https：//www.zjzwfw.gov.cn/zjservice/front/index/page.do？webI
d=48#。

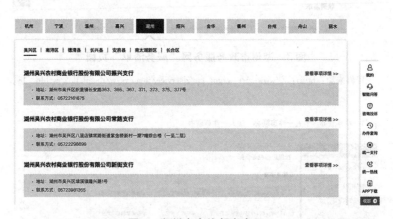

图6 湖州市在线帮办专区

资料来源：https：//www.zjzwfw.gov.cn/zjservice/zxbb/zxbb.do？webId=48
&jurisCode=330501。

（三）浙江省地方政府数字化服务响应能力分析

本次评估的数据显示，浙江省地方政府数字化服务响应能力平均得分为
24.10分，在参与评估的31个省份中位列第10名。与2022年报告相比，浙江
省地方政府数字化服务供给能力全国排名上升1位。浙江省11个地级行政区

地方政府数字化服务响应能力均高于全国平均水平。相较 2022 年报告，温州市和金华市政府数字化服务响应能力得分排名均有大幅度提升，分别上升 178 名和 70 名。浙江省 5 个地级行政区全国排名有不同幅度的下降，其中宁波市、绍兴市下降幅度较大，分别下降 52 位、19 位（见表 6）。浙江省参评的 11 个地级行政区政府数字化服务响应能力发展参差不齐，还需进一步补齐短板。

表 6　浙江省地方政府数字化服务响应能力得分、得分率

单位：分，%

地级行政区	2022 年得分	2023 年得分	2023 年得分率	2022 年全国排名	2023 年全国排名	2023 年较2022 年排名变化
杭州市	33.82	24.22	82.74	97	84	↑13
湖州市	34.24	24.36	83.43	86	77	↑9
嘉兴市	36.15	24.97	85.33	48	56	↓8
绍兴市	35.81	24.36	83.43	59	78	↓19
舟山市	32.34	23.52	79.31	139	117	↑22
宁波市	35.96	23.76	80.67	57	109	↓52
金华市	31.91	24.18	81.60	156	86	↑70
衢州市	33.21	23.28	79.43	109	124	↓15
台州市	32.35	23.95	80.96	138	100	↑38
丽水市	32.95	23.95	80.96	120	101	↑19
温州市	28.79	24.55	83.71	249	71	↑178

　　根据本次评估的浙江省地方政府数字化服务响应能力的二级指标得分和排名结果，浙江省 11 个地级行政区服务感知能力、服务受理能力、服务回应能力平均得分率分别为 84.8%、64.2%、91.9%，服务受理能力低于全国平均水平。如表 7、图 7 所示，在服务感知能力方面，浙江省 11 个地级行政区得分均位于全国排名后 10%。在服务受理能力方面，浙江省 11 个地级行政区得分均低于全国平均水平。在服务回应能力方面，湖州市、宁波市、杭州市、绍兴市和衢州市位居全国前 10%，且某一项指标得分突出，另两项指标得分居于弱势，未来需要补齐短板。总体而言，浙江省地方政府数字化服务响应能力处于相对落后水平，特别是服务受理能力与全国平均水平差距较大，服务回应能力表现较好。

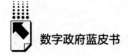
表7 浙江省地方政府数字化服务响应能力二级指标得分、得分率

单位：分，%

地级行政区	服务感知能力		服务受理能力		服务回应能力	
	得分	得分率	得分	得分率	得分	得分率
杭州市	5.26	87.60	7.44	62.00	11.52	93.33
湖州市	5.40	90.00	7.44	62.00	11.52	93.33
嘉兴市	5.70	95.00	8.04	67.00	11.23	91.33
绍兴市	5.40	90.00	7.44	62.00	11.52	93.33
舟山市	4.66	77.60	7.92	66.00	10.94	89.33
宁波市	4.80	80.00	7.44	62.00	11.52	93.33
金华市	4.96	82.60	8.28	69.00	10.94	89.33
衢州市	4.80	80.00	6.96	58.00	11.52	93.33
台州市	4.80	80.00	7.92	66.00	11.23	91.33
丽水市	4.80	80.00	7.92	66.00	11.23	91.33
温州市	5.40	90.00	7.92	66.00	11.23	91.33

浙江省地方政府数字化服务响应能力中，温州市排名上升幅度最大，以下选取温州市进行案例分析。

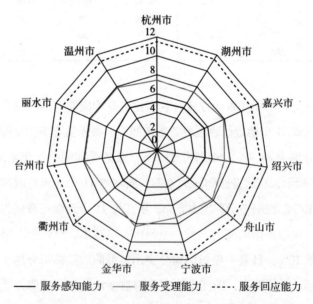

图7 浙江省地方政府数字化服务响应能力二级指标得分雷达图

在服务感知能力方面，温州市聚焦品牌建设，持续迭代升级，打造"一图一播一厅一报"政务公开服务矩阵，即"一图"——政务公开服务地图；"一播"——"政 Ai 播"政策解读，"一厅"——"视政厅"网络直播；"一报"——《公报快讯》。温州市始终把政策宣传解读作为深化公开价值、创新亮点举措的有效抓手，重点围绕数字政府建设和"政策进万企万家"主题，打好温州政策宣传解读的组合拳。目前已制作发布短视频 12 部，全网阅读量 5.6 万人次，开展各类线下活动 18 场，参与人次 1.1 万人次。利用惠企政策"直通车"、利民补助"一键达"数改应用，通过系统集成、数据共享、服管融合、制度创新，实现"企业群众找政策"向"政策找企业群众"转变，回应社会关切，以政务公开平台建设、体系建设、品牌建设，实现政府公信力和群众满意度双提升。①

在服务受理和服务回应能力方面，温州市人民政府办公室发布年度相关单位负责人接听 12345 政务服务热线和进行网络在线交流的通知，制定温州市相关单位负责人接听 12345 热线时间安排表。温州市纪委监委还注重突出靶向治理，坚持"开门抓整治"，通过设立"漠视侵害群众利益问题专项治理"12345 专线，提高群众参与度，进一步提升漠视专项治理工作精准度和时效性。截至目前，共受理群众关于漠视侵害群众利益问题 2264 件，交办1757 起，办结 1453 件。②

（四）浙江省地方政府数字化服务智慧能力分析

本次评估数据显示，浙江省地方政府数字化服务智慧能力平均得分为 16.09 分，在参评的 31 个省份中位居第三，高于全国地方政府数字化

---

① 《数字有温度服务零距离，全力打造温州政务公开新场景》，http：//www.linan.gov.cn/art/2023/6/27/art_ 1229355032_ 59101738.html。

② 《温州：持续深化漠视侵害群众利益问题专项治理》，https：//mp.weixin.qq.com/s?＿＿biz＝MjM5MTIyMTY3MA＝＝&mid＝2655873684&idx＝1&sn＝0ff5a9df44c7ed37e50d000555c7a55f&chksm＝bd01185d8a76914b9f5d37892b015a6158fb8361b9b0d7b267bfd2e28eaf66c9e20abed50225&scene＝27。

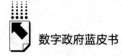

服务智慧能力平均得分 4. 27 分。与 2022 年报告相比，浙江省地方政府数字化服务智慧能力全国排名上升 1 位。2023 年浙江省 11 个地级行政区政府数字化服务智慧能力排名均位于全国前 16%，比 2022 年增加 3 个，数字化服务智慧能力遥遥领先。衢州市、台州市、舟山市全国排名进步较大，分别提升 102 位、63 位、51 位（见表 8）。通过与 2022 年报告对比，发现浙江省地方政府数字化服务智慧能力取得了很大进步，发展水平较高。

表 8　浙江省地方政府数字化服务智慧能力得分情况

单位：分，%

地级行政区	2022 年得分	2023 年得分	2023 年得分率	2022 年全国排名	2023 年全国排名	2023 年较2022 年排名变化
杭州市	16. 43	15. 04	77. 00	33	52	↓19
湖州市	17. 51	16. 48	83. 00	17	15	↑2
嘉兴市	17. 45	15. 04	77. 00	18	53	↓35
绍兴市	18. 05	16. 48	83. 00	3	16	↓13
舟山市	14. 37	15. 04	77. 00	105	54	↑51
宁波市	17. 81	16. 48	83. 00	12	17	↓5
金华市	16. 46	16. 48	83. 00	29	18	↑11
衢州市	13. 79	16. 48	83. 00	121	19	↑102
台州市	14. 09	16. 48	83. 00	83	20	↑63
丽水市	16. 69	16. 48	83. 00	25	21	↑4
温州市	18. 54	16. 48	83. 00	2	22	↓20

就本次评估的地方政府数字化服务智慧能力的二级指标得分结果而言，如表 9、图 8 所示，浙江省 11 个地级行政区得分均高于全国平均水平，智能交互能力和智能定制能力平均得分率分别为 82. 73% 和 80%，与全国平均得分率相比，浙江省均高于全国平均水平。总体而言，浙江省服务智慧能力各地级行政区发展较为均衡，且发展水平较高。

表9 浙江省地方政府数字化服务智慧能力二级指标得分、得分率

单位：分，%

地级行政区	智能交互能力		智能定制能力	
	得分	得分率	得分	得分率
杭州市	8.88	74.00	6.16	80.00
湖州市	10.32	86.00	6.16	80.00
嘉兴市	8.88	74.00	6.16	80.00
绍兴市	10.32	86.00	6.16	80.00
舟山市	8.88	74.00	6.16	80.00
宁波市	10.32	86.00	6.16	80.00
金华市	10.32	86.00	6.16	80.00
衢州市	10.32	86.00	6.16	80.00
台州市	10.32	86.00	6.16	80.00
丽水市	10.32	86.00	6.16	80.00
温州市	10.32	86.00	6.16	80.00

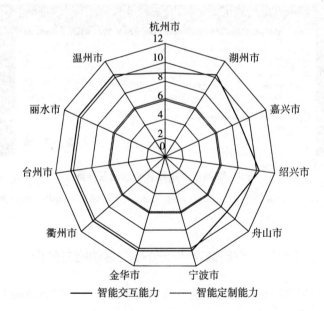

图8 浙江省地方政府数字化服务智慧能力二级指标得分雷达图

衢州市政府数字化服务智慧能力得分排名上升102位，跃居全国第19名，位列浙江省第一。在智能交互能力与个性化服务能力方面，衢州市政府

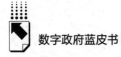

网站设置智能搜索功能，可分类搜索结果，根据搜索量和频次推荐关键词，搜索界面可按照部门、区（市）县进行搜索范围选择，提供便捷的网页检索服务。衢州市政府门户网站在首页显著位置设置了政务 APP 渠道，实现跨移动终端操作。设置"无障碍版本"，通过读屏专用、语速调整、更改配色、放大字幕、鼠标样式、添加辅助线等多种形式提供无障碍服务。开设人工智能问答功能，在业务导航与常用工具板块设置常见问题二次分类。在"关怀模式"下，衢州市政府门户网站提供操作步骤指引，开启放大字体页面，为老年人提供贴心的政务服务，同时在政府门户网站首页设置天气预报温馨提示，实现个性化网站定制功能（见图9）。

图9　衢州市办事服务智能问答界面

资料来源：https：//www.zjzwfw.gov.cn/jfaqfront_ robot/index.html？webid=71#/。

（五）浙江省地方政府数字化服务数据驱动能力分析

本次评估数据显示，浙江省地方政府数字化服务数据驱动能力平均得分为9.62分，在参评的31个省份中居第一位，得分高于全国地方政府数字化服务数据驱动能力平均得分5.58分。浙江省11个地级行政区中有10个位列全国前10名。杭州市地方政府数字化服务数据驱动能力得分为满分（见表10、图10）。浙江省地方政府数字化服务数据驱动能力发展水平最高，处于断层领先。

表 10 2023 年浙江省地方政府数字化服务数字驱动能力得分情况

单位：分，%

地级行政区	得分	得分率	全国排名
杭州市	10	100	1
湖州市	9.64	97.6	4
嘉兴市	9.02	91.8	27
绍兴市	9.52	96.8	7
舟山市	9.52	96.8	8
宁波市	9.52	96.8	9
金华市	9.52	96.8	10
衢州市	9.64	97.6	5
台州市	9.88	99.2	2
丽水市	9.64	97.6	6
温州市	9.88	99.2	3

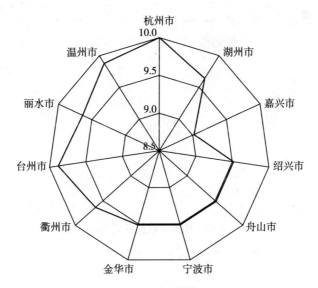

图 10 浙江省地方政府数字化服务数字驱动能力二级指标得分雷达图

杭州市政府数字化服务数字驱动能力得分为满分 10 分，居全国榜首，位列浙江省第一。在数字驱动能力方面，杭州市建立数据开放平台，设置应用场景、领域分类、部门分类、区县分类四个板块（见图 11），下设 100 个

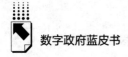
数据分类项目。截至目前,累计开放数据 94 亿 7832 余万条,累计用户访问量达 380 余万次,累计下载调用量达 1310 余万次,分别接入区县、部门 14 个、59 个,开放数据集 3926 个,开放 API 3969 个,数据项 50276 个。浙江省坚持以"需求导向、统一标准、安全可控"为理念开发建设数据开放平台,探索研究分级分类开放模式,推进多元主体合作交流,营造良好数据开放社会氛围,有序释放公共数据的社会价值和市场价值。

杭州以浙江数据开放创新应用大赛、贯彻落实《浙江省公共数据条例》为契机,以"助力改革·赋能创新·智绘未来"为主题,依托浙江省一体化智能化公共数据平台,加快推进公共数据资源深度开发利用。同时,积极鼓励企业、社会组织和个人参与数据价值挖掘和应用创新,促进数据要素高效流通,充分释放数据"红利",赋能经济社会高质量发展,助力"两个先行"。

图 11　杭州市数据开放平台

资料来源:https://data.hangzhou.gov.cn/dop/。

三　案例启示

浙江省大力推进数字化转型工作,政府数字化服务能力持续位居全国前列。浙江省的经验做法能为全国提供很好的榜样标杆和借鉴启示。

（一）全面构建整体性工作格局

浙江在持续深化数字政府建设中，积极推动政务服务工作与数字政府建设同部署、同推进，省域政务服务工作机制日趋完备。先后印发了《浙江省保障"最多跑一次"改革规定》《浙江省政务公开五年行动计划（2021—2025年）》《浙江省人民政府办公厅关于全面推进基层政务公开标准化规范化工作的实施意见》《浙江省数字政府建设"十四五"规划》《浙江省人民政府关于深化数字政府建设的实施意见》《浙江省营商环境优化提升"一号改革工程"实施方案》等一系列配套文件，先后出台了《浙江省人民政府办公厅关于加快推进政务服务"跨省通办""全省通办"工作的实施意见》《浙江省建立政务服务"好差评"制度工作方案》等数字政府建设工作条例办法，明确数字政府建设工作各阶段的发展目标、指导原则、重点任务和实施步骤，每项工作落实落细到各部门各市区，为全省深入推进数字政府建设工作提供政策规范保障。全省各级建立"一把手"亲自抓数字化改革的责任落实机制，省、市、县（市、区）成立数字化改革领导小组，党委书记担任组长，形成纵向贯通、横向协调、执行有力的高效执行链。

（二）打造一体化"互联网+政务服务"平台

第一，顶层设计，着力打造全省一体化的网上政府。在前端打造建设集约、服务集聚的网上"政务超市"，以用户需求为导向，建立标准化服务体系，在此基础上大力推进平台向基层延伸，基本实现基层便民服务平台"一张网"。在后台打造数据集中、管理集成的"智慧政府"，建设省市县一体化的信息资源共享平台，推动网上政务服务精细化、个性化，建设协同信息平台，构建"无缝隙"的政府监管和协同治理体系。

第二，深化应用，不断提升网上政务服务工作实效。推进行政权力事项的规范比对和动态管理与全省行政审批等权力事项"一站式"办理。拓展网上便民服务功能，通过"一张网"全口径汇聚网上服务资源，搭建全省

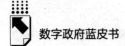

一体化的移动端应用汇聚平台。推动"数字审批"改革和"一件事"集成改革,实现全领域政务服务一网通办、掌上通办。推进"无证明化"改革深化扩面,制定发布政务服务事项清单,推动政务服务事项异地办理、跨省通办。不断深化阳光政务建设,全面公开行政审批和行政处罚结果信息,动态公布重点领域信息,推进决策公开、过程公开、结果公开。

第三,创新引领,积极探索"互联网+政务服务"发展模式。坚持全省"一盘棋",建立省、市、县三级联动协同机制,紧扣跨区域重大改革任务,打破行政区域界限和条块阻隔,强化资源整合共享,加强常态化分工协作,形成破解深层次体制机制障碍的工作合力。以数字化的思维、理念、方法、手段,聚焦聚力急用先行、实战实效,在改革的全面贯通、综合集成、建章立制上下功夫,充分发挥数字化改革的放大、叠加、倍增作用,提升系统监测、预测和战略能级管理水平。①

(三)坚持人民至上的数字政府建设价值取向

第一,以"一件事"为突破口,推动公共服务事项统一平台化。实现"一网通办、一证通办、全域通办"。有效整合跨部门事务的行政流程,推进跨部门信息的共享互认,极大减少群众提交审批材料的数量。以"浙里办"一体化在线服务平台为抓手,依托省、市、县、乡、村五级联动,开创平台化政务服务新模式,让"百姓少跑腿,数据多跑路"。全面提升政府建设水平,推进政务公开,深化重点领域公开,强化各类规划信息、重大建设项目信息公开,制定并发布公共服务事项清单。强化政策解读回应,做好政策发布解读,及时对群众的诉求问题做出反馈。

第二,以应用场景为切入口,增强数字政府建设群众获得感。从解决群众关切的痛点难点堵点问题出发设计应用场景,更为精准地抓取和分析群众的需求和期盼,更好地实现建设成效由群众获得感和满意度来评判。通过

---

① 《浙江省文旅厅的"一号改革工程"怎么抓》,https://www.sohu.com/a/659822219_12110 6832。

"小切口大场景"，围绕区域发展、创新能力、营商环境等方面，使复杂改革变成简单具体可执行的任务，同时设定可量化、细化、具体化的数据指标，让建设成效看得见、摸得着、感受得到。

第三，以数字化为手段，提供更为精准的公共服务。浙江以数字化改革促进各领域公共服务的提供从"政府端"供给转变为"需求端"主导，用数字化、智能化手段充分发挥政府在基本公共服务供给保障中的关键作用，同时更好满足民众个性化需求，让公共服务体系变得更为精准、公平和高效。[1]

参考文献

刘淑春：《数字政府战略意蕴、技术构架与路径设计——基于浙江改革的实践与探索》，《中国行政管理》2018 年第 9 期。

王伟玲：《我国数字政府顶层设计的理念辨析与实践指向》，《行政管理改革》2021 年第 6 期。

王灿友、姜韩：《基于政策工具与 LDA 模型的我国省级数字政府建设政策文本分析》，《科学与管理》2022 年第 1 期。

杜健航：《政府数字化转型下基层干部行动策略研究——基于数字素养全球框架研究》，《经济研究导刊》2021 年第 25 期。

---

[1] 《学习有理丨加强数字政府建设的浙江探索》，https：//baijiahao.baidu.com/s？id＝17318 60380280860568&wfr＝spider&for＝pc。

B.9
安徽省地方政府数字化服务能力
研究报告（2023）

杨三 周笛 任俊杰*

摘 要： 随着信息技术的快速发展，地方政府数字化服务模式也在循序迭代、逐步优化。近年来，安徽省持续推进数字政府建设工作，切实提升本地政府数字化服务能力。本报告分析安徽省及其下辖地级行政区2023年政府数字化服务能力，报告数据显示，安徽省地方政府数字化服务能力平均总得分为79.13分，在31个省份中位居第五名。下辖16个地级行政区政府数字化服务能力的评估数据显示，淮北市、亳州市、蚌埠市、六安市、芜湖市和宣城市政府数字化服务能力得分排名位居全国领先行列。安徽省地方政府较高水平的数字化服务能力得益于以下三方面的实践：一是强化顶层设计，通过统筹规划，推动基础设施、数据资源和共性应用支撑体系集约化、一体化建设，为数字政府建设夯实基础；二是坚持应用导向，以人为本，为群众和企业提供便利服务；三是创新体制机制，有效引领政府数字化转型。

关键词： 数字化服务能力 "一件事一次办" 安徽省

一 案例背景

安徽省下辖合肥市、淮北市等16个地级市45个市辖区，在政府数字化

---

* 杨三，电子科技大学公共管理学院，研究方向为数字政府治理；周笛，电子科技大学公共管理学院，研究方向为数字政府治理；任俊杰，电子科技大学公共管理学院，研究方向为数字政府治理。

转型、智慧政府建设发展过程中，安徽省以数字政府建设为导向，积极贯彻落实国家政策方针，以国家相关部署为指导，紧紧围绕"数字中国"重要战略，逐步优化数字化服务平台，推动政务数据共享、部门间协同服务。近年来，安徽省持续推动政府数字化服务能力建设，积极落实"云网"基础设施建设，努力建成电子政务外网"一张网"、江淮大数据中心、"皖事通办"平台，形成创新政务应用体系。其中，安徽省依托全省统一的政务服务平台——"皖事通办"，实现了省、市、县三级政务服务平台互联互通，让民众足不出户就能"一网通办""一件事一次办"。安徽省围绕"数字化改革"重要战略，在政府信息化建设与数字政府建设等工作中成效显著。回顾安徽省数字政府建设发展历程，可以发现不同阶段均呈现包容演进的发展趋势。

2016年8月，安徽省发布了《安徽省人民政府办公厅关于推进"互联网+政务服务"做好信息惠民工作的通知》。[1] 该通知明确提出了合肥、芜湖、阜阳3个试点市人民政府要高度重视"互联网+政务服务"工作，科学制订推进方案，及时总结成功经验和创新做法，适时在全省范围内推广。为进一步推进"互联网+政务服务"工作，安徽省于2017年2月发布了《安徽省加快推进"互联网+政务服务"工作方案》，[2] 旨在为企业和群众提供"一张网"的政府服务。该方案明确提出：在2017年底前，建成省级一体化网上政务服务平台；在2018年底前，建成市级一体化网上政务服务平台，省、市平台互联互通；在2020年底前，实现互联网与政务服务深度融合，建成覆盖全省的整体联动、部门协同、入口统一、一网办理的"互联网+政务服务"体系。同时梳理三大主要重点任务：①优化再造政务服务，便利群众网上办事；②融合升级平台渠道，提供多样化便利化服务；③夯实支撑基础，完善配套措施。

---

[1] 《安徽省人民政府办公厅关于推进"互联网+政务服务"做好信息惠民工作的通知》，https：//www.ah.gov.cn/public/1681/7944021.html。

[2] 《安徽省加快推进"互联网+政务服务"工作方案》，https：//www.ah.gov.cn/public/1681/564225811.html。

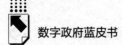

为进一步深化"互联网+政务服务",安徽省于 2018 年 8 月发布《进一步深化"互联网+政务服务"推进政务服务"一网、一门、一次"改革行动方案》,① 针对"一网通办",提出在 2018 年 11 月底前,各类政务服务事项全部纳入全省一体化网上政务服务平台办理,做到企业和群众办事"一证通用、一次登录、全网通办";针对"只进一扇门",对政务服务事项进驻服务中心比例及全省各级政务服务中心实现"一窗"分类受理事项提出要求,实现变"多窗"为"一窗",推行"前台综合受理、后台分类审批、综合窗口出件"工作模式;针对"最多跑一次",提出 2018 年 11 月底前,进驻各级政务服务中心事项要实现"最多跑一次、一次就办成"。

2020 年 10 月,安徽省发布《安徽省"数字政府"建设规划(2020—2025 年)》,② 明确提出安徽省"数字政府""11171"整体架构,包含:一套基础,统筹建设"云网"共性基础支撑能力,打造全省统一的政务"一朵云",形成覆盖全省电子政务外网"一张网";一个中心,建设江淮大数据中心,为数字政府建设提供数据支撑;一个平台,全面创新升级"皖事通办"平台,支撑政府服务管理数字化运行,实现政府一个平台"推服务"、群众一个平台"找政府";七类应用,依托"皖事通办"平台,构建服务行政办公、经济调节等七类政务应用体系;一个通道,安徽省"数字政府"以"皖事通办"平台作为统一通道接入全国一体化政务服务平台,实现与国家各部委、各专项领域国家重点信息系统以及各省市之间的信息共享和业务协同。

为了高标准建设数字政府,全面提升政府治理能力,促使民众获得感持续提升,安徽省于 2022 年发布了《安徽省加快推进"一件事一次办"打造政务服务升级版工作实施方案》,③ 该方案针对政府数字化服务提出了到

① 《进一步深化"互联网+政务服务"推进政务服务"一网、一门、一次"改革行动方案》,https://www.ah.gov.cn/public/1681/564225821.html。
② 《安徽省"数字政府"建设规划(2020—2025 年)》,https://www.ah.gov.cn/public/1681/553919201.html。
③ 《安徽省加快推进"一件事一次办"打造政务服务升级版工作实施方案》,https://www.ah.gov.cn/public/1681/554198161.html。

2022 年底前完成国务院办公厅明确的企业、个人政务服务"一件事一次办"事项基础清单（2022 年版）任务及安徽省拓展的 37 个"一件事一次办"事项（共 50 个）；启动 23 个"一件事一次办"事项（2023 年 6 月底前完成）；2023~2024 年，结合迭代升级和探索创新，每年完成不少于 50 个"一件事一次办"事项；2025 年底前，"一件事一次办"事项范围进一步扩大，服务领域进一步拓展，形成"皖事通""皖企通"前端受理、"皖政通"后端办理的"前店后厂"模式，持续打造政务服务升级版，更好满足企业和群众办事需求。安徽省近年来紧紧围绕数字化赋能政务服务，着力发挥大数据资源优势，从政府数字化服务基础设施建设到政府数字化服务管理体制方面均为其他地区发展"数字化政务服务"提供了良好的经验。

二　案例分析

本次全国地方政府数字化服务能力评估使用三级指标体系，包括 4 项一级指标、9 项二级指标以及 24 项三级指标。采集安徽省下辖的合肥市、宿州市和阜阳市等 16 个地级行政区的相关数据。在此基础上，对安徽省 16 个地级行政区的各项指标得分以及总得分进行计算和比较分析，进而评估安徽省地方政府数字化服务能力的发展状况。

（一）安徽省地方政府数字化服务能力分析

本次评估数据显示，安徽省下辖的 16 个地级行政区数字化服务能力得分排名位居全国前 40%（本次评估共计 337 个样本，包括地级行政区和直辖市）。安徽省 16 个地级行政区中有 6 个（淮北市、亳州市、蚌埠市、六安市、芜湖市、宣城市）排名分布在全国前 10%，表明安徽省各地级行政区政府数字化服务能力排名在全国相对靠前。与 2022 年报告的排名分布情况对比，有 6 个地级行政区政府数字化服务能力排名有较大提升，但同时有 10 个地级行政区政府数字化服务能力排名存在不同程度的下降。可以看出虽然安徽省各地级行政区政府数字化服务能力水平相对靠前，但全省 62%

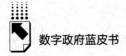
以上的地级行政区还存在较大的提升空间。

从与往年对比来看，安徽省内部分地级行政区政府数字化服务能力取得了明显进步，部分地级行政区有待进一步提升。与2022年报告相比，蚌埠市的排名相对上升最为显著，从2022年全国93名上升到10名，提升幅度高达83名。淮北市、宿州市、六安市、宣城市、黄山市全国排名上升幅度较大，分别上升24位、25位、41位、47位、30位，其余地级市位次相比有一定降低（见表1）。整体而言，安徽省各地级行政区政府数字化服务发展处于全国领先态势，且持续向好。

从省级层面以往对比来看，安徽省整体的地方政府数字化服务能力持续领先。在2022年报告中，安徽省地方政府数字化服务能力平均总得分为81.61分，位居参评31个省份的第7名。在2023年报告中，安徽省地方政府数字化服务能力平均总得分为79.13分，位于参评31个省份的第5名。近年来，安徽省地方政府数字化服务能力平均得分及全国排名持续领先，且相较于2022年报告全国排名上升2位。

如表2所示，安徽省16个地级行政区政府数字化服务供给能力、服务响应能力、服务智慧能力和数据驱动能力各项平均得分分别为35.26分、24.06分、13.80分和6.02分。其中，服务供给能力的得分率最高，为88.14%。与全国平均水平相比，安徽省政府数字化服务供给能力、服务响应能力、服务智慧能力和数据驱动能力均较高。从变异系数来看，较小的变异系数表明安徽省16个地级行政区之间政府数字化服务供给能力、服务响应能力、服务智慧能力的发展较为均衡，但数字驱动能力的变异系数较大，说明各地级行政区存在较为明显的差距。

表1　安徽省地方政府数字化服务能力排序年度对比

地级行政区	2022年排名	2023年排名	2023年较2022年排名变化
合肥市	17	41	↓24
淮北市	46	22	↑24
亳州市	6	27	↓21
宿州市	68	43	↑25

地级行政区	2022 年排名	2023 年排名	2023 年较 2022 年排名变化
蚌埠市	93	10	↑83
阜阳市	54	92	↓38
淮南市	22	37	↓15
滁州市	65	69	↓4
六安市	70	29	↑41
马鞍山市	42	77	↓35
芜湖市	20	24	↓4
宣城市	75	28	↑47
铜陵市	18	62	↓44
池州市	66	111	↓45
安庆市	61	118	↓57
黄山市	101	71	↑30

表 2　安徽省地方政府数字化服务能力一级指标得分情况

单位：分，%

一级指标	全国平均值	全国平均得分率	安徽省平均值	安徽省平均得分率	标准差	变异系数
服务供给能力	30.94	72.63	35.26	88.14	0.62	1.75
服务响应能力	21.91	72.83	24.06	80.19	1.64	6.18
服务智慧能力	11.82	59.20	13.80	68.98	1.26	9.16
数据驱动能力	4.04	40.64	6.02	60.23	2.12	35.13

（二）安徽省地方政府数字化服务供给能力分析

本次评估数据显示，安徽省 16 个地级行政区政府数字化服务供给能力平均得分为 35.26 分，在本次评估的 31 个省（区、市）中居第 5 位。与 2022 年报告相比，安徽省地方政府数字化服务供给能力平均得分增加了 4.38 分，平均得分位次上升了 2 位，整体取得了较明显进步。在此次评估中，安徽省 16 个地级行政区政府数字化服务供给能力相较于 2022 年报告均取得了较好的上升，其

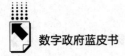

中宿州市、蚌埠市、阜阳市、滁州市、六安市、安庆市、黄山市 7 个地级行政区政府上升超过 100 位次，其中黄山市上升幅度最高，达到了 194 位次。宿州市、合肥市、阜阳市、安庆市政府数字化服务供给能力全国排名靠前，分别位列全国第 3 名、5 名、6 名、8 名。整体来看，安徽省 16 个地级行政区在此次评估中均列全国前 50 位（见表 3）。通过与 2022 年报告对比，发现安徽省地方政府数字化服务供给能力在本年取得了非常大的提升，其进步幅度在全国位于前列。

表 3   安徽省地方政府数字化服务供给能力得分情况

单位：分，%

地级行政区	2022 年得分	2023 年得分	2023 年得分率	2022 年全国排名	2023 年全国排名	2023 年较 2022 年排名变化
合肥市	32.54	36.05	90.12	48	5	↑43
淮北市	30.61	35.30	88.24	115	18	↑97
亳州市	33.81	35.46	88.66	17	12	↑5
宿州市	30.48	36.50	91.25	121	3	↑118
蚌埠市	29.79	35.34	88.34	155	15	↑140
阜阳市	29.11	35.90	89.74	188	6	↑182
淮南市	31.24	34.94	87.34	97	22	↑75
滁州市	29.87	35.46	88.66	152	11	↑141
六安市	29.01	34.45	86.13	192	35	↑157
马鞍山市	30.42	34.66	86.64	126	29	↑97
芜湖市	31.29	35.15	87.88	94	19	↑75
宣城市	33.06	35.06	87.64	37	20	↑17
铜陵市	33.35	35.31	88.27	27	17	↑10
池州市	31.46	34.81	87.04	85	28	↑57
安庆市	30.44	35.79	89.47	124	8	↑116
黄山市	27.63	33.92	84.80	244	50	↑194

从本次评估安徽省地方政府数字化服务供给能力的二级指标（规范供给能力、平台供给能力、融合供给能力）得分和排名结果来看，如表 4 所示，安徽省 16 个地级行政区的规范供给能力、平台供给能力、融合供给能力平均得分率分别为 87.24%、93.85%、84.54%，与全国平均得分率 71.80%、86.47%、74.70% 相比，可知安徽省地方政府数字化服务规范供给能力、平台供给能力、融合供给能力平均得分率均高于全国平均水平。

在规范供给能力方面，安徽省共7个地级行政区得分处于全国领先水平，在全国排名前20。在平台供给能力方面，共11个地级行政区得分在全国排名前20，均处于全国领先发展态势。在融合供给能力方面，共7个地级行政区位列全国前20，处于全国领先水平。通过排名可知，安徽省在规范供给能力、平台供给能力、融合供给能力方面较全国其他地区而言水平相对较高。

表4　安徽省地方政府数字化服务供给能力二级指标得分情况

单位：分，%

地级行政区	规范供给能力			平台供给能力			融合供给能力		
	得分	得分率	全国排名	得分	得分率	全国排名	得分	得分率	全国排名
合肥市	10.65	88.72	21	11.54	96.18	7	13.86	86.64	7
淮北市	11.01	91.72	6	10.94	91.18	26	13.35	83.44	23
亳州市	11.01	91.72	6	11.11	92.55	21	13.35	83.44	23
宿州市	11.37	94.72	3	11.27	93.93	15	13.86	86.64	7
蚌埠市	10.77	89.72	16	11.54	96.18	7	13.03	81.44	34
阜阳市	11.01	91.72	6	11.54	96.18	7	13.35	83.44	23
淮南市	10.05	83.72	39	11.54	96.18	7	13.35	83.44	23
滁州市	10.47	87.22	25	11.14	92.80	19	13.86	86.64	8
六安市	10.21	85.12	31	11.27	93.93	15	12.97	81.04	35
马鞍山市	9.25	77.12	77	11.54	96.18	7	13.86	86.64	7
芜湖市	10.21	85.12	31	11.08	92.30	23	13.86	86.64	7
宣城市	10.77	89.72	16	10.94	91.18	26	13.35	83.44	23
铜陵市	9.94	82.87	44	11.54	96.18	7	13.83	86.40	9
池州市	9.58	79.87	65	11.41	95.05	9	13.83	86.40	9
安庆市	10.90	90.82	9	11.54	96.18	7	13.35	83.44	23
黄山市	10.30	85.12	28	10.27	85.55	66	13.35	83.44	23
平均值	10.47	87.24	—	11.26	93.85	—	13.53	84.54	—

根据以上数据情况可知，安徽省地方政府数字化服务供给能力成绩最突出的宿州市（见图1），其相较于2022年报告成绩进步明显。宿州市政府的数字化服务供给能力居安徽省内第一、全国第三，相较全国平均分数高出5.56分。

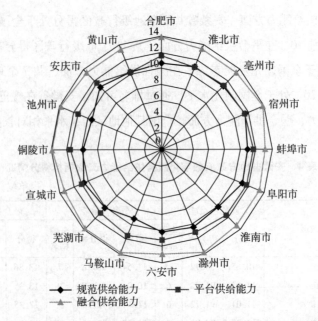

图1 安徽省地方政府数字化服务供给能力二级指标得分雷达图

宿州市政务服务网首页涵盖个人服务、法人服务、阳光政务、办事互动、全程网办、特色创新、区域通办、12345 专区等板块，方便群众和企业线上快捷办理业务（见图 2）。

图2 宿州市政务服务网

资料来源：http://sz.ahzwfw.gov.cn/。

在规范供给能力方面，宿州市政务服务网阳光政务专栏设置市级公共服务清单、市级权责清单等板块（见图3），内容详细，业务办理流程规范。平台供给能力方面，宿州市实现平台整合，全域"一网通办"，政务服务纵向延至街道/乡镇、村/社区。在首页设有12345政务服务热线，便于群众和企业快速解决紧急、困难业务。在首页醒目位置设有电子证照专栏，便于电子证照办理。在特色服务专栏下设宿州市惠企政策平台，为企业办理政务服务提供便利。宿州市开展"一件事一次办"主题集成服务（见图4），涵盖高频一件事、个人一件事、法人一件事3个板块，下设300余个办理事项，实现一次告知、一表申请、一套材料、一端受理、一网联办。融合供给能力方面，宿州市整合市级51个部门，实现跨部门协同、政务服务网"一站式办理"；统一宿州市各区、县的业务办理通道，实现跨区基层帮办服务。

图3 宿州市政务服务网"阳光政务"专栏

资料来源：http://sz.ahzwfw.gov.cn/bog-bsdt/static/sunshine-government.html。

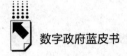

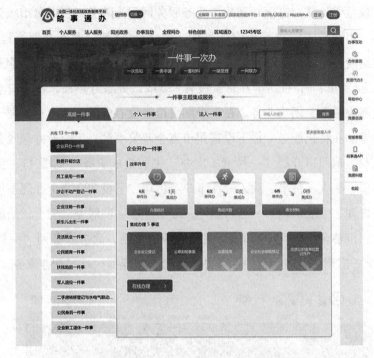

图4 宿州市"一件事一次办"主题集成服务

资料来源：http://sz.ahzwfw.gov.cn/bog-bsdt/static/oneThingATime.html。

（三）安徽省地方政府数字化服务响应能力分析

本次评估的数据显示，安徽省地方政府数字化服务响应能力平均得分为24.06分，在参与评估的31个省（区、市）中位列第11名。与2022年报告相比，全国排名下降了8位。除了池州市和安庆市，安徽省其余14个地级行政区政府数字化服务响应能力均高于全国平均水平，表明安徽省政府数字化服务响应能力整体上仍保持全国领先。

如表5所示，相较于2022年报告省内各地级行政区排名情况，安徽省4个地级行政区全国排名有不同幅度的上升，其中蚌埠市和宣城市涨幅较大，分别上升83位、93位；其余12个地级行政区全国排名下滑，其中马鞍山市和安庆市均下降160位，池州市降幅最大，下降200位。表明安徽省

16 个地级行政区政府数字化服务响应能力发展不均衡，需要进一步提高数字化响应公众和企业服务需求的能力。

表5 安徽省地方政府数字化服务响应能力得分情况

单位：分，%

地级行政区	2022年得分	2023年得分	2023年得分率	2022年全国排序	2023年全国排序	2023年较2022年排序变化
合肥市	38.3	24.6	82.00	9	66	↓57
淮北市	37.24	23.8	79.33	17	108	↓91
亳州市	37.38	26.58	88.60	16	11	↑5
宿州市	35.11	22.69	75.63	75	161	↓86
蚌埠市	33.96	26.72	89.07	92	9	↑83
阜阳市	36.85	25.98	86.60	24	21	↑3
淮南市	36.71	24.24	80.80	29	83	↓54
滁州市	35.45	23.09	76.97	71	135	↓64
六安市	36.45	23.92	79.73	34	104	↓70
马鞍山市	36.91	22.23	74.10	23	183	↓160
芜湖市	37.56	26.04	86.80	15	19	↓4
宣城市	32.01	24.91	83.03	150	57	↑93
铜陵市	36.25	23.16	77.20	43	133	↓90
池州市	36.45	21.05	70.17	33	233	↓200
安庆市	36.34	21.89	72.97	39	199	↓160
黄山市	36.79	24.05	80.17	27	96	↓69

　　根据本次评估的安徽省地方政府数字化服务响应能力的二级指标得分和排名结果，安徽省 16 个地级行政区的服务感知能力、服务受理能力、服务回应能力指标平均得分分别为 4.92 分、8.93 分、10.22 分，均高于全国平均水平（4.28 分、8.05 分、9.08 分）。具体如表 6 和图 5 所示，在服务感知能力方面，安徽省 16 个地级行政区中有 9 个排名全国前 20，

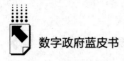

其中最高的是合肥市和黄山市，并列全国第一位，表明安徽省地方政府数字化服务感知能力水平处于全国领先位置；在服务受理能力和服务回应能力方面，2023年报告安徽省内各地级行政区排名最高的分别是蚌埠市和阜阳市，分别位于全国第5位和第6位，显示了蚌埠市和阜阳市政府与公众政务需求间的良好互动。

表6　安徽省地方政府数字化服务响应能力二级指标得分情况

单位：分，%

地级行政区	服务感知能力			服务受理能力			服务回应能力		
	得分	得分率	全国排名	得分	得分率	全国排名	得分	得分率	全国排名
合肥市	6.00	100.00	1	9.00	75.00	18	9.60	80.00	41
淮北市	5.70	95.00	3	7.92	66.00	28	10.18	84.80	28
亳州市	5.70	95.00	3	9.84	82.00	11	11.04	92.00	13
宿州市	3.87	64.50	61	8.64	72.00	21	10.18	84.80	28
蚌埠市	5.70	95.00	3	10.56	88.00	5	10.46	87.20	23
阜阳市	5.10	85.00	14	9.36	78.00	15	11.52	96.00	6
淮南市	4.80	80.00	22	9.84	82.00	11	9.60	80.00	41
滁州市	4.92	82.00	20	8.28	69.00	24	9.89	82.40	34
六安市	4.48	74.60	35	8.40	70.00	23	11.04	92.00	13
马鞍山市	4.66	77.60	27	8.64	72.00	21	8.93	74.40	55
芜湖市	4.92	82.00	20	10.08	84.00	9	11.04	92.00	13
宣城市	4.80	80.00	22	9.36	78.00	15	10.75	89.60	18
铜陵市	3.60	60.00	73	8.52	71.00	22	11.04	92.00	13
池州市	3.00	50.00	96	8.16	68.00	25	9.89	82.40	34
安庆市	5.40	90.00	6	7.56	63.00	31	8.93	74.40	55
黄山市	6.00	100.00	1	8.64	72.00	21	9.41	78.40	47
平均值	4.92	81.92	—	8.93	74.38	—	10.22	85.15	—

蚌埠市政府在数字化服务响应能力上得分位居全国前列，且排名较上年有较大幅度的提升，因此选取蚌埠市进行案例分析。在服务感知能力方面，

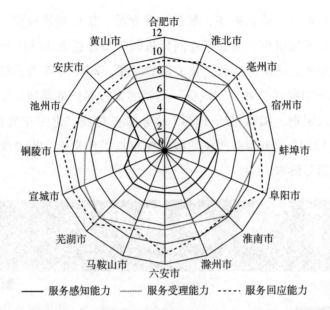

图5 安徽省地方政府数字化服务响应能力二级指标得分雷达图

蚌埠市政府狠抓"提升政策解读质量"工作，从强化思想认识、建立专项机制、加强业务培训、推动规范化建设等方面入手，全面提升了政策解读宣传质效。2023年1~8月，蚌埠市政务公开办共组织了3场对接会商会议，联动政策制定单位、相关领域专家、图文设计团队，集体研究群众和企业关心关注的重要政策，研讨政策解读方案62件，制作较高质量政策解读26件。[①] 真正以群众"看得懂、记得住、信得过、享得到"为出发点和落脚点推动政策解读质量提升（见图6）。

在服务受理能力和服务回应能力评估中，涉及对政务服务便民热线12345工作情况的考察。蚌埠市政府高度重视12345政务服务便民热线（见图7）的建设工作，2022年10月，蚌埠市人民政府办公室发布《关于印发〈蚌埠市政务服务便民热线提升服务质量行动方案〉的通知》[②]，

[①] 《蚌埠市"1234工作法"全面提升政策解读宣传质效》，https://www.bengbu.gov.cn/zfxxgk/public/21981/50953318.html。

[②] 《蚌埠市人民政府办公室关于印发〈蚌埠市政务服务便民热线提升服务质量行动方案〉的通知》，https://www.bengbu.gov.cn/public/21981/50357674.html。

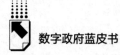

指出要通过提供一站式服务、配置政策专员、推广智能应用、规范办理流程、建立问题清单、建立督查问责机制等措施提升 12345 政务服务热线的服务水平，解决群众和企业关切的问题。2023 年 7 月，蚌埠市政府发布《关于印发〈"我当接线员"活动实施方案〉的通知》,① 安排相关单位负责人定期、随机接听 12345 政务服务热线，进一步发挥其作用。蚌埠市将 12345 政务服务便民热线当作重点工作来抓，用速度和温度回应群众关切与诉求。

图 6　蚌埠市政策解读专栏

资料来源：https：//www.bengbu.gov.cn/zfxxgk/zwgk/zcjd/index.html。

---

① 《蚌埠市人民政府办公室关于印发"我当接线员"活动实施方案的通知》，https：//www.bengbu.gov.cn/zfxxgk/public/21981/50904802.html。

图 7   蚌埠市 12345 政务服务便民热线专栏

资料来源：http://szrx.bengbu.gov.cn/website/jswebsite/pages/default/index.html。

（四）安徽省地方政府数字化服务智慧能力分析

本次评估数据显示，安徽省地方政府数字化服务智慧能力平均得分为 13.80 分，在参评的 31 个省（区、市）中居第 10 位，高于全国数字化服务智慧能力平均得分 11.82 分。与 2022 年报告相比，安徽省地方政府数字化服务智慧能力平均得分降低了 0.68 分，全国排名下降 1 位。在本次评估中，池州市、安庆市、淮北市、六安市和黄山市政府数字化服务智慧能力排名有所提升，分别上升 91 位、86 位、68 位、66 位、65 位。阜阳市和亳州市政府数字化服务智慧能力排名有所下降，分别下降 103 位、102 位。报告显示，安徽省地级市全部进入全国前 200，但是安徽省百强地级市数量从 2022 年的 9 个降低至 2023 年的 7 个（见表 7）。总体来说，安徽省地方政府数字化服务智慧能力仍有较大的进步空间。

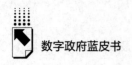

表 7 安徽省地方政府数字化服务智慧能力得分情况

单位：分，%

地级行政区	2022 年 得分	2023 年 得分	2023 年 得分率	2022 年 全国排序	2023 年 全国排序	2023 年 较 2022 年 排序变化
合肥市	14.27	12.86	64.30	65	138	↓73
淮北市	13.84	15.52	77.60	109	41	↑68
亳州市	15.51	12.16	60.80	65	167	↓102
宿州市	14.21	12.16	60.80	116	167	↓51
蚌埠市	14.58	15.40	77.00	96	46	↑50
阜阳市	14.77	11.42	57.10	89	192	↓103
淮南市	16.46	15.04	75.20	29	52	↓23
滁州市	16.65	13.36	66.80	93	120	↓27
六安市	14.1	15.04	75.20	118	52	↑66
马鞍山市	14.8	15.40	77.00	86	46	↑40
芜湖市	16.11	13.96	69.80	43	95	↓52
宣城市	14.39	13.72	68.60	102	110	↓8
铜陵市	15.51	12.88	64.40	65	134	↓69
池州市	12.06	13.24	66.20	220	129	↑91
安庆市	13.47	14.85	74.25	146	60	↑86
黄山市	12.99	13.72	68.60	175	110	↑65

　　就本次评估的安徽省地方政府数字化服务智慧能力的二级指标得分结果而言，安徽省 16 个地级行政区智能交互能力和智能定制能力的平均得分率分别为 65.25% 和 74.57%，分别高于全国平均水平的 59.47% 和 38.99%。在智能交互能力方面，安徽省内排名最靠前的是淮北市。在智能定制能力方面，淮北市、亳州市、宿州市、蚌埠市、淮南市、滁州市、六安市、马鞍山市、芜湖市、宣城市、铜陵市、池州市和黄山市这 13 个城市在安徽省内排名并列第一，同时也在全国排名中并列第一（见表8）。安徽省地方政府数字化服务智慧能力总体得分最高的是淮北市，居全国第 41 位，处于较为靠前位置（见图8）。

表8 安徽省地方政府数字化服务智慧能力二级指标得分情况

单位：分，%

地级行政区	智能交互能力			智能定制能力		
	得分	得分率	全国排名	得分	得分率	全国排名
合肥市	8.16	68.00	125	4.70	58.75	173
淮北市	9.36	78.00	54	6.16	77.00	1
亳州市	6.00	50.00	250	6.16	77.00	1
宿州市	6.00	50.00	250	6.16	77.00	1
蚌埠市	9.24	77.00	61	6.16	77.00	1
阜阳市	6.72	56.00	206	4.70	58.75	173
淮南市	8.88	74.00	70	6.16	77.00	1
滁州市	7.20	60.00	168	6.16	77.00	1
六安市	8.88	74.00	70	6.16	77.00	1
马鞍山市	9.24	77.00	61	6.16	77.00	1
芜湖市	7.80	65.00	137	6.16	77.00	1
宣城市	7.56	63.00	147	6.16	77.00	1
铜陵市	6.72	56.00	206	6.16	77.00	1
池州市	7.08	59.00	201	6.16	77.00	1
安庆市	8.88	74.00	70	5.97	74.63	87
黄山市	7.56	63.00	147	6.16	77.00	1

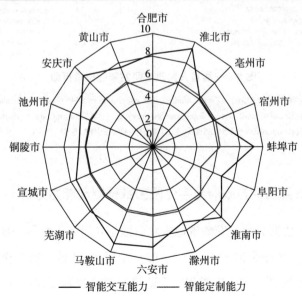

图8 安徽省地方政府数字化服务智慧能力二级指标得分雷达图

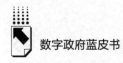

淮北市政府数字化服务智慧能力 2023 年得分排名较 2022 年上升 68 位,跃居全国百强,位列安徽省第一。在智能交互能力方面,淮北市政府门户网站实现用关键词进行智能搜索,根据关键词智能匹配,并推送相关高频业务的办理要求及其注意事项,明显提高了政府网站搜索功能的便捷化水平和智能化水平。同时智能搜索页面还设置相关热搜话题与最新政策板块,以输入关键词"公积金"为例,显示出问答知识库、政策法规、信息公开等 8 个类型的搜索结果,并且个性化显示与关键词"公积金"有关的前十条热搜信息,方便用户查看,体现了淮北市政府对数字化智慧服务能力的高度重视(见图 9)。

图 9　安徽省人民政府网站智能搜索页面

资料来源:https://www.huaibei.gov.cn/site/search/4697420?fuzzySearch=true&isAllSite=true&sort=intelligent&orderType=0&platformCode=&siteId=4697420&keywords=%E5%85%AC%E7%A7%AF%E9%87%91。

(五)安徽省地方政府数字化服务数据驱动能力分析

本次评估数据显示,安徽省地方政府数字化服务数据驱动能力平均得分为 6.02 分,在参评的 31 个省(区、市)中居第 12 位,高于全国平均得分4.04 分。在本次评估中,安徽省 5 个地级行政区位列百强,分别是六安市、宣城市、宿州市、淮北市和亳州市(见表 9)。安徽省地方政府数字化服务数据驱动能力整体发展水平较高，处于中上等水平，但是经过分析发现安徽省地级行政区之间的变异系数高达到35.13%，表明安徽省地级行政区政府数字化服务数据驱动能力差异较大，需更多注重地级行政区之间政府数字驱动能力的平衡发展。

表9 2023年安徽省地方政府数字化服务数据驱动能力得分情况

单位：分，%

地级行政区	2023年得分	得分率	全国排名	省内排名
合肥市	6.42	63.80	130	8
淮北市	7.94	76.60	65	4
亳州市	7.86	73.40	69	5
宿州市	8.30	79.00	53	2
蚌埠市	6.42	63.80	130	8
阜阳市	2.20	24.00	170	6
淮南市	6.42	63.80	130	8
滁州市	5.20	54.00	154	12
六安市	8.54	80.60	45	1
马鞍山市	4.20	44.00	161	15
芜湖市	7.14	68.60	111	7
宣城市	8.30	79.00	53	2
铜陵市	6.42	63.80	130	8
池州市	5.00	52.00	155	13
安庆市	1.00	9.60	205	16
黄山市	5.00	52.00	155	13

六安市政府数字化服务数据驱动能力得分为8.54分，居全国第45位，位列安徽省第一（见图10）。在数据驱动能力方面，六安市公共数据开放平台上设置场景导航、领域分类、部门导航三个板块，增设热门目录、热门接口和最新数据专栏（见图11），涉及部门33个，链接数据接口15个，分设数据目录520个，全市8个县（区）和56个市直单位累计归集共享数据超109亿条，形成人口、法人、空间地理等6个基础库和政务服务、党建引领信用村、普惠金融等16个主题库，发布共享目录5391项，资源挂接率达98%以上。

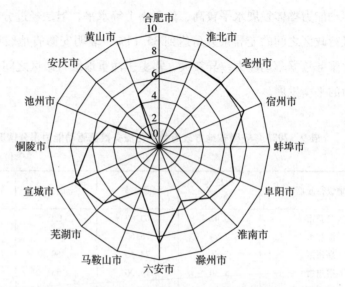

图 10　安徽省地方政府数字化数据驱动能力二级指标得分雷达图

　　安徽省秉持"以开放推进六安建设，以数据赋能智慧城市振兴"的理念，坚持需求导向和目标导向，聚焦重点领域推动业务、数据和算法的融合应用，提高数据的完整性、准确性、可用性和时效性，支撑多维度多场景应用。

图 11　六安市公共数据开放平台

资料来源：https：//data.luan.gov.cn/oportal/index。

三 案例启示

在 2023 年报告中，安徽省地方政府的数字化服务能力较上年有稳定提升，且排名位居全国前列。横向视角上从各分项指标得分来看，安徽省服务供给能力、服务响应能力、服务智慧能力和数据驱动能力 4 个一级指标维度均处于全国领先水平；纵向视角上从各地级行政区得分来看，安徽省 16 市的政府数字化服务能力排名情况在全国具有一定优势。由此，以下对安徽省地方政府数字化服务能力建设的相关路径与经验启示加以总结。

（一）强化顶层设计，统筹规划，集约共建

自 2019 年党的十九届四中全会首次明确提出"数字政府"这一概念，数字政府建设成为安徽省政府的数字化"一号工程"。2020 年 11 月，安徽省人民政府办公厅出台《安徽省"数字政府"建设规划（2020—2025年）》（皖政〔2020〕44 号）作为纲领性文件，提出要强化顶层设计，统一规划部署，构建上接国家、覆盖全省、纵向贯通、横向协同的"数字政府"体系。通过推动基础设施、数据资源和共性应用支撑体系集约化、一体化建设，为数字政府建设夯实基础。

在此政策的推动下，安徽省数字化发展水平不断提升，信息基础设施日益完善，应用系统建设亮点突出。目前已完成省级和 16 个市级政务云建设，持续推进系统上云，基本形成省、市、县、乡、村五级覆盖的电子政务外网体系，集约化效益初步显现。同时，安徽省不断强化数字化顶层设计，数据资源持续归集。建成江淮大数据中心总平台、各市子平台、行业部门分平台"1+16+N"框架体系，实现平台贯通、系统联通、数据融通。截至 2022 年 6 月，总平台汇聚数据 410 亿条、治理数据 406 亿条、共享调用 6482 万次、交换 1.07 万亿条，提供服务接口 2032 个，共享调用国

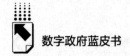

家接口数量居全国第一。① 此外，安徽省持续做优"皖事通办"，强化"皖事通办·一源五端"建设。扎实推进"跨省通办"和长三角"一网通办"，目前已实现133项高频政务服务事项"跨省通办"、126项场景应用长三角地区"一网通办"。

（二）坚持应用导向，以人为本，便利服务

2022年3月1日，国务院印发的《关于加快推进政务服务标准化规范化便利化的指导意见》（国办发〔2022〕5号）指出，要坚持以人民为中心的基本原则，加快推进政务服务运行标准化、服务供给规范化、企业和群众办事便利化，更好满足人民日益增长的美好生活需要。安徽省政府在数字化建设中始终坚持以人为本、以应用为导向的原则，深化惠民意识，政务服务改革优化近年不断向更为便捷、更为高效的方向推进。

一是提升公共服务数字化智能化水平。安徽省依托全国一体化政务服务平台，深度开发各类便民应用，重点围绕群众和企业在移动端便捷办事的实际需求，打造了"皖事通办"移动端，提供各类与生产生活密切相关的高频服务和电子证照，注册用户超8000万人，最高日活跃用户达2600万人。为使政务服务水平再上新台阶，2022年11月，安徽省政府办公厅印发《安徽省加快推进"一件事一次办"打造政务服务升级版工作实施方案》，② 将多个跨部门、跨层级关联性较强的"单项事"整合集成为更好服务企业和群众的"一件事"。推出了"公民婚育一件事"办理工作方案、"企业职工退休一件事一次办"工作方案等，实现了政务服务的"整体性"供给。

二是提升政务运行数字化智能化水平。安徽省持续提升智慧便捷的政务服务能力，推行政务服务事项集成化办理，推广"免申即享""即申即享"等服务方式，主动服务、精准服务、协同服务，变群众"来回跑"为政府

---

① 《安徽省数字化发展水平加快提升》，http：//m. people. cn/n4/2022/0627/c1266 - 2014 5142. html。

② 《安徽省人民政府办公厅关于印发安徽省加快推进"一件事一次办"打造政务服务升级版工作实施方案的通知》，https：//www. ah. gov. cn/public/1681/554198161. html。

部门"协同办"，全面提升一体化政务服务能力。在国办电子政务办委托的第三方调查评估中，安徽省政府一体化政务服务能力已连续5年处于"非常高"水平。①

（三）创新体制机制，有效引领政府数字化转型

2022年6月，国务院印发《关于加强数字政府建设的指导意见》（国发〔2022〕14号），以该政策的印发实施为契机，安徽省政府全面推进政务流程优化、业务模式创新和履职能力提升，努力开启安徽数字政府建设新篇章。

第一，运用工业互联网思维改造优化政府工作流程。安徽省政府强调要运用工业互联网思维和协同办公信息化平台，通过重塑业务流程、创新协同方式、优化机构设置，推进跨层级办理、多部门协同、扁平化运行，以数字化改革持续推动政府运行整体化、协同化、高效化、智能化。

第二，统筹政务信息化项目建设管理。安徽省政府提出，要将政务信息化项目实行统一平台支撑、统一规划计划、统一资金管理、统一专家把关、统一立项审批、统一项目验收。数据资源部门统一提供基础设施和公共能力，各业务部门重点研究自身业务，基于统一支撑平台和基础设施进行低成本、轻量化建设。

第三，建设多元开放的场景应用。安徽省政府鼓励围绕"需求"和"案例"两方面，建设具有本地特色的"应用服务市场"，以丰富的应用场景吸引更多市场主体、高校、科研机构按照规范参与数字政府建设。

参考文献

寿志勤、黄学华、郭亚光：《电子政务服务整体绩效评估转型研究——安徽模式的问题检视与重构》，《电子政务》2019年第10期。

徐晓林、明承瀚、陈涛：《数字政府环境下政务服务数据共享研究》，《行政论坛》

---

① 《数字政务，便民服务如何"零距离"》，https：//sjzyj.ah.gov.cn/szjh/zxdt/40658868.html。

2018 年第 1 期。

江小涓：《加强顶层设计　解决突出问题　协调推进数字政府建设与行政体制改革》，《中国行政管理》2021 年第 12 期。

黄璜：《赋物以"智"，赋治以"慧"：简论 ChatGPT 与数字政府建设》，《学海》2023 年第 2 期。

汤志伟、龚泽鹏、韩啸：《公众对智能政务服务和人工政务服务的感知与选择——基于调查实验的研究发现》，《电子政务》2023 年第 9 期。

赵金旭、赵娟、孟天广：《数字政府发展的理论框架与评估体系研究——基于 31 个省级行政单位和 101 个大中城市的实证分析》，《中国行政管理》2022 年第 6 期。

B.10
武汉市政府数字化服务能力
发展研究报告（2023）

赵迪 李静怡 薄雨辰*

摘　要： 武汉市政府数字化服务的相关建设起步早、创新好且稳扎稳打。且近年来，武汉市牢牢把握数字化、网络化、智能化的发展趋势，更进一步地推动政务服务转型与变革。在本报告评估中，武汉市政府数字化服务能力总得分为 83.47 分，列全国地级行政区第 12/333 位，较上年的第 91/333 位其排名上升 79 位，政务服务提质增效明显。同时，武汉市在服务供给能力、服务响应能力、服务智慧能力以及调整新增的数据驱动能力四大方面均有较优表现、单项指标得分亦排位前列。由此，本报告将对武汉市在政府数字化服务能力发展建设中的举措与经验进行探究。

关键词： 政府数字化服务　"高效办好一件事"　圈内通办　武汉市

一　案例背景

武汉市在便利企业和群众办事、推动政务服务环境优化等方面多年深耕细作、不断改革，其政务服务能力、政务服务透明度等都位居全国前列。

---

* 赵迪，华中科技大学公共管理学院，研究方向为数字公共治理与电子政务；李静怡，电子科技大学公共管理学院，研究方向为数字公共治理与数字政府；薄雨辰，电子科技大学公共管理学院，研究方向为数字治理。

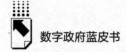

从政策体系看,武汉市的政府数字化服务围绕政务服务,整体有序推进、回应敏捷。武汉市在 2017 年制定方案,提出要以"三办"(马上办、网上办、一次办)为抓手、以"网上为常态"为目标建设政务服务"一张网"、重塑政务服务"新模式";在 2018 年聚焦具项,明确要对接省市两级的政务服务平台、打通市级部门的业务与数据、融合线上与线下等。武汉市发展提升政府数字化服务能力相关重要政策文件如表 1 所示。

2019 年至 2021 年,武汉市对政务服务的拆解逐步从"三办"细化到"四办"(马上办、网上办、就近办、一次办)、一网通办、全市通办、高效办成一件事等,陆续出台配套的工作指导文件。同时这一时期,武汉市对于部分关键工作开始做深做细,包括梳理公布政务服务事项清单、加强推行电子证照共享应用、系统开展实施政务服务"好差评"、加强管理建设政府网站与政务新媒体等。突出的是,这一时期,武汉市创新先行、灵活迅速地回应了数字政府、新型智慧城市等国家宏观部署,规划市级的对应建设并将政务服务融于其中。

最近两年间,武汉市则紧抓重点、紧跟中央统筹,持续建设新型智慧城市、数字政府,并对政务服务的标准化、规范化、便利化以及 12345 便民热线的相关建设予以进一步关注。

从实践举措看,武汉市的政府数字化服务亦具有代表性特点。其一,以武汉政务网可见的创新尝试起步早。2000 年 12 月,武汉政务网开通,为武汉市人民政府构建综合服务平台、促进政务信息共享奠定基础,标志着"数字武汉工程"的启动。其二,以"武汉市民之家"可见的线下基础支撑牢,实现线上线下融合好。2012 年 10 月,武汉市民之家作为同时期全国最大的市级政务服务中心正式启用运行,标志着武汉政务服务跃上新平台、开启新历程。2013 年 7 月,习近平总书记考察武汉市民之家,充分肯定了武汉市便民利民的工作做法。随后至今 10 年间,武汉市政务服务飞速发展、政务服务环境全面提升、自助服务端不断延伸。[①] 其三,从最初"三办""四办"到最新"高效办成一件事""高效办好一件事",

---

① https://mp.pdnews.cn/Pc/ArtInfoApi/article?id=36831350(20230721)。

可见的企业和群众办事服务升级打造。武汉市建设便民利企政务服务在经历了布局"马上办、网上办、一次办"、新增"就近办"、具化"一网通办""全市通办"等之后，于 2021 年聚焦"高效办成一件事"、于 2022年开展全市全面改革，于 2023 年加快推进"高效办成一件事"向"高效办好一件事"迭代转变。

从现状看，武汉市以政务服务作为注解，其政府数字化服务建设已取得较优成效。武汉市政务服务改革一步一个脚印，政务服务能力居全国第一方阵、政务服务指标连续获评全国优化营商环境标杆城市、市—区政务服务环境位列全省营商环境测评第一。[①] 截至 2022 年底，武汉市已实现 123 个高频事项"一事联办"、120 类高频电子证照材料"免提交"，"自助办"事项新增 400 项、"掌上办"事项突破 1000 项；实现武汉城市圈"圈内通办"事项 410 项，梳理与长江中游城市群省会城市"跨市通办"事项 254 项，实现与大湾区城市和都市圈城市"自助通办"政务服务 353 项；城市大脑基础平台融合共享各类数据 117 亿条，日均共享交换数据超 1.7 亿条；400 余个政务系统在武汉云上云运行。[②]

表 1 武汉市发展提升政府数字化服务能力相关重要政策文件

序号	时间	文件
1	2023 年	《武汉市数字政府和智慧城市建设三年行动方案(2023—2025 年)》
2		《武汉市 12345 政务服务便民热线与 110 报警服务台高效对接联动实施方案》
3	2022 年	《武汉市深化放管服改革加快推进政务服务标准化规范化便利化三年行动方案(2022—2024 年)》
4		《武汉市新型智慧城市"十四五"规划》
5	2021 年	《市人民政府办公厅关于进一步加强全市政府网站(政务新媒体)建设工作的通知》
6		《武汉市政务信息化项目建设管理办法》
7		《进一步做实做优政务服务"一网通办"工作方案》
8		《武汉市推进高效办成一件事优化政务服务实施方案》

---

① https：//baijiahao.baidu.com/s? id＝1772360854987959189&wfr＝spider&for＝pc）（230725）。

② https：//home.wuhan.gov.cn/ztzl/zdgz/202301/t20230117＿2135178.shtml（20230117）。

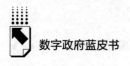

续表

序号	时间	文件
9		《武汉市加快推进新型智慧城市建设实施方案》
10		《关于深入推进电子证照在政务服务中共享应用的通知》
11	2020年	《政务服务"全市通办""一张身份证办成事"工作方案》
12		《2020年武汉市深化政务服务"一网通办"实施方案》
13		《2020年武汉市深化"四办"改革优化政务服务实施方案》
14		《武汉市政务服务"好差评"工作制度(试行)》
15		《武汉市推进"数字政府"建设实施方案的通知》
16	2019年	《关于在政务服务中推行电子证照共享应用的通知》
17		《武汉市深化政务服务"马上办网上办就近办一次办"实施方案》
18		《关于公布实施市级"马上办网上办就近办一次办"政务服务事项清单的通知》
19	2018年	《关于加快推进市级政务服务平台互联互通的通知》
20	2017年	《推进武汉市民之家政务服务"网上为常态"工作方案》
21		《武汉市推行审批服务"马上办网上办一次办"实施方案》

二　案例分析

本报告评估全国地方政府数字化服务能力使用三级指标体系，包括4个一级指标、9个二级指标以及24个三级指标，采集了共337个样本（包括地级行政区和直辖市）的相关数据。

2023年报告的结果显示：武汉市政府数字化服务能力得分为83.47分，列全国地级行政区第12/333位；同时如表2所示，武汉市的服务供给能力、服务响应能力、服务智慧能力、数据驱动能力4个一级指标得分分别为34.46分、25.38分、14.47分和9.16分，相应得分率分别为86.15%、84.60%、72.35%和91.60%，4个一级指标得分排名分别为全国333个地级行政区中的第32位、第39位、第67位和第18位。

上述结果数据表明，武汉市政府数字化服务能力整体领先，且其中数据驱动能力最强，服务供给能力和服务响应能力紧随其后，最后为服务智慧能力。

表 2 武汉市政府数字化服务能力得分情况

单位：分，%

一级指标	2023 年报告		
	得分	得分率	得分排名 （全国 333 个地级行政区）
服务供给能力	34.46	86.15	32
服务响应能力	25.38	84.60	39
服务智慧能力	14.47	72.35	67
数据驱动能力	9.16	91.60	18

（一）武汉市政府数字化服务供给能力分析

2023 年报告的结果数据显示：如前所述，武汉市政府数字化服务供给能力的单项一级指标得分为 34.46 分，排名全国 333 个地级行政区中第 32 位，相应得分率为 86.15%；同时，在服务供给能力的各个维度中，武汉市的规范供给能力、平台供给能力和融合供给能力 3 个二级指标得分分别为 9.84 分、11.68 分和 12.94 分，相应得分率分别为 82.00%、97.33% 和 80.88%，3 个二级指标得分排名分别为全国 333 个地级行政区中的第 73 位、第 22 位和第 89 位。上述结果数据表明，武汉市的平台供给能力较全国其他地级行政区而言水平领先，规范供给能力和融合供给能力亦在全国前列，但仍具备更进一步的发展提升空间。

1. 规范供给能力分析

在规范供给能力下设的三级指标中，武汉市清单规范性、内容规范性和流程规范性得分分别为 4.92 分、2.88 分和 2.04 分，相应得分率分别为 82.00%、80.00% 和 85.00%。可见，武汉市在"供给—规范"的清单、内容和流程方面均表现优异且发展均衡。进一步查证武汉市在具体评估点位的得分发现，武汉市尤其在三级指标"内容规范性"方面建设较好。因而，以下对武汉市相关现状成效与举措做法加以探究。

就社会信用体系建设及信用网站建设点位，信用中国（湖北武汉）网站很好地达成了个人诚信体系建设与公共信用信息建设。在市级信用网站个人信用板块设有重点人群信用信息查询栏目（见图1），在市级信用网站信用服务板块支持用户直接便利地获取企业信用信息报告（见图2）。

图1　信用中国（湖北武汉）网站的重点人群信用信息查询栏目

资料来源：https：//credit. wuhan. gov. cn/creditPerson. html。

图2　信用中国（湖北武汉）网站的企业信用信息报告获取栏目

资料来源：https：//credit. wuhan. gov. cn/creditservice. html。

2. 平台供给能力分析

如前所述，在3个一级指标之"供给"维度中，武汉市的"平台"得分明显优于"规范性"与"融合性"。具体对比平台供给能力的2个下设三级指标，武汉市的平台整合能力和平台应用能力分别得分3.00分、8.68分，相应得分率为100%、96.44%，可见在"供给—平台"的双三级指标（整合与应用）方面武汉市同样表现优异且发展均衡。进一步查证武汉市的具体评估点位得分发现，武汉市在三级指标"平台整合"方面达成了全面性，在三级指标"平台应用"方面尤其以惠企服务建设较好。因而，以下对武汉市惠企服务相关的现状成效与举措做法加以探究。

武汉市聚焦优化营商环境，高度重视服务企业办事（见图3）。武汉市在政务

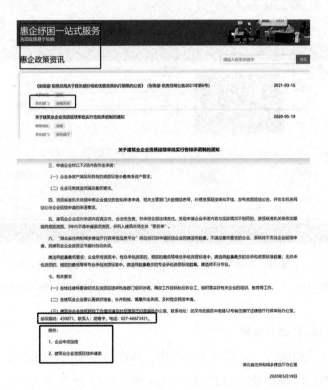

图3 武汉市政务服务网的"惠企纾困"专区与具体政策页面

资料来源：http://zwfw.hubei.gov.cn/webview/hqskzq/index.html。

235

服务网首页特色专区设有惠企纾困分项专区，根据地区和责任部门梳理公布惠企政策，且在每份政策具体页面所提供的内容覆盖"申请/办理条件、办理流程、办理材料、联系人及联系方式"等基础要素。同时，武汉市打造了"1+1>2"的惠企服务供给，其在政府门户网站的首页同步设置直观的"一站直通 惠企政策一站式平台"导航（见图4），一站式平台页面则提供专项导办与快捷通道，并公开统计数据。

图 4　武汉市政府门户网站的惠企政策一站式平台

资料来源：http://yzzt.wuhan.gov.cn/QYFWPT/app/pc.app? id=%E9%A6%96%E9%A1%B5。

3. 融合供给能力分析

在融合供给能力下设的三级指标中，武汉市单部门贯通能力、跨部门协同能力和跨地区联动能力分别得分 4.28 分、5.47 分和 3.20 分，相应得分率 66.80%、85.40% 和 100%。由此可见，武汉市在跨地区联动方面表现更为优异，在跨部门协同和单部门贯通方面相对薄弱并需持续关注并提升建设。因而，以下对武汉市"跨地区联动的融合供给"相关的现状成效与举措做法加以探究。

武汉市依托政务服务网，"跨地区联动的融合供给"对省内通办、跨省通办、跨域通办、区域合作均进行了较好的回应与建设。依循省级统筹与市级参建，省内通办与跨省通办两个专区在武汉市政务服务网首页特色专区栏目直观可见（见图5、图6）：具体的省内通办专区匹配湖北省三大都市圈规划，细分为武汉都市圈通办、襄阳都市圈跨域通办及"宜荆荆"都市圈跨域通办；具体的湖北省"跨省通办"服务专区则提供事项清单，以"在外省办湖北事"和"在湖北办外省事"按类梳理，并对"在外省办湖北事"提供市下辖区级的二级分类选择、对"在湖北办外省事"明确了合作地区的名录与跳转链接。

图 5　武汉市政务服务网"省内通办"专区的三大都市圈通办

资料来源：http://zwfw.hubei.gov.cn/webview/sntb/index.html。

（二）武汉市政府数字化服务响应能力分析

2023 年报告的结果数据显示：如前所述，武汉市政府数字化服务响应能力的单项一级指标得分为 25.38 分，排名全国 333 个地级行政区中第 39 位，相应

图6 武汉市政务服务网"跨省通办"专区的事项清单与区级选择

资料来源：http://zwfw.hubei.gov.cn/webview/kstb/kstb.html。

得分率为84.60%；同时，在服务响应能力的各个维度中，武汉市的服务感知能力、服务受理能力和服务回应能力3个二级指标得分分别为4.50分、8.88分和12.00分，相应得分率分别为75%、74%和100%，3个二级指标得分排名分别为全国333个地级行政区中的第145位、第95位和并列第1位。

上述结果数据表明，武汉市的服务回应能力建设在全国现状好、水平高，服务感知能力和服务回应能力在全国亦处于前序梯队，但仍需发展提升。

1. 服务感知能力分析

服务感知能力下设有主动感知回应能力、办事服务效果评价共2个三级指标，武汉市的得分分别为1.50分、3分，对应得分率分别为50%和100%，差异对比明显。2023年报告中的主动感知回应能力三级指标具体考察点位包括城市政府网站对于回应专栏的建设，武汉市在相应点位的失分表明需加强相关工作的梳理整合。而办事服务效果评价三级指标中，得益于武汉市对政务服务"好差评"的高度重视与大力建设，其在所有涉及点位获得了满分。因而，以下对武汉市政务服务"好差评"的相关现状成效与举措做法加以探究。

武汉市政务服务网在首页的顶部导航栏设置"好差评"入口、在首页的底部公开展示相关统计数据（见图7）。用户点击进入"好差评"具体页面后，可查询政府整理制作的操作指引获悉相关的指南说明，同时页面直观醒目地展示告知了"好差评"的评价渠道。此外，"好差评"具体页面对下辖行政区、各渠道、各部门的评价数量予以统计和分类汇总公开，并支持查询，且就评价的内容进行整理与分类公布（见图8）。

图7　武汉市政务服务网首页顶部与底部的"好差评"

资料来源：http：//zwfw. hubei. gov. cn/。

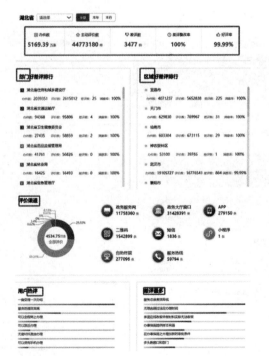

图8　武汉市政务服务网"好差评"具体页面的数据展示与可查询

资料来源：http：//zwfw. hubei. gov. cn/webview/hcp/hcp. html。

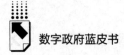

2.服务受理能力分析

服务受理能力面向用户的不同诉求类型，共考察 2 个下设三级指标——办事诉求受理能力与互动诉求受理能力。武汉市 2 个下设三级指标的得分分别为 4.80 分、4.08 分，相应得分率为 80%、68%。较为趋近的下设三级指标得分率表明，武汉市对用户不同诉求的受理能力相对一致、并无薄弱，但整体看仍均有进一步提升空间。进一步查证具体评估点位的得分发现，武汉市尤在下设三级指标"互动诉求受理能力"方面的"新媒体受理机制与渠道"建设较好。因而，以下对武汉市的相关现状成效与举措做法加以探究。

以 12345 政务服务热线为关键任务，"武汉市民热线 12345"开通了微信公众号与微信小程序"新媒体双版本"（见图 9）。公众号与小程序建设全面成熟：开设了受理渠道、提供查询与智能客服功能，并同步搭载群众与企业使用较多的社会保障、违法罚缴与交通违法随手拍三大主题便民服务。

图 9　"武汉市民热线 12345"的微信小程序与微信公众号

3. 服务回应能力分析

如前所述：在 2023 年报告的一级指标——"响应"维度中，武汉市在 3 个二级指标的得分表现出"回应>感知、受理"的特点，其服务回应能力达成了 100% 的得分率。这表明武汉市在服务回应能力具体下设的办事服务渠道引导、办事服务便利程度、诉求回复响应共 3 个三级指标方面达成了一定程度的"建设全优"。因而，以下对武汉市相关的现状成效与举措做法加以探究。

武汉市在办事服务便利程度这一三级指标方面，对重要热门事项的建设较为完善。以二手房交易为例，武汉市的"二手房交易"办理事项被纳入 119 项"一事联办"主题集成服务，市民可以查阅了解详细的解读说明并在线办理，一次性最多可同时办理 5 个具体事项，办理时间、跑动次数、递交材料与办理环节实现了从过去的耗时长、效率不高向用时少、效率提升的转变（见图 10 至图 11）。

图 10　武汉市政务服务网"一事联办"专栏的二手房交易事项

资料来源：http://zwfw.hubei.gov.cn/webview/yslb/whYslb/yslbWh.html。

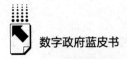

图11　武汉市政务服务网"一事联办"专栏二手房交易事项的具体页面

资料来源：http://zwfw.hubei.gov.cn/webview/yslb/whYslb/yslbWh.html。

（三）武汉市政府数字化服务智慧能力分析

2023年报告的结果数据显示：如前所述，武汉市政府数字化服务智慧能力的单项一级指标得分为14.47分，排名全国333个地级行政区中第67位，相应得分率为72.35%；同时，在服务智慧能力的具体维度中，武汉市智能交互能力和智能定制能力2个二级指标得分分别为9.96分、4.51分，相应得分率为83%、56.375%，2个二级指标得分排名分别为全国333个地级行政区中的第38位、第179位。

上述结果数据表明，武汉市数字化服务智慧能力方面的2个二级指标之间表现差异较大，智能交互能力在全国处于前列，但智能定制能力暂居中部位置，需持续、进一步地加强个性化服务建设并注重建设的均衡性。

1.智能交互分析

如前所述，武汉市在2023年报告的第3个一级指标"智慧"维度中，二级指标方面的智能交互能力表现超过其智能定制能力表现较多。这缘于其对2个下设三级指标的良好建设：智能搜索能力得分为3.96分、得分率为

66.00%，智能问答能力得分为 6 分、得分率为 100%。内部对比可见：武汉市智能搜索建设虽取得成效，但较其他城市的智能搜索功能和自身的智能问答功能仍有学习改进的空间。因而，以下对武汉市智能问答建设相关的现状成效与举措做法加以探究如下。

武汉市的政府门户网站与政务服务网均设置了人工智能问答功能。前者为市级自建、有由网站"互动交流"栏目点击进入的"问答助手/智能搜索助手"（见图 12）；后者为依托省级统筹建设、有在网页右侧的边栏设有入口的"智能咨询/智能客服—小鄂"（见图 13）。武汉市的两个智能问答建设实践均有较佳效果：对热门的问题/主题有梳理展示、对具体的提问有不同分类供用户选择、对回答问题设置满意度评价功能，并对相近词汇具备语义分析能力等。

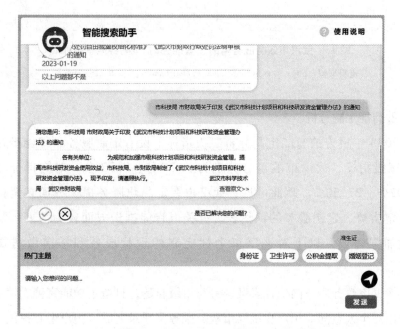

图 12　武汉市政府门户网站的"问答助手/智能搜索助手"

资料来源：https://www.wuhan.gov.cn/sy/qt/znjqr/。

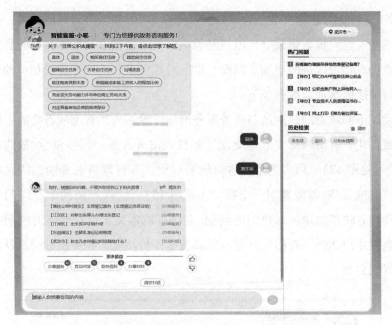

图 13　武汉市政务服务网的"智能咨询/智能客服—小鄂"

资料来源：http：//zwfw. hubei. gov. cn/tongban/hb_ qa/tourist/guide/qa。

2. 智能定制分析

2023 年报告的智能定制分析二级指标下设有定制服务、智能推送共2 个三级指标，武汉市的得分分别为 3. 74 分、0. 77 分，对应得分率为71. 92%、27. 50%。就此可见，武汉市在定制化服务提供方面在全国处于一定劣势，定制服务的评估表现过关但智能推送方面较为薄弱，需对照地加强建设。以下对武汉市个性定制的现状成效和举措做法探究如下。

武汉市政务服务网依托省级统筹与市级自建，打造了功能完善、使用便利的用户个人空间。用户在武汉市政务服务网登录之后，用户中心提供全面的办事、证照、互动、收藏、评价与历史足迹、智能推荐等功能，并支持用户查询互动与办事的流程进度、创建个人数字档案（见图 14）。

图 14 武汉市政务服务网的"用户中心—个人专属空间"

资料来源：http://zwfw.hubei.gov.cn/webview/grkj/project/space/#/。

（四）武汉市政府数字化数据驱动能力分析

2023 年报告在调整指标体系后，创新、强调地突出了评估政府的数据驱动能力。下设数据开放能力、数据调用能力、数据检索能力、数据应用能力以及数据安全保障共 5 个三级指标。如前所述，武汉市政府数据驱动能力单项一级指标得分为 9.16 分，排名全国 333 个地级行政区中第 18 位，相应得分率为 91.6%。同时，在具体维度中，武汉市在"开放—调用—检索—安全保障"4 个三级指标方面得到"满分"、得分率为 100%，武汉市的数据应用能力得分为 2.16 分，得分率为 72%。

结果数据表明，武汉市的数据驱动能力在全国处领先的位置、水平较高，但数据应用能力还有待进一步提升。以下对武汉市政府数字化数据驱动能力方面的现状成效与举措做法探究如下。

武汉市目前建有"武汉市公共数据开放平台"，配有详尽全面的"新手指南"并注重个人隐私保护，在首页显眼处设有《服务协议》（见图 15）。

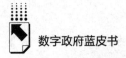

数字政府蓝皮书

图15　武汉市公共数据开放平台首页与新手指南页

资料来源：http://data.wuhan.gov.cn/index.html。

武汉市公共数据开放平台提供完备的核心要素：按照市级部门以及下辖区级分类及可查询的数据目录、按照领域—主题—行业分类及可查询的API数据接口与调用通道、按照应用分类（系统、网站、移动APP、微信小程序、研究报告）以及领域类型划分的数据应用栏目与具体应用展示等。

武汉市注重标准化、规范化建设与政策支持。武汉市公共数据开放平台配有《武汉市公共数据开放平台接口使用规范》《武汉市民码编码与应用规范》等标准规范，并于2023年7月9日在全市范围内正式发布实施武汉市地方标准《公共数据资源开放——第1部分：核心元数据》和《公共数据资源开放——第2部分：分类分级指南》。同时武汉市已制定发布《武汉市政务数据资源共享管理暂行办法》《武汉市公共数据资源管理办法》等政策

246

法规文件，强调数据采集和归集、数据共享应用、数据监督管理、目录—汇聚—共享—开放、数据安全等内容（见图16）。

图16 武汉市公共数据开放平台的数据目录、数据接口、应用成果页面

资料来源：http：//data. wuhan. gov. cn/index. html。

三 案例启示

（一）从三到四、从成向好，不断迭代服务之"办"

武汉市政府数字化服务能力围绕"服务"这个关键词，一步步谋划、提出、改革并积极推行本市对政务服务、互联网+政务服务、服务企业群众、便民利企服务的目标导向与实施方案。具体在于以品牌化、特色口号化的不同的"办"为市级政府服务工作的理解执行进行总结、诠释与指导：从"三办"到"四办"，同步回应"一网通办""全程网办""一张身份证办"等，至从"高效办成一件事"向"高效办好一件事"。

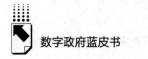

2018 年，武汉市在行政审批方面创造了"马上办网上办一次办"改革经验。2019 年，武汉市总结"三办"改革经验，对标先进城市做法，以为民服务的情怀与执着，坚守"以人民为中心"的政务服务理念，推动从"三办"到"四办"，进一步优化审批流程，推出深化政务服务"马上办、网上办、就近办、一次办"的实施方案。"从三到四"新增的"就近办"让"市民少跑路"的目标实现了线上线下的双重再次革新。以办税为例，市民在仅需跑"网路"之外，仍需线下前往最多的就是家门口的税务服务站，整体办事全程达成了"出门 10 分钟就到、涉税事项 10 分钟办完"，税务服务送街道、进社区，更多纳税人可享便捷服务。同时"四办"辅以全市 24 小时自助政务服务体系建设，让群众办事"不跑腿"，共享"互联网+政务服务"发展成果。以办社保为例，市民晚上下楼散步，10 分钟走到区行政审批局，在自助机器上，就能打印社保流水。在政务自助服务机办理业务，刷身份证、确认个人信息、点选办理业务、打印回执单，只要 1 分钟时间。

2020 年在进一步深化"四办"改革与"一网通办"的基础上，2021 年武汉市推进"高效办成一件事优化政务服务"，依托"一网通办"和政务信息共享，将职能部门办理的单个事项集成为企业和群众视角的一件事，进行业务流程革命性再造，内部操作系统性重构，跨部门跨层级跨区域协同办理，更深层次、更高水平的减事项、减环节、减时间、减材料、减跑动次数。2022 年，武汉市全面深化"高效办成一件事"改革，以"一事联办"为抓手扩面提质、优化升级基层政务服务并取得较优成效。2023 年，武汉市明确深入推进"高效办成一件事"改革，加快"高效办成一件事"向"高效办好一件事"转变与迭代升级，既要"大刀阔斧"更要"精雕细琢"地改革政务服务。

（二）抓住小切口、抓好关键点，由点至面打造服务之"善治"

武汉市瞄准政府数字化服务的重要环节，逐年、分项地细化、深化工作路径。通过做优做扎实不同任务环节，善用小切口思维，串点成线成面，实现政务服务能力不断提高、市场主体活力不断增强、企业和群众获得感不断提升。代表性的举措经验主要可见以下几个方面。

一是政务服务事项清单。除"三办""四办""一网通办"等事项清单外，武汉市较为领先地实现了对市—区—街道（乡镇）—社区（村）四级政务服务事项梳理、系统对接，确保群众和企业便利获得办事信息。武汉市分别于2019年、2020年先后印发市级政务服务事项实施清单（1568项）、区级政务事项通用清单（2088项）、街道（乡镇）政务服务事项指导清单（234项）、社区（村）政务服务事项指导清单（93项）。

二是电子证照共享应用与"一业一证"集合服务。武汉市较早地系统布局其在市级政务服务中对电子证照的共享应用。2019年，武汉市发布《关于在政务服务中推行电子证照共享应用的通知》，就更新办事指南、确认证照信息、明确应用效力、完善证照数据、加快系统对接、规范电子证照生成、加强推广应用七项工作的开展予以指导和明确，并给出范围清单。2020年，武汉市发布《关于深入推进电子证照在政务服务中共享应用的通知》，进一步强调加快完成系统对接、加快推进数据归集、强化电子证照应用、加强宣传推广四方面重点工作。武汉市针对"一业一证"建设于2021年5月发出全市首张行业综合许可证，于2022年9月印发全省首个全流程操作规范《武汉东湖高新区"一业一证"改革审批工作规程》。目前，遵循省级统筹、市级积极自建，依托省级政务服务一体化平台的湖北省服务专区中，截至2023年8月，武汉市已覆盖湖北省改革行业25个，在全省创新增加提出"一证准营"，地方特色主题中的全市"一业一证"特色改革行业目录已覆盖7项。

三是政务服务"好差评"的建设。2019年，武汉市制定发布《政务服务"好差评"工作制度》，明确政务服务"好差评"的内涵定义、受评对象、受评范围、组织领导、评价方式和渠道、评价内容与评价结果运用等内容。2020年，武汉市及下辖的武昌区、水果湖街道被纳入国家政务服务"一次一评""一事一评"工作规范标准试点。于8月发布《2020年度推进政务服务"好差评"评议工作方案》，于9月启动市级试点推行工作，对可纳入全市"好差评"范围的部门与事项，依照国家、省统一标准，依托全

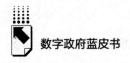

省政务服务一体化平台，积极推进"好差评"制度落地。2021年至今，武汉市接续连年发布《年度全市政务服务"好差评"评价工作方案》，不断深化市级工作。

（三）让数据与业务事项"跑路"，特色化推动服务之"圈内与跨圈"

作为湖北省的省会城市，武汉市一直在湖北省的"三大都市圈规划"中扮演着尤为核心重要的角色，这也突出地体现在其对政务服务工作的开展中。既贯彻国家与省级政府对于政务服务跨省通办、异地可办等的要求，也践行政务服务的便民利企要义。武汉市以数据与业务事项"多跑路"，积极建设政务服务的"圈内通办/一圈通办""跨圈通办"，"圈内"与"跨圈"分别是武汉市对企业和群众在不同程度、不同距离上跨市异地办理政务服务的便利化供给与响应。

武汉都市圈政务服务"圈内通办/一圈通办"方面。推动武汉都市圈政务服务"圈内通办"，就是坚持把民生幸福作为都市圈最好的环境和软实力，提高都市圈市民的幸福指数，引领全省公共服务提质扩面。2021年6月，武汉城市圈"跨市通办"正式落地实施。2022年8月，《武汉城市圈"跨市通办"政务服务事项清单（2022年）》对外发布，共有410个高频事项可"一圈通办"，具体则在湖北政务服务网"省内通办"专区内提供"全程网办""窗口通办""异地代收代办"3种办理渠道。截至2022年底，武汉市不断拓展武汉都市圈公共服务合作。完善跨市协作机制，优化湖北政务服务网"武汉城市圈通办"服务专区功能，深化高频电子证照圈内互认应用。武汉都市圈"圈内通办"事项达410项。异地收件、属地办理、"一圈通办"等加强了武汉都市圈的区域联动，让武汉都市圈政务服务同城一体化建设切实有效便民利企。2023年6月，为深化武汉都市圈政务服务协同合作，《武汉市深入推进武汉都市圈政务服务圈内通办工作方案》发布，明确提出将进一步拓展"圈内通办"事项。

武汉市政务服务"跨圈通办"方面。"跨圈通办"更多指武汉市与湖北省外的地区实现跨省、跨市的事项通办。武汉市已与长江中游城市群、大湾区城市群主动积极地推动"跨圈通办""跨省通办""跨市通办"。2020年10月起，武汉市陆续同广东省广州、东莞、佛山、惠州4市实现政务服务"跨省通办"，并与黄冈市实现"跨市通办"。例如，79项武汉便民事项和41项东莞便民事项在两地实现自助"跨省通办"。2021年3月2日，武汉同宁波、合肥、南昌、郑州、贵阳、长沙、株洲、湘潭等长江经济带7省9市，举行长江经济带部分城市和长株潭都市圈政务服务"跨省通办"签约仪式。2021年8月，武汉与长江中游城市群其他省会城市首批124项"跨市通办"事项清单发布。截至2022年底，武汉市梳理与长江中游城市群省会城市"跨市通办"事项254项，进一步扩大"跨市通办"服务范围。与大湾区城市和都市圈城市实现353项政务服务"自助通办"。

参考文献

赵映、张鹏：《政务服务改革的价值取向：演进、型塑及实现路径》，《上海行政学院学报》2023年第4期。

胡业飞、向淼：《作为新兴治理工具的政务服务标准：功能与逻辑》，《中国行政管理》2023年第1期。

彭小兵、彭洋：《地方政府数字化转型创新扩散中的跟进应对与竞争策略——基于黔、鄂、渝、辽四地政务服务改革的探索性分析》，《电子政务》2023年第3期。

上官莉娜、潘晨、张文锋：《我国省级政府在线政务服务渠道发展水平与地域分异研究》，《现代情报》2023年第3期。

《坚守"便民利企"初心，不断创新政务服务理念，武汉"四办"改革跑出加速度》，《长江日报》2020年1月8日。

张静、李淑芳：《特大城市智慧化建设的困境与创新路径》，《学习月刊》2022年第4期。

李志明、邢梓琳：《推进简政放权过程中优化政务服务方式的武汉实践》，《行政管理改革》2018年第9期。

张晓娟、谢志成、邓福成：《"互联网+政务"环境下政务APP建设的探索——以政务APP"云端武汉"为例》，《电子政务》2018年第2期。

B.11
济南市政府数字化服务能力
案例研究报告（2023）

雷鸿竹　刘安琪*

摘　要： 从舌尖到指尖、从田间到车间，济南的数字化转型已逐步在各个领域遍地开花。从"蹒跚起步"到"阔步前行"，济南市政府通过一系列定方向、夯基础、快行动的数字化改革举措，让济南市政府数字化服务建设取得了骄人的成绩。在本报告的评估中，济南市政府数字化服务能力总得分为 83.32 分，位列全国地级行政区第 16/333 位，较上年第 112/333 位其排名上升 96 位，上升幅度较大。其中，服务供给能力、服务响应能力、服务智慧能力和数据驱动能力得分分别为 33.13 分、24.80 分、16.48 分和 8.90 分，相应的得分率分别为 82.83%、82.68%、82.40%、89.00%，均有较为优秀的表现。究其原因，济南市政府数字化服务能力得到较快提升主要得益于以下三点：强化数据整合共享，优化政务业务协同；创新政务服务应用，高效运转工作模式；坚持用户需求导向，打造政务服务品牌。

关键词： 数字政府　智慧导服　"泉城办"　济南市

一　案例背景

济南市，山东省省会城市，全市下辖历下区、市中区、槐荫区、天桥区、

---

* 雷鸿竹，电子科技大学公共管理学院、电子科技大学（深圳）高等研究院管理学博士后，研究方向为数字政府与智慧城市；刘安琪，电子科技大学公共管理学院，研究方向为数字政府治理。

历城区、长清区、章丘区、济阳区、莱芜区、钢城区 10 个市辖区以及平阴县和商河县 2 个县。在加快建设数字中国的战略背景下，作为山东数字强省建设的龙头城市，济南率先提出打造数字先锋城市，坚持把加快打造数字济南作为推进济南现代化的重要抓手，用数字赋能发展回应群众对美好生活的期待与向往。从舌尖到指尖、从田间到车间，济南的数字化转型已逐步在各个领域遍地开花，从"蹒跚起步"到"阔步前行"，数字济南创新体制机制，整合资源力量，以数字赋能助力强省会建设，打造"在泉城·全办成"政务服务品牌，让济南市政府数字化政务服务能力得到了快速提升。

为加快实现数字济南的战略目标，回答如何走好中国式现代化的必答题，济南市通过一系列定方向、夯基础、快行动的数字化改革举措，政府数字化服务建设取得了骄人的成绩。首先，济南市政府在 2019 年 9 月通过了《济南市数字政府建设实施方案（2019—2022 年）》，该方案以建设网上政府、服务型政府、高效政府、数据政府、阳光政府和创新型政府为目标，重点围绕基础设施集约化、政务服务一体化、公共服务数字化、社会治理数字化和宏观决策数字化方面明确任务分工，为数字济南发展建设和全面推进提供了制度支持，奠定了数字济南的发展方向。其次，数字济南建设与发展离不开数字基础设施的助力，济南市坚持适度超前的原则，不断夯实数字底座，实现政务信息资源共享。一方面，数字建设平台是数字济南发展的核心支撑，通过基础设施和共性支撑技术，济南市实现了全市数字基础设施的可观、可管、可感，从而为优化政府治理流程、创新治理模式提供了通用的工具箱。另一方面，以数据为抓手，济南市依托政务云和电子政务外网进行存储和传输，搭建数据安全监管平台，实现对数据安全可知、可管、可溯、可控。2022 年 9 月，为了全面推进和建设数字济南，济南市委、市政府召开数字济南建设推进大会，构建起了"1+4+N"总体框架体系，确定了数字机关、数字政府、数字经济和数字社会一体化统筹推进，部署了 N 个数字化应用场景，并统一接入数字济南总门户，确立了"一年夯实基础、两年重点突破、三年全面提升、四年示范引领"的工作部署，提出了"打造全省领跑、全国一流的数字城市，率先建成数字先锋城市"的目标。2023 年 4

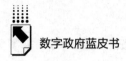

月，济南举办第十七届中国电子政务论坛暨数字变革创新峰会，成为继北京、广州之后，全国第三个举办中国电子政务论坛的城市。

在打造"在泉城·全城办"的移动政务服务品牌过程中，济南市依托山东通办文、办会、办事以及信息化应用系统整合数据共享、政务服务、便民服务应用，推进网上办、掌上办、马上办，涉企事项全部容缺办理、拿地就开工和市级企业服务中心成立等，进一步深化"放管服"改革，整合全市涉企资源要素，为企业提供了全链条、全天候、全过程、全生命周期的服务，让政务服务品牌的内涵与外延得到了丰富。尤其是在推动政务数据信息整合开放共享上，济南市通过数据共享实现"无证明办事"的主要方式，用"数据跑"替代"主体跑"，充分发挥大数据在优政、便民和利企等方面的优势，首创全国"泉城链"政府数据可信共享新模式，提升了济南"无证明"城市的建设水平，增强了济南市政府数字化服务能力。

二　案例分析

2023 年报告数据显示，济南市政府数字化服务能力得分为 83.32 分，位列全国第 16 名，较上年排名（第 112 名）有较大幅度提升，排名上升 96 名。其中，服务供给能力、服务响应能力、服务智慧能力和数据驱动能力得分分别为 33.13 分、24.80 分、16.48 分和 8.90 分，相应的得分率分别为 82.83%、82.68%、82.40%、89.00%（见表1）。数据表明，济南市政府数字化服务能力中数据驱动能力最强，服务响应能力、服务智慧能力、服务供给能力紧随其后。

表 1　济南市地方政府数字化服务能力年度数据

单位：分，%

项目	2023 年报告	
	得分	得分率
服务供给能力	33.13	82.83
服务响应能力	24.80	82.68
服务智慧能力	16.48	82.40
数据驱动能力	8.90	89.00

（一）济南市政府数字化服务供给能力分析

2023 年报告数据显示，济南市政府数字化服务供给能力得分为 33.13 分，服务供给能力各维度中，规范供给能力、平台供给能力和融合供给能力的得分分别为 8.74 分、11.26 分和 13.14 分，相应的得分率分别为 72.80%、93.80% 和 82.12%。这表明济南市的平台供给能力和融合供给能力在全国范围内处于良好水平，而规范供给能力仍具备较大的发展空间。

1. 规范供给能力分析

在规范供给能力分项指标中，济南市清单规范性、内容规范性和流程规范性得分率分别为 72.00%、66.00% 和 85.00%。这表明济南市基层公开、规范性文件设置等方面较为规范，而内容规范性与清单规范性方面仍有提升空间。

济南市人民政府网站导航栏目设有"公开"与"服务"板块（见图1），其中，如图2所示，"公开"板块中主要对济南市政府最新信息、政策

图1　济南市人民政府网站首页

资料来源：http://www.jinan.gov.cn/index.html。

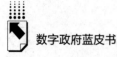

文件、政策解读、会议信息、财政信息等内容进行公开，并在页面右侧设置"政府信息公开""公开专题"等栏目，上方醒目位置则对决策、执行、管理、服务、结果"政务五公开"设有专门栏目。在政府信息公开方面，济南市人民政府网站主要设置"信息公开指南""信息公开制度""法定主动公开内容""信息公开年度报告""依申请公开""企事业信息公开""政府工作报告""信息公开意见箱""部门区县信息公开"等子栏目。此外，"政务五公开"栏目中对政府权责清单、双公示清单、行政事业性收费和政府性基金目录清单均进行了整合。

图2　济南市人民政府网站政务"公开"板块建设情况

资料来源：http://www.jinan.gov.cn/col/col24/index.html。

从"公开"板块来看济南市服务规范供给，其信息公开目录设置得相对齐全规范、各项清单明晰且要素齐全，并且能够对政府公开事项以专题形式进行整合，便于民众检索监督，基本涵盖政府政务公开内容。

济南市"服务"板块即以政务服务网为核心，包含多项服务内容，包括"个人服务""法人服务""事项清单""阳光政务""在线客服""预约取号""中介超市""营商环境"等栏目。如图3所示，点击"服务"板块即可跳转山东省济南市政务服务一网通办平台，点击相应的服务事项进入相应服务页面，除了上述政务服务栏目，济南市政务服务网还设有"通知公告""主题集成服务""特色服务""市级清单查阅""便民服务""好差评"等栏目，便于政务服务工作的分类查询与在线办理。

图3　济南市人民政府网公共服务功能

资料来源：http：//www.jinan.gov.cn/col/col57769/index.html。

值得一提的是，在济南市政务服务一网通办平台中已经引入"智慧导服"系统（见图4）。该平台设有"市政务大厅"与"区县大厅"两个总栏目，提供在线咨询、智能问答、工单转办、在线帮办等功能，打造24小时全天候"咨询+受理+办理"一体化平台，平台在右侧栏设有"热点问题"和"猜你想问"栏目，能够智能推荐相关政务讯息。目前，"智惠导服"经

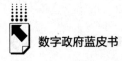

验做法先后荣获"2022年数字政府建设优秀案例""2022中国数字营商环境创新改革案例"。

图4 济南市政务服务网智慧导服界面

资料来源：https://jnzwfw.jinan.gov.cn/quanwen/quanwenclient/#/pages/index/chat_pc。

针对基层公开与规范性文件方面，点击济南市人民政府网站"政府信息公开"栏目的"部门区县信息公开"子栏目，与"规范性文件"栏目，能够方便快捷地对济南市基层公开与规范性文件进行搜寻（见图5）。

2. 平台供给能力分析

在数字化服务供给能力的分项指标中，济南市平台供给能力得分率最高，为93.80%。其中平台应用能力得分率达98.40%，全国排名第12名，平台整合能力得分率较低，为80.00%。这表明济南市平台应用能力在全国范围内处于前列，但平台整合能力仍存在一定提升空间。

如图6所示，在平台整合能力上，济南市人民政府网站页面右侧设置了

部门区县信息公开

部门信息公开

☑ 济南市人民政府办公厅	☑ 济南市发展和改革委员会	☑ 济南市教育局	☑ 济南市科学技术局
☑ 济南市工业和信息化局	☑ 济南市公安局	☑ 济南市民政局	☑ 济南市司法局
☑ 济南市财政局	☑ 济南市人力资源和社会保障局	☑ 济南市自然资源和规划局	☑ 济南市生态环境局
☑ 济南市住房和城乡建设局	☑ 济南市城市管理局（综合行政执法...）	☑ 济南市城乡交通运输局	☑ 济南市城乡水务局
☑ 济南市农业农村局	☑ 济南市园林和林业绿化局	☑ 济南市商务局	☑ 济南市文化和旅游局
☑ 济南市卫生健康委员会	☑ 济南市退役军人事务局	☑ 济南市应急管理局	☑ 济南市审计局
☑ 济南市外事办公室	☑ 济南市人民政府国有资产监督管理...	☑ 济南市市场监督管理局	☑ 济南市体育局
☑ 济南市统计局	☑ 济南市医疗保障局	☑ 济南市国防动员办公室	☑ 济南市人民政府研究室
☑ 济南市地方金融监督管理局	☑ 济南市投资促进局	☑ 济南市行政审批服务局	☑ 济南市税务局
☑ 济南市大数据局	☑ 济南市口岸和物流办公室	☑ 济南市民营经济发展局	☑ 济南市气象局
☑ 济南市机关事务服务中心	☑ 济南市地震监测中心	☑ 济南仲裁委员会办公室	☑ 济南市供销合作社
☑ 济南市政府资金结算中心	☑ 济南市住房公积金中心	☑ 济南新旧动能转换起步区管理委员会	☑ 济南社会科学院
☑ 济南高新技术产业开发管理委员会	☑ 济南市南部山区管理委员会		☑ 济南市莱芜高新技术产业开发区管...

区县政府信息公开

☑ 历下区	☑ 市中区	☑ 槐荫区	☑ 天桥区
☑ 历城区	☑ 长清区	☑ 章丘区	☑ 济阳区
☑ 莱芜区	☑ 钢城区	☑ 平阴县	☑ 商河县

图 5　济南市政府网基层公开页面

资料来源：http：//www.jinan.gov.cn/col/col56308/index.html。

"我的办件""我的咨询""公务邮箱""智能问答""国务院客户端 APP"
"政务 APP""政务微博""政务微信""政务头条"，上侧"服务"板块能
够跳转链接济南市政务服务—网通办平台，"互动"板块集成了"市长信
箱""12345 市民服务热线""政务监督热线""信访之窗"等互动方式，同
时，济南市人民政府网站首页上方还提供了无障碍、语言和长者助手等选
项，照顾公众群体中不同需求。

图 6　济南市政府平台整合功能展示

资料来源：http：//www.jinan.gov.cn/col/col26/index.html。

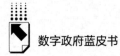

在平台应用能力上，济南市政务服务网除了设置"个人服务"与"法人服务"外，专门开设了"营商环境"板块，对济南市营商政策、企业开办、市场监管、招投标等相关事项进行整合，便于营造良好营商环境。此外，在"营商环境"板块点击惠企服务栏目，能够进入"泉惠企"济南市企业服务综合智慧平台（见图7），该平台集惠企政策发布、解读、推送、兑现为一体，企业可通过"政策服务""诉求服务""审批服务""供需服务""融资服务""人才服务"等栏目快速精准定位对应政务服务事项。针对惠企政策，济南市分别设置"政策超市""助企纾困""政策解读""兑现事项""免审即享""政策匹配""政策订阅"7项子栏目，集成了3400余条中央及省、市、区、县惠企政策，240个惠企政策兑现项目同样清晰明了，并对可办理事项提供办理链接与在线申请渠道，最大限度方便企业办事。此外，济南市企业服务综合智慧平台也提供24小时咨询与诉求受理渠道，打通企业与政府间沟通渠道，将惠企服务落到实处。

图7 "泉惠企"济南市企业服务综合智慧平台

资料来源：http://www.quanhuiqi.cn/index.html。

3.融合供给能力分析

济南市政府的融合供给能力分项指标中，跨部门协同能力得分最高，为92.00%，全国排名第10位，其后单部门贯通能力得分率为80.80%，全国排名第16位，跨地区联动能力得分最低，得分率为65%。

济南市人民政府网站政务服务事项集中在"服务"板块中，点击该板块后直接跳转到全国一体化在线政务服务平台山东政务服务网，通过政务服务网"个人服务"栏目（见图8），可跳转济南市民生服务相关事项，同时

图 8　济南市政府便民服务功能

资料来源：http：//zwfw.jinan.gov.cn/jpaas-jiq-web-jnywtb/front/item/gr_ index？areaCode=370100000000。

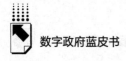

网页提供"按热度""按主题""按部门"三种服务事项检索方式，每项政务服务事项均提供"基本信息"、"设定依据"、"收费情况"、"受理条件"、"申请材料"、"办理流程"、"法律救济"、"中介服务"与"常见问题"说明，便于公民在线办理社保、生育、教育、办证等热点服务事项，实现服务功能有效贯通的同时，方便公众及时获取所需服务和帮助。"法人服务"与之类似，企业相关政务服务事项设置较为齐全。

在跨部门协同方面，济南市政务服务网首页醒目位置设有主题集成服务，"涉企许可集成办""个人一件事""企业一件事""企业开办一窗通"等事项的设立简化了公民与企业的办事流程，通过部门协同真正做到使"数据多跑腿、群众少跑腿"。以建筑工程竣工验收备案为例（见图9），济南市通过建立专门电子证照库、材料共享库等形式持续优化工程建设项目审批管理系统，解决了该事项以往申报材料多、时间跨度长等问题。

图9 济南市建筑工程竣工验收备案服务事项

资料来源：http：//zwfw.jinan.gov.cn/jpaas-jiq-web-jnywtb/front/transition/ywTransToDetail?areaCode=370103000000&innerCode=2546680&taskType=QT。

同样，通过济南市政务服务网站首页"特色专区"可跳转至山东省"跨域通办"服务专区（见图10），网站对目前山东省内通办事项、区域通办事项以及跨省通办事项进行了详细说明，方便了公民与企业跨地区事项的办理。

图10 山东省"跨域通办"服务专区

资料来源：http：//www.shandong.gov.cn/col/col229792/index.html。

（二）济南市政府数字化服务响应能力分析

2023年报告数据显示，济南市政府数字化服务响应能力得分为24.80分，得分率为82.68%。在服务响应能力的各细分维度中，服务回应能力得分率最高，为91.2%，其后为服务受理能力，得分率为82.00%，服务感知能力得分率最低，仅有67.00%。

1.服务感知能力分析

在服务感知能力的各分项指标中，主动感知回应得分率达80.00%，全国排名第45位，办事服务效果评价得分率为54.00%，仍有较大上升空间。

在主动回应方面，如图11所示，济南市政府门户网站首页设置了"回应关切"栏目，不仅通过链接多个政务平台以新闻方式对目前民生热点问题进行主动回应，还以开展调查、征求意见、征求提案的形式广泛征求民意，形成良好互动。此外，济南市在政策解读方面采用文字解读、图片解读与视频解读多样化形式并且更新及时，同样回应了民众关切。

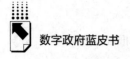

数字政府蓝皮书

图 11　济南市回应关切专栏建设情况

资料来源：http：//www.jinan.gov.cn/。

办事服务效果评价方面，济南市主要围绕政务服务"好差评"进行建设，在济南市政务服务网首页底端醒目位置设置了"政务服务好差评"栏目，对济南市政府办件数、好评率、按期整改率以及具体评价渠道、评价等级数量等数据进行了公示，以促进政务服务工作提升。

2.服务受理能力分析

在服务受理能力的各分项指标中，济南市互动诉求受理能力得分率为92.00%，办事诉求受理能力为72.00%，表明济南市政府服务受理能力相对良好。

从济南市办事渠道来看，通过济南市"互动"板块能够进入济南市"市长信箱""12345市民服务热线""政务监督热线""信访之窗"多个互动交流页面（见图6），给公众提供了多渠道的诉求服务。此外，济南市也通过多平台受理的形式打造立体化服务受理模式，以济南市12345市民服务热线为例，济南市开通了微信公众号、微信小程序、支付宝小程序、政务微博、电话受理等多个渠道（见图12）。而在政务服务建设方面，济南市政务服务网提供多种政务APP扫码登录、微信、支付宝、电子社保卡、营业执照、短信验证等多种登录方式，便

264

于公民个人与企业用户快捷登录，网站具体政务服务事项也同时提供线上预约、线上办理、线下办理告知等多种服务，满足公民多样化办事场景需求。

图12 济南市12345多平台受理情况

资料来源：济南市12345微信及支付宝小程序。

从受理内容来看，济南市12345市民服务热线诉求提交不需要繁琐的注册步骤，仅需提供联系人电话及姓名，提交页面引导语简洁精准，极大地方便了公民诉求提交。此外，济南市在回应关切板块对受理数据与部分受理信件及其处理情况进行公开，能够使公众及时了解到相关部门诉求受理情况。

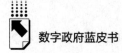

3. 服务回应能力分析

济南市服务回应能力各分项指标中，办事服务渠道引导、办事服务便利程度、诉求回复响应能力的得分率分别为 100.00%、88.00%、90.00%。可见济南市政府数字化服务回应能力整体建设较为领先，办事服务渠道引导尤其突出。

如图 13 所示，济南市政务服务网在首页针对常用个人及法人服务设置专栏，并且在个人服务及法人服务页面，实现按热点内容分类查询，便于公民与企业用户方便快捷找到热点办理事项。此外，在济南市政务服务网"集成办"栏目的"个人一件事"及"企业一件事"栏目中提供了覆盖公民个人

图 13　济南市政务服务网事项分类页面

资料来源：http://www.jinan.gov.cn/col/col57769/index.html? areaCode=370100000000。

"出生、教育、工作、置业、婚育、养老、身后"等全生命周期政务服务事项，企业同样按照全生命周期流程对政务服务事项按"开办、准营、运营、投资、变更、退出"进行分类，便于公众和企业快速获取所需服务、选择服务类型。

在办事服务便利程度方面，济南市政务服务事项相对齐全，材料说明与相关问题解答均较为规范，能够提升公众日常办事便利程度。以"购买自住住房提取公积金"服务事项为例，通过济南市政务服务网检索相应事项能够跳转相应办事页面（见图14）。在该服务界面上，提供该办事事项网上办理的基本信息、受理条件、设立依据、收费情况、受理条件、申请材料、办理流程、法律救济、中介服务、常见问题等信息，市民依据模板填写相应材料在线提交即可全程网办。同时，针对线下办理时间、地点与具体窗口也进行了详细说明，便于公民线下咨询、办理服务事项。此外，在界面上方还提供了"申报""我要预约""我要咨询""我要收藏"等选项，为公众办理服务提供有效引导与帮助。

图14　购买自住住房提取（住房公积金）在线办理

资料来源：http://zwfw.jinan.gov.cn/jpaas-jiq-web-jnywtb/front/transition/ywTrans ToDetail? areaCode=370100000000&innerCode=f51cb3e6-a712-4964-a878-6e15e2e2c7f2&taskType=GG。

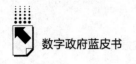

（三）济南市政府数字化服务智慧能力分析

2023 年报告数据显示，济南市政府数字化服务智慧能力得分为 16.48 分，得分率为 82.40%，排名第 15 位。服务智慧能力共有两个细分维度，其中智能交互能力得分率为 86.00%，全国排名第 19 位，智能定制能力得分率为 77.00%，全国排名第 1 位。数据表明，济南市政府数字化服务智慧能力整体水平较高，在全国范围内处于前列。

1. 智能交互能力分析

济南市政府数字化服务智能交互能力各分项指标中，智能搜索得分率为 90.00%，全国排名第 4 名，处于全国领先水平，智能问答得分率为 82.00%，仍有可提升进步的空间。

在济南市政府门户网站搜索栏以"二手房"为关键词进行检索（见图 15），便可以对相应结果进行展示，可以按照需求在"新闻资讯""政策文件""政府公报""政务服务""互动交流""图片"进行分类查询，也可以通过设置时间、搜索位置进一步对搜索结果进行优化，或按照相关度、日期先后对搜索结果进行排序，便于查找所需信息。按照默认的"智能排序"结果，在最显著位置出现"二手房买卖最新信息"、"二手房相关政策信息"和"二手房相关服务信息"，覆盖最新咨询、政策说明与事项办理几个方面。点击"二手房相关服务信息"即跳转济南市政务服务网，出现事项名称基本信息、受理条件、设立依据、收费情况、受理条件、申请材料、办理流程等信息。同时，在该界面的右侧，还提供了"热门文章"、"热搜词"、"搜索历史"、"高级搜索"、"政策文件检索"与"搜索反馈"等，通过这些功能展示，可以看出济南市政府门户网站能够进行智能搜索和精准推送，方便公众搜索和办理相关事项。

济南市政府门户网站首页的右侧提供了"智能问答"选项，点击该选项可以进入智能问答界面（见图 16）。该界面提供了"热门问题""推荐文件"等选项，便于公众了解济南市最新政策热点。在界面可直接进行智能咨询，以"公积金提取"为关键词在该界面进行问答，其智能问答能够关

图 15　济南市智能搜索功能展示

资料来源：http：//www. jinan. gov. cn/jsearchfront/search. do？ websiteid = 37010000000
0000&searchid = 51&pg = &p = 1&tpl = 1544&serviceType = &temporaryQ = &standard = % E8%
AE%A1%E5%88%92%E7%94%9F%E8%82%B2%E6%9C%8D%E5%8A%A1%E8%AF%
81%E6%98%8E&checkError = 1&word = % E5%87%86%E7%94%9F%E8%AF%81&q = %
E4%BA%8C%E6%89%8B%E6%88%BF&jgq = 。

联济南市住房公积金提取的政策及政策解读文本，并且在智能问答后显示满
意度评价按键，公众能够通过反馈促使政府不断优化智能问答功能。

2. 智能定制能力分析

济南市政府数字化服务智能定制能力各分项指标中，定制服务得分率为
100.00%，智能推送得分率为 60.00%，处于国内领先水平。

济南市人民政府网站首页右侧栏目顶端提供了"用户中心"的选项，
公众可以点击该选项进入山东省统一身份认证平台（见图 17），通过微信、
支付宝、电子社保卡、短信验证码等方式登录，并且济南市政府门户网站与
政务服务网已经实现一号关联，用户通过一个账号即可实现两个网站的自动
登录。

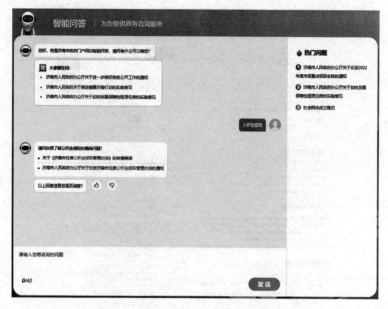

图16 济南市政府网站智能问答展示

资料来源：http：//www. jinan. gov. cn/jrobotfront-server/index. do？ webid＝1&tpl＝10。

进入用户中心界面后（见图18），该页面提供"我的咨询""我的缴费""全链条业务""我的民生连线""依申请公开""我的评价""我的项目"功能，能够快速定位搜寻过往办事事项。在个人信息栏右侧，显示"我的证照""我的证明"，在通过省级政务 APP 授权后能够查看个人电子证照。此外，页面还设置了"我的空间"栏目，通过授权医保、公积金、养老保险等信息可在线显示账户余额等缴存信息。下方则是"我的办件""我的收藏""我的足迹"栏目，对用户目前办件进度、服务事项收藏与浏览历史进行记录。

（四）济南市政府数字化数据驱动能力分析

2023 年报告数据显示，济南市政府数据驱动能力得分为 8.9 分，得分率为 89.00%，排名第 31 位。数据驱动能力共有五个细分维度，分别是数据开放能力、数据调用能力、数据检索能力、数据应用能力、数据安全保障，

图 17　统一身份认证平台登录界面

资料来源：https：//tysfrz. isdapp. shandong. gov. cn/jis－web/login？ appMark＝juspace test&backUrl＝https%3A%2F%2Fzwfw. jinan. gov. cn%2Fjpaas－juspace－web－jnywtb%2Ffront% 2Fsso%2Flogin－success%3Fgotourl%3DaHR0cDovL3d3dy5qaW5hbi5nb3YuY24%3D。

图 18　济南市人民政府网站用户中心界面

资料来源：http：//zwfw. jinan. gov. cn/jpaas－juspace－web－jnywtb/front/jnhome/index。

得分率分别为100.00%、100.00%、100.00%、80.00%、50.00%。

目前，济南市已经建立市级公共数据开放平台（见图19），该平台着力构建济南市"汇、治、用"数据资源体系，主要包含上方横栏"首页"、"数据目录"、"数据服务"、"数据应用"、"地图服务"、"数据统计"、"互动交流"和"可信数据空间"板块。首页显著位置对济南市目前开放数据

集数量、数据接口数量与数据应用数量进行了统计，并设置了按主题、按领域和按部门的数据开放目录分类检索栏目，下方则设置"使用申请公示"与"咨询"栏目，对使用申请情况进行公示并对公共数据开放相关政策文件与活动信息进行梳理。除此之外，右侧栏目为公众和企业提供了"需求申请"、"应用提交"、"智能客服"、"意见反馈"、"咨询提问"、"用户手册"和"公众号"栏目，公众可就政府数据开放进行互动交流。

图 19 济南市公共数据开放平台

资料来源：http：//data. jinan. gov. cn/jinan/index？siteCode＝370100000000。

从上述建设情况来看，目前济南市数据开放方面已经建立独立平台并在"用户手册"栏目设置了公共数据开放平台用户指南，建设基础与框架完备；数据检索能力方面，济南市"数据目录"板块建设全面，并且能够按照主题、领域、部门等多种分类方式进行检索查询，对于基层区县及企事业单位数据开放亦有单独标注（见图 20），便于公民快速精准定位所需数据集；数据调用能力方面，济南市目前已开放数据接口 948 个，超过全国城市开放数据接口的平均水平；数据应用方面，不仅涵盖移动应用、web 应用、小程序、分析报告、创新方案，还增设可视化应用一栏（见图 21），应用总量达 60 个，远超全国平均水平，并且能够按照领域对数据应用分类，便于快速检索；数据安全保障方面，山东省及济南市发布政策文件对数据安全保障问题进行专门说明，明确建立公共数据安全保护制度、对公共数据开发利用采取必要的防护措施，山东省省级统一身份认证平台注册进程设有隐私协议，对用户信息收集范围、信息收集方法、信息使用等内容做出具体说明。

图 20　济南市公共数据开放平台数据目录页面

资料来源：http：//data. jinan. gov. cn/jinan/catalog/index？ fileFormat＝6&page＝1。

图 21　济南市公共数据开放平台数据应用页面

资料来源：http：//data. jinan. gov. cn/jinan/application/。

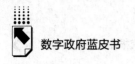

三 案例启示

济南市政府数字化服务能力位列全国第 16 名，较上年排名（第 112 名）有较大幅度提升，排名上升 96 名。济南市在数字政府建设方面进行了很多新的探索和尝试，在强化数据整合共享、优化政务业务协同、创新政务服务应用和打造政务服务品牌等方面表现突出，能够为其他城市政府数字化建设提供较好的借鉴意义和启示价值。

（一）强化数据整合共享，优化政务业务协同

为了全面推进和建设数字济南，济南市委、市政府召开数字济南建设推进大会，会上确定了由数字机关、数字政府、数字经济和数字社会一体化统筹推进数字济南的建设，这也是数字济南建设的四大核心领域。济南市通过数字机关牵头深化政府数字化服务能力提升，进而拉动了数字政府、数字经济和数字社会的全方面发展，使数字政府治理服务效能不断增强，数字化转型已逐步渗入济南发展的各领域各环节。按照数字济南建设总体框架，济南市组建了由市委书记和市长任组长的数字济南建设领导小组议事协调机构，统筹负责推进全市数字济南建设工作。数字济南建设领导小组下设综合协调、数字机关、数字政府、数字经济、数字社会、城市安全运行、政务服务7 个工作专班，形成了领导小组统筹、各级各部门协同、全社会参与的工作推进机制，将各专班、各级各部门在"一张图"上统一规划设计、分兵把口施工，推动济南经济社会发展的数字化转型。

为了全面推进数字济南的建设，济南市抓住数字济南建设的共性核心问题，通过数据归集、共享、融合和利用等一系列措施强化了数据整合共享。在数据归集上，济南市不仅明确了政务数据归集标准，还组织各部门单位集中开展资源目录梳理规范工作。在数据共享和利用上，济南市率先出台《济南市数据资源登记和流通试行办法》，完善了数据共享协调机制，探索推行"数长"制度，进一步明确各单位的数据整合共享责任，梳理编制政

务数据共享责任清单。在数据开放运营上，济南市明确了数据统筹管理、开放共享、授权运营、开发利用的规则，积极应用区块链等信息技术探索数据资产管理，开展国有企业的试点登记工作，截止到 2022 年 8 月已发放数据资源登记证书 1202 个，助力济南三建、供电公司等企业开展数据交易流通，提升数据资源价值。此外，为了让数据多跑路、群众少跑路，济南市牢牢抓住以数据为核心，集中精力推进机关事务办公的数字化，深化机关事务跨部门、跨层级的流程再造，打造了一批多跨协同机关办事综合应用，推进公务员全周期管理一件事等重点领域机关多跨协同应用。上述这些举措也使济南市政府跨部门协同应用能力得分较高。

（二）创新政务服务应用

围绕数字济南建设目标，济南市综合运用大数据、人工智能、区块链等新技术畅通政务服务渠道，实现了政府数字化政务服务的"不打烊"，打造了一批主动提醒、静默认证、免申即享等"无感智办"服务场景，切实让企业和群众到政府办事像"网购"一样方便。2021 年 9 月，济南市上线了首个集"智能+人工"咨询服务、远程帮办申报、企业诉求反馈于一体的7×24 小时的全天候线上帮办服务体系——济南市政务服务"智慧导服"平台。该平台有效地整合了全市所有线上线下政务服务帮办资源，如各级政务服务网、微信公众号、"爱山东·泉城办"APP 等多渠道布设咨询入口，建立了覆盖市、区县、街镇三级导服体系，组建了 1300 余人的"应答""主办""督办"队伍，实现了服务规则一致、答复口径一致和评价标准一致等。之后，企业和群众还可通过政务服务"好差评"系统对服务进行评价，形成"咨询—回复—评价—整改"的闭环管理，提升了企业和群众办事咨询的满意度。"智惠导服"政务服务体系以依申请政务服务事项为基础，向企业和群众提供了 3000 余项政务服务事项申报、办理过程中有关问题的咨询导引服务，实现了政务服务事项的全覆盖和办事服务 24 小时咨询引导，获得了"2022 年数字政府建设优秀案例""2022 中国数字营商环境创新改革案例"等荣誉称号。

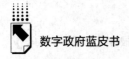

在政务服务优化上,济南市实施自助终端"倍增计划",该服务自助终端集成了 200 余项高频事项,主要分布在企业和群众密集区域,以充分满足 24 小时自助办、就近办需求。济南市通过打造全国首家政务服务沉浸式"体验馆",模拟企业和群众和的线上线下办事互动过程,增强了政务服务的代入感、愉悦感,提高了政务服务的知晓度、便利度。在优化营商环境上,济南市针对惠企政策"找不到、不会用"、企业"多头跑"等问题,率先成立了省会城市首个市级企业服务中心,实现惠企政策"一口办理"。济南市通过搭建一个"泉惠企"企业服务综合智慧平台,整合了全市涉企服务平台功能,汇集各级惠企政策 3200 余条,建立了常态化政企沟通机制,实现惠企政策的集中发布、集中解读、集中推送、集中兑现。

(三)坚持用户需求导向,打造政务服务品牌

数字政府建设的内在逻辑在于以数字技术创新撬动政府治理变革,在优化公共服务过程中实现以人民为中心的价值创新。为此,济南市在全面推进数字济南、打造"无证明"城市建设的过程中,以一体化、集约化理念打造济南市政务服务品牌效应,满足企业和群众的移动端集约化建设,不断丰富移动端政务服务应用。

坚持用户需求导向,济南市不断优化政务服务,围绕企业和群众便捷办事实际需求,持续完善政务服务的一体化、集约化设计,为企业和群众提供了更加优质高效的政务服务。一方面,济南市在惠企服务上,打造了"泉惠企"企业服务综合智慧平台进行惠企政策集中发布、解读、推送、兑现,让企业办事服务更快捷方便,结合大数据智慧推送技术,"泉惠企"平台会自动根据企业的具体信息推送相匹配的惠企政策。另一方面,济南市将原"爱山东·泉城办"APP 应用服务全面迁移到"爱山东"APP 济南分厅,仍然保留"爱山东·泉城办"品牌,上线了一系列实用的高频热点服务,依托"鲁通码"推动实现"一码通泉城",运用区块链、可信数据授权技术进行平台优化升级,更好地实现了政务服务的便捷性、丰富性和安全性。

参考文献

《济南市数字政府建设实施方案（2019—2022 年）》，济南市人民政府门户网站，http：//www. jinan. gov. cn/art/2019/9/30/art_ 2614_ 3350032. html，2019 年 9 月 30 日。

王学军、陈友倩：《数字政府的公共价值创造：路径与研究进路》，《公共管理评论》2022 年第 3 期。

包国宪、彭虹九：《公共价值视角下的政务服务绩效测度——基于 A 市 10 个县区的用户体验评价》，《公共管理与政策评论》2023 年第 5 期。

实践案例篇
Practice Cases

B.12
政务数据互联互通，共享开放应用畅通
—— 厦门数据共享开放应用的探索与实践

厦门市信息中心

摘　要： 当前数字化发展机遇与挑战并存，为积极响应政策号召、适应改革发展新潮流，厦门市信息中心在厦门市工信局（大数据局）的指导下，先行先试、创新突破，构建"对内"公共数据资源汇聚共享和"对外"公共数据安全开放应用"双循环"体系，助力实现政府决策科学化、社会治理精准化、公共服务高效化。本文从数据资源汇聚共享、公共数据安全开放、数据创新场景应用与发展的建设思路、建设成效等内容，以及厦门市政务信息共享开放未来的发展方向等角度，介绍厦门市政务公共数据"双循环"体系，为营造政务信息共享开放体系实践和学术探讨提供一些参考，以提高政务数据使用价值、提升政务服务水平。

关键词： 公共数据　信息共享　业务协同　安全开放　厦门市

为全面贯彻落实党中央和国务院重要决策部署，深入学习贯彻习近平总书记在福建考察时的重要讲话精神和致厦门经济特区建设 40 周年贺信重要精神，加快推进数字政府、数字经济、数字社会建设，将厦门打造为高质量发展引领示范区、更高水平建设"两高两化"城市，厦门市在 2023 年数字厦门工作中再次把强化数据共享开放摆在突出位置。厦门市信息中心在厦门市工信局（大数据局）的指导下，以政务数据共享开放为抓手，打造全市统一的政务信息共享协同平台和大数据安全开放平台，让更多的数据"汇进来""跑出去"，形成数据"对内对外""双循环"体系。从数据资源汇聚共享、公共数据开放、数据要素市场培育、数据应用拓展等方面出发，进一步强基础、建机制、拓应用，让数据"跑"得更轻松、数据共享开放更便捷，支撑数字厦门建设提速增效，促进经济社会高质量发展。

厦门市政务信息共享协同平台（以下简称"共享协同平台"）是全市政务信息共享的统一门户，面向全市各市区部门提供集政务信息系统预登记、目录编制、数据汇聚、共享资源发布、共享资源申请、供需对接、数据使用、数据纠错等为一体的全流程一站式网上办理平台，实现网络通、数据通、业务通、服务畅，有效降低数据共享难度，实现跨部门信息共享、业务协同，进一步提升政府行政效率。

厦门市大数据安全开放平台（以下简称"安全开放平台"）是全市公共数据资源开放的统一门户，在全国率先运用数据安全屋技术。安全开放平台以促进大数据产业发展为目标，激活数据要素潜能，推进政务数据资源开发利用，营造"大数据安全开放生态"，进一步提高政务数据使用价值。

一 主要做法

（一）对内数据共享

共享协同平台作为厦门数字政府建设最重要的基础设施和最关键的信息枢纽，支持政务服务事项"一网通办"，推动市域治理"一网统

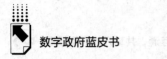

管"，服务城市运行"一屏通览"，实现各部门间共享有序、分工协作、业务协同，保障公共资源高效调配、突发事件高效应对，大幅提升城市运行效率。

1. 数据共享、联动审批，支持政务服务事项"一网通办"

共享协同平台采用"物理汇聚+逻辑汇聚"的共享方式，汇聚政务服务事项、电子证照等数据，并与人口、法人、信用、空间等基础数据库共享共用，支撑业务系统获取信息，可在数据安全性、时效性、准确性以及跨部门业务协作灵活性上提供更强的支撑和保障。厦门市以数据共享为抓手，促进政府不同部门、不同层级之间更加密切配合、协同联动，进一步深化政务服务事项"一网通办""一件事一次办"等改革、分领域落实"两个免于"（即申请人"信息免填报、材料免提交"）。

2. 数据共享、协同联动，推动市域社会治理"一网统管"

政务数据无障碍共享，有力推进跨层级、跨地域、跨部门、跨业务协同治理。依托安全开放平台，横向联通城管、市政、交通、环保、应急、公安等部门业务系统和 12345 热线系统，纵向贯通区级平台，支撑市域治理各类事件的高效协同处置。在市场监管、社会治理、城市管理、生态管理、应急管理等"一网统管"领域，聚焦疫情防控、文明创建、交通治理、公共安全等市域治理热点难点问题，在共享开放平台支撑下实现跨部门、跨行业、跨层级协同治理。数据共享、协同联动，有助于推动市域社会治理"一网统管"，提高公共资源高效调配、突发公共事件高效应对能力，大幅提升城市运行效率、提高城市"智"理水平。

3. 数据共享、分析研判，推进政策便捷兑现"免申即享"

基于共享协同平台，厦门深度贯彻落实国家、省市惠企政策"免申即享"工作方案，畅通部门间数据共享，先后整合工商、信用、财政、税务、统计等部门业务数据，通过"企业数据库"与"政策数据库"双向匹配，精准锁定符合政策条件的企业名单，让符合条件的企业和个人无须跑腿，免予申报，直接享受政策红利，有效解决政企信息不对称、政策知晓率低等问题，实现从"主动申请"到"坐等拨付"的重大转变，真正做到应享尽享、应兑尽兑。

4. 数据共享、跨区协作，推动省市联动"省内通办"

共享协同平台向上连接省数据汇聚共享平台，向下打通六个区级平台系统，构建了"省—市—区—镇街—村居"五级"纵向到底""横向到边"全贯通的四通八达的信息神经网络，已回流省平台 105 张表、数据超 29 亿条，共享省平台数据接口 136 个、累计调用 4.4 亿次，有利于推动更多政务服务高频事项跨区域通办。基于数据共享，厦门市积极推动省内全程网办，自主建设电子证照系统，推进电子证照数据共享，联合网上办事大厅、闽政通 APP、i 厦门等应用，实现近 3000 个办件事项全程网办，形成 154 个智能化"秒批"事项。公众事项办理无须提供原件/复印件、无须上传扫描件，实现公众受理零窗口、领证零上门。

此外，厦门深入开展政务服务"跨省通办"改革创新，在全国率先实现了自助服务模式的"跨省通办"。目前，福建、广西、海南、黑龙江、湖北、重庆、四川、郑州及昆明等的 1133 项自助服务实现"跨省通办"。

（二）对外数据开放

厦门市信息中心积极发挥大数据安全开放平台优势，推动数据要素价值释放，助力实体中小微企业渡过难关，推动大数据、人工智能产业发展，助推数字经济蓬勃发展。

1. "以数助实"，有效开放信用数据，为中小微企业纾困解难

为解决金融机构对中小微企业风控能力低、放贷风险高的顾虑，厦门市信息中心通过安全开放平台与第三方金融服务机构对接，授权开放企业基础信息、行政处罚、经营异常、社保信息等二十多类数据资源，运用大数据和隐私计算技术进行综合分析，形成信贷风险评估报告，为金融机构信贷审批决策提供更全面依据，提高银企信贷撮合成功率。

截至目前，安全开放平台已面向厦门市信易贷平台、厦门市科技金融服务平台、招商银行增信贷产品、"港航信易贷"及政采贷产品等多行业领域、不同应用场景开放，有效满足企业融资需求，进一步优化厦门营商环境。

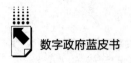

2. "用数加速"，构建开放生态体系，赋能更多业务场景

厦门市信息中心以安全开放平台为载体，通过开展沙龙研讨、宣传推广、应用场景征集等活动，构建多方参与的大数据开放生态圈，为数字经济发展注入新动能。目前，安全开放平台数据开放量已突破15亿条，支撑普惠金融、信易贷、智慧交通等52个应用场景。平台上线至今，已有来自北京、上海、杭州及厦门本地的高校、科研机构、企事业单位等140家单位加入数据开放生态圈。

通过安全开放平台已完成对接的场景包括国家信用大数据创新中心、工行计算模型、市政集团合同管理系统、企业公积金统计模型、巡游车与网约车通勤时段运营特征研究、连锁店商业选址分析决策等。数据开放场景的落地应用，真正为相关机构、企业发展创造价值，切实做到数据赋能产业发展。

3. "为数争锋"，激发人才创新效能，激活数据价值潜能

厦门市信息中心组织了一系列大数据创新应用大赛，由政府部门、行业专家根据行业痛点问题出题，行业主管部门提供场景和数据，涉及交通专题、城市管理专题、资源规划专题、食品安全专题领域，征集优秀解决方案。其中，"厦门大数据安全开放创新应用大赛·食品安全专题"以"数智赋能 食安共创"为主题，征集基于食品安全相关领域的算法模型和创新应用解决方案，探索数据分析在食品安全防治监管中的广泛应用；"2021数字中国创新大赛大数据赛道—城市管理大数据专题"以"数聚赋能 众智成城"为主题，征集基于城市管理大数据领域的算法模型和创新应用解决方案，发掘城市智能管理创新项目；"2020数字中国创新大赛大数据赛道"以"智同道合 数造未来"为主题，征集基于交通大数据领域的创新应用解决方案和算法模型，助力改善城市交通拥堵问题，赋能城市交通智能化变革。

截至目前，已举办5场专题赛事，共有3529支队伍参加。通过举办赛事有效推进公共数据资源开放开发，带动厦门市大数据项目人才聚集、产业创新，为数字化发展注入新动能。

二 主要成效

厦门市已建立了健全高效的政务数据汇聚共享协调机制，建成了全市统一的政务信息共享开放体系，实现"网络通、数据通、业务通、服务畅"，积极推动数据资源在改进政务服务、支撑数字政府建设、赋能产业发展等方面发挥重要作用，有力支撑厦门成为全国首个政务共享"无障碍"城市。

（一）公共数据服务能力提升

持续完善全市政务信息共享协同平台建设，开展公共数据归集共享。已形成向全市各部门、各区提供集信息系统预登记、目录编制、数据汇聚、共享资源发布、共享资源申请、供需对接、数据使用、数据纠错等为一体的全流程一站式网上办理的服务能力。已建成面向全市各部门"横向到边"全覆盖，面向"省—市—区—镇街—村居""纵向到底"全贯通的信息共享神经网络。

（二）公共数据汇聚成效明显

按照"应接尽接、应汇尽汇"的原则，全市两百多个政务系统已全面接入共享协同平台，累计汇聚数据超 70 亿条，提供各类共享服务接口 2197个，调用共享服务 27.9 亿次。人口、法人、空间地理、信用等基础数据库不断丰富，"一人一档"涵盖个人的基础信息、家庭关系、出生信息、参保信息、迁入信息、迁出信息、婚姻关系、就业信息、失业信息等 206 个指标 24 个维度信息；"一企一档"涵盖企业的基础信息、注册信息、投资人、主要人员、变更信息、吊销注销、企业资金申报情况等 126 个指标 17 个维度信息。自然资源和空间地理库包括市区 112 个数据图层。实现供电、供水、燃气及公交等公共企业数据汇聚，共汇聚 713 万条数据，企业数据汇聚有了新突破。

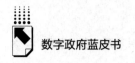

（三）公共数据应用有效赋能

强化公共数据共享支撑能力，推进创新应用落地，获评2019数字政府特色评选"50强数据应用领先奖""2022数字政府创新成果与实践案例"。依托共享协同平台提供的底层共享基础，持续支撑网格通、i厦门、入学一件事、免申即享、城市大脑平台、信用厦门、智慧民政等超160个跨部门协同综合应用，在"智治""善政""惠民""兴业"等方面持续赋能。

（四）公共数据开放创新场景

积极探索数据开放，构建大数据生态圈。建成厦门市大数据安全开放平台，开放源自45个部门的1315个公共数据开放目录，包含27个主题领域、20个行业分类的15亿条数据；按照数据分级分类开放、数据可用不可见的方式，为企业、科研院所、社会机构提供场景化公共数据建模、分析等基础环境支撑。通过开展场景遴选、创新大赛、沙龙研讨等多样形式打造数据开放生态体系；以企业的数据应用场景需求为导向，根据"一事一议""最少可用"的原则开放数据，已创新应用普惠金融、信易贷、商业选址等52个场景。

三　下一步努力方向

政务数据共享不是一次性工程，它需要通过持续不断的推动、应用，并在过程中对共享开放体系加以改进优化，让政务服务更贴心、更舒心。

（一）持续夯实共享开放体系建设

厦门市将按照《关于印发全国一体化政务大数据体系建设指南的通知》（国办函〔2022〕102号）、《关于印发2023年数字福建工作要点的通知》（闽政办〔2023〕16号）、《厦门经济特区数据条例》等通知意见，以及《福建省一体化公共数据体系建设方案（征求意见稿）》（闽数字办函

〔2023〕22 号）的整体规划，持续夯实政务信息共享开放体系建设，继续深化集目录、汇聚、治理、共享、开放、监管、审计、效能监测为一体的一体化公共数据资源管理平台，助力政府数字化转型与服务质量优化，推动厦门市治理体系与治理能力的现代化进程。

（二）不断推动政务数据汇聚共享

根据《福建省数字福建建设领导小组办公室关于推进政务信息系统全面接入公共数据汇聚共享平台的通知》（闽数字办函〔2022〕36 号）要求，进一步丰富和完善基础数据库，推动行业主题数据库建设，推动各部门按照"应汇尽汇"的原则全量汇聚数据，促进各区、各部门提升数据共享水平，提高厦门市政务数据共享利用率，为构建数字厦门提供助推力。

（三）继续深化数据资源开发利用

坚持问题导向、需求导向、场景牵引、应用驱动原则，继续深化数据资源开发利用，聚焦城市治理、环境保护、生态建设、交通运输、经济运行等应用场景，按照"一应用一专题"原则，探索建立公共数据专题库，为多行业和多场景应用提供多样化共享服务；围绕产业发展、市场监管、社会救助等领域，推动开展公共大数据跨领域综合分析应用；深入了解企业痛点，挖掘企业公共数据需求，充分发挥海量数据的丰富应用场景优势，促进数字技术与实体经济深度融合，赋能传统产业转型升级，催生新产业、新业态、新模式，壮大经济发展新引擎。

案例 1　惠企政策"免申即享"

为响应国务院办公厅关于推行惠企政策"免申即享"的意见要求，2021 年 5 月，厦门市借助大数据手段畅通部门间信息共享，让符合条件的企业免予申报、直接享受政策扶持。同年 12 月，厦门市人民政府办公厅正式印发《惠企政策"免申即享"工作方案》。

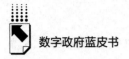

厦门市惠企政策"免申即享"平台建设,基于各部门数据共享,打通市监、公安、财政、税务等部门数据共享,精准向企业推送兑现政策。平台荣获福建省 2022 年度地市公共数据应用十佳优秀案例。一是提升资金兑现效率。符合条件的企业收到资金领取短信后,只需在平台点击"确认兑现",即可坐等资金到账。截至 2023 年 9 月,平台累计上线政策 309 个,支撑 11759 家企业通过平台"一键获取"政策资金超 28.77 亿元,助力平均政策兑现周期从 6 个月压降到 3 个月以内,有效提升资金拨付效率。二是减轻企业申报负担。强化政务数据共享应用,围绕政策兑现条件,打通税务、市监、信用、财政、审计等部门业务数据,变"企业先报、政府再审"为"数据联审、人工辅助",实现企业营业执照、法人代表与经办人证件、无涉黑涉恶证明、信用报告、法财务审计报告、申报申请表、承诺函、资质证书等八类材料免提交。三是降低企业运营成本。以前企业申报政策常因"政策看不懂、申报靠腿跑、进度看不到"而寻求第三方中介机构协助,"免申即享"应用上线后,变"企业找政策"为"政策找企业",不用跑腿、不用找第三方中介服务机构,最高可节约奖补资金 15% 的中介费及相关人力成本,有效降低政策申报难度和企业成本。

案例 2　战疫有"数",让大数据成为智慧战疫"硬核"力量

面对来势汹汹的疫情,厦门市利用共享协同平台快速实现横向与各职能部门数据共享、防控联动,纵向市—区—街—社四级分析研判、指挥调度、指令派发、核实反馈的闭环工作机制。同时,依托市政务信息共享协同平台,打通疫情防控全业务环节涉及的业务部门,将卫健、疾控、公安、交通、转运部门、隔离酒店以及社区等各级城乡基层疫情防控工作部门进行业务流串联,实现疫情防控全业务流程高效衔接。疫情一体化平台依托共享协同平台共享多部门数据,以数据中台、空间技术、即时通信为三大支撑,使核查、转运工作高效流转,用"数"战速决、有条不紊的战疫姿态书写了疫情防控工作的"高分答卷"。

案例3 "港航信易贷"，满足港航企业多种资金需求

依托安全开放平台，厦门港口管理局与厦门市信易贷平台入驻金融机构联合创设了港航企业专属化金融产品——"港航信易贷"，满足港航企业购买船舶、更新零部件或日常经营周转等多种资金需求。截至2023年8月31日，"港航信易贷"已为49家中小港航企业融资授信共93笔，发放融资贷款额度达11.62亿元，对中小港航企业有效应对疫情影响保持生产稳定发挥重要作用。"港航信易贷"入选了"福建省2022年第一批优化营商环境工作典型经验做法"。2022年6月被福建省人民政府确定为福建自贸试验区第九批（14项）可复制创新成果在全省复制推广。

案例4 厦门市先诊疗后付费信用就医

厦门市创新推出"个人信用白鹭分+平台+金融机构"模式的"先诊疗、后付费"信用就医惠民应用场景。厦门市民"个人信用白鹭分"基于厦门开放的医社保、公积金、失信被执行人、红黑名单行政处罚、公共缴费欠费、图书借阅逾期等数据，以基础信息、守信正向、失信违约、信用修复、用信行为五个指标设计市民信用评分模型，描绘市民个人信用画像，并计算得出市民个人信用分数。通过个人信用白鹭分分值分档授信为在厦参保市民提供信用就医专属额度，解决市民就医预交充值、多次排队结算付费、就医时间长等痛点问题，优化就医流程，实现市民就医支付"一趟不用跑"。其中，信用就医"亲情付"功能归集了新生儿数据、医保家庭共济认证及亲情关系等数据，解决"一老一小"就医不方便的难题。截至2023年7月5日，开通人数累计12万人，使用人数累计4万余人次，授信金额累计超5000万元，使用金额累计4970万元，节约时长超过140万分钟。

B.13

坚持以人民为中心，用心用情架好
党和群众的"连心桥"

——成都 12345 热线的探索与实践

成都市政务服务管理和网络理政办公室

摘　要： 成都市积极践行习近平总书记的重要指示精神，坚持以人民为中心，将 12345 热线打造成政务服务和城市治理的重要工具。聚焦成都市政务服务热线建设的特色和长板，本文介绍了成都 12345 热线的发展历程、主要做法、成效等内容。同时，本文还探讨了成都 12345 热线未来的发展方向，为政务服务热线建设实践和学术探讨提供参考，以提高服务效能和社会治理水平。

关键词： 政务热线　城市治理　服务平台　社会诉求　成都市

成都市认真贯彻落实习近平总书记关于"老百姓的事，要实实在在干，干一件是一件，干一件成一件"的重要指示精神，牢固树立人民至上理念，围绕提升城市科学化精细化智能化治理水平，以 12345 热线为牵引，坚持问题导向，用心用情用力解决好群众和企业急难愁盼，积极探索超大城市转型发展新路径。

成都 12345 热线设立于 1988 年，经过 30 多年的探索与实践，历经多次改造升级和热线集成整合，规模持续扩大，功能不断完善。如今的 12345 热线已实现由单一的电话接听中心向社会诉求受理中心、处置调度中心、数据分析中心和实时感知预警中心集成的转变，已成为听民声解民忧的首要渠道、优化营商环境的重要载体、推进智慧蓉城建设的重要抓手，为推动城市敏捷高效治理发挥了重要作用。特别是疫情期间，探索建立群众诉求与网络舆情提速处置专班机制，对疫情靠前指挥、提级处置、精准防控发挥了积极作用；2023 年 1 月，提速处置专班实现平战转换、常态化运作，创新建立群众及企业诉求提速处置两个专班，集成打造"12345亲清在线"营商环境成都品牌，使服务能力"提起来"、应急效能"强起来"、营商环境"优起来"，以"一键直达"民心彰显为民服务初心，是成都践行"人民城市为人民"理念的一项重要实践。2022 年，受理量突破1000 万件，比 2021 年增长近 1 倍，诉求解决率、群众满意率分别达94.6%、94.4%。

一　主要做法

以建设"人民热线"为根本遵循，成都努力将 12345 热线打造成为党和人民的"连心桥"、政企互动的"直通车"、城市运行的"晴雨表"、科学决策的"指挥棒"以及干部素质的"训练营"。

（一）聚焦惠民利企，打造一体化服务平台

为最大限度方便市民群众，实现"一条热线听诉求"，清理整合全市122 条政务服务热线，集成 2300 余个各级政府负责人网络信箱，将国家和省、市 20 余个政民互动渠道受理的咨询诉求纳入 12345 热线平台督促办理，形成电话一个号、写信一张网、办理一平台、数据一个库的 12345热线"一键回应"平台。通过热线整合，市民对 12345 热线的态度从过去的"不了解、不好打、不爱打"转变为咨询问题、反映诉求、寻求帮助的首选，44.5%的受访市民表示在遇到问题和困难时，会优先选择拨打12345 热线（见案例 1）。

2023 年新年全市第一会，成都启动"12345 亲清在线"，集成"12345助企热线""蓉易办""蓉易享""蓉易见"四大服务，致力于为各类市场

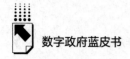

主体提供更加便捷、优质、高效、公平的服务，亲而有度、清而有为，营造尊商重企、亲商助企的浓厚氛围，努力让企业每一个声音都能够被听到，每一个诉求都能得到回应，每一条建议都能得到关注，以全方位服务打造市场化、法治化、国际化营商环境。12345 助企热线开通 7 个月，共办理企业诉求 7.4 万余件，超过上年全年（1.3 万余件）近 5 倍，诉求解决率、企业满意率均在 97% 以上（见案例 2）。

（二）树立全周期意识，优化全闭环服务流程

对群众和企业诉求快速响应、高效办理、及时反馈，不断提升群众获得感和幸福感，是设立 12345 热线的根本宗旨。按照"接得更快、分得更准、办得更实"要求，建立健全分类处置、紧急联系、公开监督、回访沟通、联动督查、通报考核、舆情预警和数据分析"八大机制"；完善全闭环办理、全天候紧急联动、全流程公开透明、多方位办理监督、全周期调度分析和全方位应急灾备"六大体系"，确保"事事有回应、件件有落实"。92.6% 的受访市民对 12345 热线的服务质量给出了较好评价（见案例 3）。

为妥善处理好紧急、疑难、复杂问题，建立了 12345 热线与 110、检察公益诉讼、巡察等协同联动工作体系，确保复杂事项集体会商、联合行动，用热线汇聚服务合力、提升办事效率（见案例 4）。

（三）组建提速处置专班，办出诉求回应"加速度"

市委领导统筹调度、高位推进，及时组建 12345 热线群众诉求与网络舆情提速处置专班，打破常规处理流程，以"提速办""提级办""提质办"为切入口，让群众和企业的诉求直达市委、市政府，也让诉求办理直抵急难愁盼。2022 年 8 月 25 日至 9 月 19 日，12345 热线平台共受理涉及疫情来电来信 158.79 万件，及时解答率达 88.27%。为把好的经验做法固化为制度机制，推动平战转换，将提速处置专班优化为"群众诉求提速处置专班"和"企业诉求提速处置专班"。紧紧围绕破解各种疑难复杂问题，实行清单化管理、项目化推进，确保群众和企业反映的问题"干一件是一件、干一件

成一件"。在全市范围内选调优秀干部入驻 12345 热线平台挂职，厚植为民情怀，增强群众意识，提高解决疑难复杂问题的实战本领（见案例 5、案例 6）。

（四）强化数据赋能，探索超大城市治理"新模式"

顺应超大城市科学化、精细化、智能化治理需要，构建城市运行中枢，将 12345 "一键回应"平台纳入智慧蓉城统筹规划、集中调度，全面建成 12345 热线社会诉求大数据分析平台，使 12345 热线能实时感知社情民意态势、智能预警城市运行风险、精准辅助科学决策。比如，推动 12345 线上"智汇"与微网实格线下"人聚"深度融合，实现综治维稳、城市管理、民生服务"多网合一"，全面构筑起基层发展治理的幸福高线和社会综合治理的安全底线，超大城市敏捷科学治理水平持续提升（见案例 7）。

二 主要成效

城市的发展、社会的进步，归根结底都要落实到每一位市民、每一个企业的细微体验中。成都做实做强 12345 热线，从大处着眼、小处着手，以精细化管理破解超大城市治理难题。

在推进过程中，成都市委统筹谋划、整体推进、督查落实，形成党委领导、政府负责、社会协调、公众参与工作体系，通过市、区（市）县、镇（街）、社区党组织上下贯通，"微网实格"社会治理平台与 12345 热线诉求办理一体融合，探索了党建引领超大城市治理"新机制"。

突出群众和企业的"有感""可及"，围绕市民关心身边事、企业发展忧心事，推动 12345 热线一键直达，集成"12345 亲清在线"，快速及时解决群众和企业反映的困难和问题，形成了以人民为中心发展思想"新实践"。

注重从海量热线诉求数据中挖掘城市治理的短板弱项，围绕高频事项、高频区域持续发力，对突出问题、共性问题加强规律性研究，努力推动实现超大城市治理能力"新提升"。

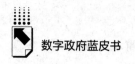

三 下一步努力方向

面对新时代新使命，成都 12345 热线将全面深入贯彻党的二十大精神，始终践行"以人民为中心"发展理念，聚焦将 12345 热线打造成为党和人民的"连心桥"、城市发展的"总客服"、便企利民的"总平台"，深入推进社会诉求"一键回应"。

一是统筹运用大数据、云计算、物联网、人工智能等技术，打造 12345 热线知识大脑，提高 12345 热线平台智能化服务水平。

二是强化"12345 亲清在线"服务功能，以 12345 助企热线反映的问题为导向，积极开展"蓉易见"等活动，着力解决企业急难愁盼，助力打造一流的国际营商环境。

三是健全"一线两专班"工作机制，把快速解决问题放在首位，强化社会诉求常态化协同联动、提级处置，持续提升企业和群众诉求解决回应能力。

四是以解决 12345 热线群众及企业诉求为牵引，推动"热线+网格"深度融合，为服务群众、优化工作、社会动员提供支撑，不断提升 12345 热线为民服务效能、辅助决策功能、风险防范水平。

案例 1 千里爱心，接力护幼儿

2022 年 7 月 23 日晚上 10 时许，一位母亲哽咽着向成都 12345 热线求助，她的孩子出生仅 7 天就被诊断为脑膜炎，并发脑积水，在华西附二院治疗了两个月仍不见好转，抱着最后的希望，医生建议她到北京去试一试。但由于是特殊时期，异地流动存在限制，没办法带着孩子前往北京，情急之下她拨了成都 12345 热线求助。群众的事就是天大的事，成都 12345 热线立即联动北京 12345 热线协助处理沈女士进京问题。经过北京 12345 热线、北京市政务服务管理局积极协调，两天后，沈女士带着孩子顺利抵达北京治疗。2023 年 3 月初回访时，沈女士说经过几个月的治疗，孩子恢复得特别好，运动和发育也都没有落下。她还反复道谢说："真的非常感谢12345所有帮助过我们的工作人员，太暖心太有爱了。"北京市政务服务管理局蔡明月副局长深有感触，给成都12345热线发了一条短信：北京——成都两条热线，情牵人民生命线，共同谱写12345热线在城市之间接续解决群众急难愁盼问题的感人篇章，为今后形成全国12345联动机制提供了很好的案例！

案例2 2个月的办事流程精简到4天

上市是企业"强起来"的加速器，也是资本"活起来"的催化剂，还是城市"动起来"的新引擎，反映一个城市的综合实力和市场活力。2023年4月，成都市武侯区金容创科技有限公司遇到了难题。公司近期准备在科创版上市，证券管理部门要求提供工商、社保、税务和公积金部门的合规证明，这些证明的办理流程和材料让来电的鄢女士感觉很烦琐，同时她也想了解政府是否有优惠政策和奖励。

接到来电后，提速专班迅速联动武侯区开展提速处置工作，为充分提振企业发展信心，武侯区还专门开展了上门服务，助企纾困。鄢女士先后跑了4天，就完成了原本计划为两个月的申报流程。

所有问题得到迅速解决，鄢女士感慨道："政府不仅解答了我关于开具证明的疑惑，并且面对面地向我讲解了企业的税收优惠政策，政府与我们'并肩作战'，给了企业上市和'走出去'的信心和底气。"

案例3 你好，成都热线人

2022年12月17日，疫情期间的一通电话录音火爆朋友圈。市民杨先生拨打12345热线咨询核酸检测结果时，被接线员王英嘶哑的声音感动了。原本是反映诉求的杨先生，最后将"您多保重"作为了自己的新诉求。"您多保重"也让刚入职半年的王英倍感安慰和鼓励，她对12345热线也有了更深的感悟："我们接到的每一通来电背后，就是市民遇到的急事、难事、天大的事，也寄托着他们的信任和期盼。'他们'，是你也是我，是和我的父

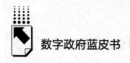

母、亲戚、朋友一样，是千千万万热爱这座城市的普通人。我们用一通电话帮助了他们，他们收获了暖意，我们收获了快乐，城市收获了美好。"事后杨先生将通话录音发布到网上，引起了广大网友的共鸣。

正是无数个像"王英"一样的热线人，在各自的平凡岗位上用近乎无闻的方式为12345热线与民同线、与民同心、与民同行的初心作出了朴素而动人的注脚。

案例4　护稳解危的2小时

2023年2月8日，一位公交车驾驶员因工作上的矛盾扬言威胁德阳某公交公司。

接到电话后，成都12345热线立即联动110指挥中心、市交通运输局、新都区以及德阳市有关部门开展协同处置工作。最终在两个小时后于新都区一公交站点找到该司机，并立即进行停驾处理，消除了安全隐患。

成都12345热线不仅要解决群众的急难愁盼问题，同时还始终将守护城市安全作为一项重要工作，对涉及公共安全隐患的问题诉求，全天候24小时紧急联动处置，确保人民群众生命财产安全和社会稳定。

案例5　10万居民的心声

2023年以来，成都12345热线陆续接到群众电话，反映麓山大道一段水管频繁爆管，沿线香山半岛、蓝山国际、洛森堡映山等12个住宅小区约10万居民日常生活受到较大影响。

群众的事就是天大的事，12345热线群众诉求提速处置专班庚即开展提速提级处置。经分析梳理，专班组织天府新区网络理政办、市环境投资集团召开协调会，督促问题整改落实，市自来水公司针对该片区供水情况制定了改造计划，目前局部区域问题已得到有效改善。后续将加紧完成改造措施，切实保障麓山大道沿线市政供水平稳。

成都12345热线始终厚植总书记"一枝一叶总关情"的民生情怀，持续畅通群众维权渠道，注重诉求办理质效，完善风险预警处理机制，积极跟踪相关单位整改进度，以实际行动取信于民，以实际成效服务于民。

案例6　初心如磐，守护人民群众生命财产安全

2023年7月28日23：50左右，有市民反映华阳街南湖北路121号南湖世纪12栋疑似有燃气泄漏，物业没有排查出来，也没有联系燃气公司处理，市民担心会发生燃气爆炸事故。经紧急联动处理，华阳街道与燃气公司对该区域进行了认真全面核实排查，最终查明小区燃气主管道漏气，存在相关安全问题，已实施紧急打围、停气和紧急抢修，排除了安全隐患。

成都12345热线始终以全心全意为人民服务为宗旨，对涉及公共安全隐患的诉求全天候24小时紧急联动处置，构筑城市安全防线，守护人民群众生命财产安全，不断增强群众幸福感、获得感和安全感。

案例7　"三色路"上的成都暖色

2022年夏天，锦江区三色路"后备箱"夜市火遍全网，200余家摊贩、1万余名年轻人聚集于此感受"夜成都"的魅力。但关于三色路，成都12345热线收到了两种截然不同的意见。

"夜市环境脏乱差，占道经营、停车问题，严重影响了出行"，三色路附近的居民怨声载道。"不想这样被一刀切地取缔，希望能继续摆摊，我们接受正式管理"，年轻摊主们吐露自己的心声。一边是因为道路拥堵希望取缔夜市的居民；一边是对生活无限热爱，希望夜市保留的年轻人。两边都是民意，怎么选？

"我们要尽可能满足每一个市民的合理要求，找一个两全其美的办法"。收到来电后，市委、市政府和锦江区高度重视，组织多方实地研究，基层社区组织加强沟通协调，制定了三色路整治方案。

经过多方反复商讨决定，统一管理、统一招商运营，将"后备箱"集市升级打造成"集装箱"集市，配备物业进行统一规范管理，取得良好的社会效果。目前，三色路夜市已成为成都市又一网红打卡点。

B.14

以人民为中心打造便民
惠民亲民服务平台

——长沙城市综合服务平台的探索与实践

长沙市数据资源管理局

摘　要：长沙市委、市政府深入贯彻落实中央及湖南省"放管服"改革
　　　　总体要求，委托国家信息中心率先精心编制长沙市新型智慧城市
　　　　示范城市顶层设计和三年行动计划，构建智慧城市服务总体架
　　　　构，匠心打造城市综合服务平台，大力推进"三融五跨"，有效
　　　　支撑全市"放管服"改革30项重点任务，在简政放权、审批集
　　　　成、事中事后监管、"互联网+政务服务"等方面持续发力，深
　　　　入推进"一件事一次办"更加成熟定形、更加协同高效，有效
　　　　优化营商环境，显著提升广大市民与企业的幸福感、获得感，推
　　　　动了长沙市"互联网+"、"智能+"服务新形态建设，实现了城
　　　　市生活更智慧、更便捷、更宜居，营造了数字生活新形态。

关键词："一站式办理"　数字生活　长沙市

　　长沙是湖南省会城市，是首批国家历史文化名城、全国"两型社会"
综合配套改革试验区、长江中游城市群和长江经济带重要的节点城市，常住
人口为1004.79万人。随着国家"放管服"改革的深入，湖南省推出"一
件事一次办"改革等创新举措，长沙市委、市政府积极落实国家、省改革
要求，探索打造"全要素融合"城市综合服务平台，通过数字化、智能化、

便捷化的政务服务和公共服务，全面优化了营商环境，极大地提升了市民和企业的幸福感、获得感、安全感。2020 年 11 月，长沙市获评"中国最具幸福感城市"，成为全国唯一连续 13 年蝉联此殊荣的城市。2021 年 5 月，在全国优化营商环境经验交流现场会上，长沙市被国家发改委评为营商便利度提升最快的城市。

近年来，长沙市委、市政府深入贯彻落实中央及湖南省"放管服"改革总体要求，委托国家信息中心率先精心编制长沙市新型智慧城市示范城市顶层设计和三年行动计划，构建智慧城市服务总体架构，匠心打造城市综合服务平台，大力推进"三融五跨"，有效支撑全市"放管服"改革 30 项重点任务，在简政放权、审批集成、事中事后监管、"互联网+政务服务"等方面持续发力，深入推进"一件事一次办"更加成熟定形、更加协同高效，有效优化营商环境，显著提升广大市民与企业的幸福感、获得感，推动了长沙市"互联网+""智能+"服务新形态建设，实现了城市生活更智慧、更便捷、更宜居，营造了数字生活新形态。长沙市城市综合服务平台用户已达1112 万，基本覆盖全市常住人口，2020 年网上政务服务能力已跻身全国重点城市十强，国务院办公厅先后两次简报推介长沙市相关改革经验，长沙市获评 2020 年度湖南省推进"一件事一次办"改革、政府职能转变和深化"放管服"改革成效明显的地区并排名第一；在湖南省营商环境评价中，长沙政务服务、惠企政策落实成为全省标杆先进指标，2022 年获评中央党校党政信息化最佳实践案例。

一 主要做法

围绕以人民满意为中心，长沙从四大维度发力，致力打造"全要素融合"的城市综合服务平台。

（一）"政务服务+公共服务"融合，打造一体化城市服务平台

按照"1 底座+1 大脑+1 平台+N 入口"的总体架构，依托市政务云的

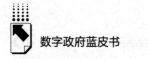

计算存储网络基础数字底座支撑，基于城市超级大脑汇聚共享跨部门的 188 亿条数据和 964 类电子证照，支撑打造囊括 3390 项政务服务和 1600 余项公共服务的城市综合服务平台，提供"PC 端+APP+系列微信小程序"多渠道的互联网服务入口，实现广大市民和企业随时随地通过一个实名数字身份认证账号，畅享办事办证、新闻资讯、公交地铁乘车、疫苗预约、医院就诊等丰富多彩的城市服务，畅享美好数字生活。

（二）"线上渠道+线下服务"融合，确保全渠道高质量服务水平

一是围绕多元用户习惯，提供多渠道服务入口。在 PC 端依托"互联网+政务服务"一体化平台，全面提供 34 个部委办局政务服务事项；在移动端打造"我的长沙"APP，面向高频深度用户提供综合性政务服务和公共服务掌上平台；面向惯用微信的轻度用户，开通"我的长沙""集采长沙""嗨游长沙"系列微信小程序，提供微信办事、企业产品供需交流采购、旅游资讯活动等各类服务。二是全面整合政务服务基础能力。依托"互联网+政务服务"一体化平台，建立市、区、街道、社区四级政务管理一体化运行机制和同城化服务模式，全面支撑市、区县、乡镇（街道）1623 个窗口 13365 名窗口工作人员。全面优化综合窗口、网上大厅、智慧终端三类政务服务途径建设，助推工程建设、市场准入、社会事务、不动产登记、住房公积金、人社医保人才、公安业务等 7 类综合窗口改革。整合自助机服务功能，在市、区县（市）两级政务服务大厅部署一体化自助机 100 余台，全面建成 24 小时自助服务区，实现群众办事只进"一扇门"，统一预约叫号，在线预填资料，办事免排队、缩减办事时间。三是建立全市统一的网上中介服务超市。全面整合 94 项全市（含区县、园区）行政审批中介服务事项，规范中介服务标准。企业通过平台可快捷查看特定领域中介服务机构历史服务水平，便利选择和联系中介服务机构。目前，平台已累计入驻中介机构 721 家，发布采购公告 2557 个，已签约项目 1378 个，交易合同总金额达 2894.85 万元。四是建立健全服务评价体系。建成"好差评"系统，在市政府门户网站、"互联网+政务服务"一体化平台、

"我的长沙"APP、微信小程序醒目位置设置评价栏目，在政务大厅全面部署"好差评"功能窗口评价器，群众和企业办事随时可一键评价，提交建议意见，直达责任部门。2020年全市"好差评"总量6942704件，占整体办件量的68%，其中差评数量598件，差评整改率为100%，有效促进了线上、线下服务水平提升。

（三）"流程再造+技术创新"融合，实现"放管服"改革纵深突破

一是依托城市超脑，推进业务流程再造。通过城市超脑跨部门数据调取验证、人像识别认证、电子证照等能力支撑，积极探索线上"手机刷脸+自动效验+人工审核+邮寄证照"全流程办理，线下"刷身份证+刷脸"免材料办理，基本实现户籍落户、驾考报名、保安员证办理、城管交通设施理赔服务、公积金业务等服务事项网上全流程免证明材料办理。按照《湖南省2020年政务服务工作要点》，对275个"一件事一次办"进行颗粒化梳理、重新组合和流程再造，形成3144种办事情形，打造"一件事一次办"专栏，以递进式引导问卷的方式，为群众提供办事智能导办服务。按照"同一事件、同一标准"设置全市通用套餐模板，建立"就近申报、异地收件、远程流转、属地办理、跨层联办"的跨域通办模式，让企业群众跨地域、跨层级办事"只跑一次"或"一次也不跑"。二是采用RPA机器人，推进省部级系统融合。针对省部级业务系统条线分离，难以满足群众和窗口人员一平台办理的需求，长沙市创新运用RPA流程自动化技术，解决涉部省级业务系统办件信息的互通问题。RPA机器人采取集群服务器部署和本地客户端窗口两种模式，与市一体化平台以接口方式对接，通过正向信息推送方式，与一体化平台融为一体，将涉部省级事项无感纳入市平台办理和监控。已上线40个事项，包括"老年优待证""就业登记""失业登记""就业创业证申领""就业困难人员认定"等，解决了36000余笔办件二次录入问题。三是依托智能底座，敏捷上线紧迫需求。针对突发紧迫业务需求，长沙市城市综合服务平台基于市政务云的弹性基础资源支撑，及城市超脑数据中台、应用中台、AI中台赋能，可

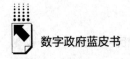

实现 15 天内从原型设计到上线运行的敏捷开发模式。2020 年初，仅用 10 天时间，在政务服务门户、移动端、自助服务终端建成"复工复产政策兑现一件事一次办"专栏。在新冠疫苗接种工作启动后，迅速上线疫苗预约功能，确保市民在接种疫苗时不聚集、不排队、不等候，减轻基层工作人员压力，自疫苗预约功能上线后已为 23 万余人提供预约服务。2021 年 5 月，为助推长沙市政府、中国人民银行长沙中心支行牵头开展了"数字人民币 幸福新长沙"数字人民币红包活动，快速上线数字人民币预约功能，面向在长个人发放 4000 万元数字人民币消费红包，132 万名市民踊跃参与，100 余家媒体报道，有力推动数字人民币在长试点应用工作。四是基于 LBS 技术，打造 15 分钟生活圈。通过基于位置的服务，长沙城市综合服务平台致力营造美好的 15 分钟数字生活圈，实现手机地图可视化展现，导航周边菜市场、公园绿地、宾馆酒店、社区服务中心等生活服务场所，并动态采集市民生活需求，实时上传市人居环境局城市体检平台，为城市更新规划、基础设施完善提供数据依据，助力全市打造形成 600 余个 15 分钟生活圈。

（四）"新兴媒体+城市服务"融合，探索可持续发展运营模式

一是打造新型融媒体品牌。推进"我的长沙"APP 与长沙广电集团旗下的新闻客户端"智慧长沙"APP 深度融合，发挥主流新闻媒体渠道、内容、平台等资源优势，精心打造"今日要闻""城市慢直播""逛吃长沙"等多项融媒体产品。群众使用"我的长沙"APP 办理政务服务和公共服务之余，可观看和收听每日新闻大事、全方位本土信息资讯，了解长沙餐饮、旅游文化相关福利活动资讯，视频直播长沙各类地标建筑、城市景区、交通路况等，有效提升用户黏性和日常活跃度。二是创新多元板块共建机制。为兼顾城市服务全市整体统筹要求，与部委办局、区县、园区个性化创新发展需求，建立城市综合服务平台"1 前台+1 中台+N 后台"多元板块共建机制，鼓励各相关单位按照全市城市综合服务平台总体架构，依托市级中台能力，统一用户认证和服务入口，建设智慧出行、智慧园

区、智慧区县等服务后台，打造特色功能，集中接入城市综合服务平台，不断丰富城市服务内容。三是积极探索市场化运营。采用"政府引导、市场运营"模式，委托专业运营公司集中管理运营城市综合服务平台，逐步拓展增值服务内容。坚持社会效益与市场效益双轮驱动，解决政务APP日活低、"僵尸"化问题，挖掘城市综合服务平台私域流量价值，推进实现可持续造血发展。

二　主要成效

（一）用户覆盖广泛活跃

长沙市城市综合服务平台PC端全面覆盖市、区县、乡镇街道的服务窗口，开通了212286个服务事项办理功能，为1961744个市民提供服务，产生了5781405笔单事项办件。其中，开设了3367个"一件事一次办"服务套餐功能，完成了58486笔服务套餐办件。长沙市城市综合服务平台APP端自2019年11月上线以来，用户数已达1112万人，提供服务7342万余次，最高并发量达180万/秒，登录APP的用户总数最高达1141998人/天，用户数与活跃度均位居全国同类应用的前列。融媒体传播力、多元化城市服务的使用场景，增加了用户的黏性，提升了平台的日常活跃度，地铁乘车、防疫专区、体育馆预约等多项服务使用人数显著提升，取得良好社会效应。

（二）城市服务全面整合

城市综合服务平台已整合34个部委办局政务服务事项3390项、社会服务和公共服务254项，其中266项政务服务已实现网上全流程办理，提供市直单位、各区县（市）19余万个事项的直达查询服务。市民通过平台即可办理居住证、落户、办事预约取号、老年优待证等公安事项，实时查询社

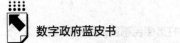

保、公积金、车辆违章等信息，实现各类生活缴费服务线上办理，接收停水、停电等生活信息。

（三）极大提升办事效率

政务服务不见面审批事项发布率达99.99%、网办率达97.61%、一次办率达97.07%。工程建设审批事项由原来的71项压减至41项，减少了42%，全流程总审批时限由改革前的约230个工作日压减至36~75个工作日，申报材料由320项压减至178项，减少了约44%。实现行政相对人整体跑动次数最少，企业和办事群众获得感和满意度上升。通过省、市数据共享，全市5.7万个法人事项在办件时实现自动填写。自2020年11月15日自动填充数据功能上线以来，总计为9.8万的法人办件减少录入时间。按照目前一网通办平台的法人事项，窗口日均收件量约2000件，以录入一个企业基本信息节省1分钟计算，一天办2000件法人事项，就能省约33个工时、4个人工。RPA机器人已应用到40个服务事项，包括"老年优待证""就业登记""失业登记""就业创业证申领""就业困难人员认定"等，解决了36000余笔办件信息二次录入问题。

（四）广泛获得荣誉推荐

2019年国家政务服务能力第三方考核中，长沙市跻身全国重点城市第10位，2020年晋升全国第9位。国务院办公厅先后两次简报推介长沙市"放管服"改革经验，长沙市获评湖南省推进"一件事一次办"改革、政府职能转变和深化"放管服"改革成效明显的地区并排名第一。长沙市"政务服务门户'一件事一次办'"案例入选"2020数字政府服务能力评估暨第十九届政府网站绩效评估优秀创新案例"。"我的长沙"APP获评中国智慧城市十大行业应用"数字政府"优秀案例奖。长沙连续两年蝉联"中国领军智慧城市"，获评"2022世界智慧城市大奖·中国区"唯一城市大奖。

三 主要创新

（一）建设模式创新

采用市级统筹，区县、园区共建模式，整合城市服务入口，便捷群众使用。同时，释放市直单位、区县市、园区服务创新积极性，共建共享城市综合服务平台，不断丰富服务内容。

（二）技术路线创新

充分利用长沙市智慧城市建设成果，依托政务云基础资源和城市超脑智能中台，提供跨部门业务数据共享、电子证照、人像识别认证等多维共性能力，支撑免材料、极简审批、跨域通办等政务服务创新。围绕市委、市政府中心工作，实现快速上线新冠疫苗预约、复工复产、数字人民币预约等一批智慧应用。创新采用RPA机器人技术打破条线业务系统壁垒，将涉部省级系统服务事项无感纳入市级平台办理和监控。实现群众通过长沙市城市综合服务平台即可申办部省级政务服务事项，基层工作人员通过市级平台，即可办理审批事项，自动上传信息至相关省部级系统，避免信息重复录入。

（三）运营机制创新

充分发挥长沙广电集团主流新闻媒体优势，汇集了电视、广播、网络等多种新闻渠道，提供权威、准确、及时、本地化的资讯内容，结合大数据算法分析，实现匹配用户使用场景与习惯的个性化内容呈现。只需打开"我的长沙"APP，用户便可轻松掌握所关注的资讯动向，推荐和引流群众通过"我的长沙"APP办理政务服务事项。聘请专业运营公司集中管理运营城市综合服务平台，逐步拓展增值服务内容。坚持社会效益与市场效益双轮驱动，解决政务APP日活低、"僵尸"化问题，挖掘城市综合服务平台私域流量价值，推进实现可持续造血发展。

附录一
中国地方政府数字化服务能力
评价（2023）指标与权重

表 1　政府数字化服务能力评价指标与权重

单位：%

一级指标	权重 a	二级指标	权重 b	三级指标	权重 c	综合权重 a×b×c
服务供给能力	40	规范供给能力	30	清单规范性	50	6.0
				内容规范性	30	3.6
				流程规范性	20	2.4
		平台供给能力	30	平台整合能力	25	3.0
				平台应用能力	75	9.0
		融合供给能力	40	单部门贯通能力	40	6.4
				跨部门协同能力	40	6.4
				跨地区联动能力	20	3.2
服务响应能力	30	服务感知能力	20	主动感知回应	50	3.0
				办事服务效果评价	50	3.0
		服务受理能力	40	办事诉求受理能力	50	6.0
				互动诉求受理能力	50	6.0
		服务回应能力	40	办事服务渠道引导	20	2.4
				办事服务便利程度	40	4.8
				诉求回复响应	40	4.8
服务智慧能力	20	智能交互能力	60	智能搜索	50	6.0
				智能问答	50	6.0
		智能定制能力	40	定制服务	65	5.2
				智能推送	35	2.8

续表

一级指标	权重 a	二级指标	权重 b	三级指标	权重 c	综合权重 a×b×c
数据驱动能力	10	数据驱动能力	100	数据开放能力	20	2.0
				数据检索能力	20	2.0
				数据调用能力	20	2.0
				数据应用能力	30	3.0
				数据安全保障	10	1.0

附录二
中国地方政府数字化服务能力评价
（2023）指标含义与解释

一 服务供给能力

服务供给能力是指将数字技术广泛应用于政府管理服务，通过建立健全数据治理制度和标准体系，推进数据规范供给、业务流程标准统一、政府治理与数字化深度融合，规范、高效、整体地实现政府服务供给的能力。主要包括规范供给能力、平台供给能力、融合供给能力。

（一）规范供给能力

规范供给能力是基于国家相关政策法规要求界定服务的边界与范围，评价政府基于数字化服务在清单供给、内容与流程等方面的完备度、准确度。其评价点位包含清单规范性、内容规范性、流程规范性。

1. 清单规范性

依据 2019 年新修订的《中华人民共和国政府信息公开条例》（国务院令第 711 号）、《国务院办公厅政府信息与政务公开办公室关于规范政府信息公开平台有关事项的通知》（国办公开办函〔2019〕61 号）等文件要求，对各级政府编制和公布政府信息公开目录总体情况进行评价。

依据《国务院办公厅关于印发国务院部门权力和责任清单编制试点方案的通知》（国办发〔2015〕92 号）等文件要求，对各地权责清单的编制与公布情况进行评价，包括是否按要求公开标准化权责清单，是否按要求对权责清单进行分类展示以及查询的便利度等进行评价。

依据《国务院关于印发"十三五"推进基本公共服务均等化规划的通知》（国发〔2017〕9号），对各级政府推进落实、公布基本公共服务清单情况进行评价，包括是否公布公共服务清单以及公共服务清单覆盖度等进行评价。

围绕《国务院办公厅关于做好证明事项清理工作的通知》（国办发〔2018〕47号）、《国务院办公厅关于全面推行证明事项和涉企经营许可事项告知承诺制的指导意见》（国办发〔2020〕42号）以及国务院和各省、市对中介服务事项清理和公布的要求，对证明服务事项清单、中介服务事项清单、承诺事项清单的公布情况进行评价。

2. 内容规范性

依据《国务院办公厅政府信息与政务公开办公室关于规范政府信息公开平台有关事项的通知》（国办公开办函〔2019〕61号）、《国务院办公厅关于印发2022年政务公开工作要点的通知》（国办发〔2022〕8号）等文件要求，对政府信息公开目录的公开指南等内容规范性进行评价。

依据中办国办印发的《关于建立健全基本公共服务标准体系的指导意见》、《国务院办公厅关于推进社会公益事业建设领域政府信息公开的意见》（国办发〔2018〕10号）等文件要求，对涉及民生的社会公益事业建设领域公开形式、服务对象、公开要素等进行评价。

依据中办国办印发《关于推进社会信用体系建设高质量发展促进形成新发展格局的意见》、《国务院办公厅关于加快推进社会信用体系建设构建以信用为基础的新型监管机制的指导意见》（国办发〔2019〕35号）要求，对社会信用体系标准建设、信用承诺制度建设、公共信用信息报告等情况进行评价。

3. 流程规范性

依据《国务院办公厅政府信息与政务公开办公室关于政府信息公开工作年度报告有关事项的通知》（国办公开办函〔2019〕60号）、《国务院办公厅关于印发2022年政务公开工作要点的通知》（国办发〔2022〕8号）

等文件要求，对政府信息公开目录公开年报、规范性文件的公开流程规范性进行评价。

依据《国务院办公厅关于印发开展基层政务公开标准化规范化试点工作方案的通知》（国办发〔2017〕42号）、《国务院办公厅关于全面推进基层政务公开标准化规范化工作的指导意见》（国办发〔2019〕54号）等文件要求，对基层政务试点领域标准指引编制与政务公开工作流程规范等进行评价。

（二）平台供给能力

平台供给能力是在政府基于集约化平台建设，评价政府基于"三融五跨"深化政务服务线上线下一体化，统筹线上线下政务服务资源，实现跨地区、跨部门、跨层级高效协同服务供给。评价点位为平台整合能力、平台应用能力。

1. 平台整合能力

依据《国务院办公厅关于印发政务信息系统整合共享实施方案的通知》（国办发〔2017〕39号）、《国务院办公厅关于印发政府网站发展指引的通知》（国办发〔2017〕47号）、《国务院关于加快推进全国一体化在线政务服务平台建设的指导意见》（国发〔2018〕27号）、《进一步深化"互联网+政务服务"推进政务服务"一网、一门、一次"改革实施方案》（国办发〔2018〕45号）、《国务院办公厅政府信息与政务公开办公室关于规范政府信息公开平台有关事项的通知》（国办公开办函〔2019〕61号）、《国务院办公厅关于推进政务新媒体健康有序发展的意见》（国办发〔2018〕123号）、《国务院关于在线政务服务的若干规定》（国务院令第716号）、《国务院办公厅关于进一步优化地方政务服务便民热线的指导意见》（国办发〔2020〕53号）等文件要求，对各地方政府信息公开、政务服务、互动交流和政务新媒体等互联网服务平台的整合情况进行评价。

2. 平台应用能力

依据《国务院办公厅关于印发政务信息系统整合共享实施方案的通知》

（国办发〔2017〕39号）、《国务院办公厅关于依托全国一体化政务服务平台建立政务服务效能提升常态化工作机制的意见》（国办发〔2023〕29号）、根据"平台整合能力"所述各相关文件要求，基于各地互联网服务平台的整合情况，对各地方政府重点领域公开抽查情况，政务服务一体化平台的区域纵向延伸（街道/乡镇、社区/村），电子证照应用和惠企服务等情况进行评价。

（三）融合供给能力

融合供给能力是在清晰的服务框架下，评价政府基于公众需求以数字化服务方式对各类服务资源供给的贯通度、整合度。评价点位为单部门贯通能力、跨部门协同能力和跨地区联动能力。

1.单部门贯通能力

依据《国务院办公厅关于印发政府网站发展指引的通知》（国办发〔2017〕47号）、《国务院关于加快推进全国一体化在线政务服务平台建设的指导意见》（国发〔2018〕27号）等文件要求，从企业和公众实际需求出发，对各地社保领域、教育领域与纳税领域的贯通能力进行评价，包括是否融合贯通政策、办事、沟通交流等各类服务内容。

2.跨部门协同能力

依据《国务院办公厅关于印发进一步深化"互联网+政务服务"推进政务服务"一网、一门、一次"改革实施方案的通知》（国办发〔2018〕45号）、《国务院办公厅关于加快推进"一件事一次办"打造政务服务升级版的指导意见》（国办发〔2022〕32号）等文件要求，考察跨层级、跨地域、跨系统、跨部门、跨业务的协同管理和服务，从企业和公众实际需求出发，对企业开办变更、企业注销领域、工程建设、不动产登记领域及集成服务的协同能力进行评价，包括相关领域是否融合贯通相关部门办事流程环节并提供相关政策、沟通交流等各类服务内容，以及是否提供集成服务事项数量以及集成服务的深度与便捷度等。

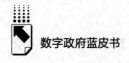

3. 跨地区联动能力

依据《国务院办公厅关于加快推进政务服务"跨省通办"的指导意见》（国办发〔2020〕35号）、《国务院办公厅关于扩大政务服务"跨省通办"范围进一步提升服务效能的意见》（国办发〔2022〕34号）等文件要求，评价高频政务服务事项跨地区办理以及服务事项清单供给，对包括全域通办、跨省通办、跨域通办、区域合作专栏等进行评价。

二 服务响应能力

服务响应能力是指政府从企业和群众需求出发，通过建立健全快速响应、及时感知、协同联动的常态化机制，推动政务服务从政府供给导向向企业和群众需求导向转变，持续、敏捷、有效地回应企业和公众服务需求的能力。主要包括服务诉求受理能力、办事诉求响应能力和互动诉求反馈能力。

（一）服务感知能力

服务感知能力是基于政务服务平台投诉建议体系与"好差评"体系、12345政务服务便民热线、线上线下"办不成事"反映窗口、媒体机构留言板、领导信箱等渠道，对获取的诉求数据与办理数据等开展数据分析研究，提高政府决策科学化水平和管理服务效率的能力。其评价点位包括主动感知回应、办事效果评价等。

1. 主动感知回应

依据《国务院办公厅关于进一步加强政府信息公开回应社会关切提升政府公信力的意见》（国办发〔2013〕100号）、《国务院办公厅关于在政务公开工作中进一步做好政务舆情回应的通知》（国办发〔2016〕61号）、《国务院办公厅关于进一步优化地方政务服务便民热线的指导意见》（国办发〔2020〕53号）、《国务院办公厅关于依托全国一体化政务服务平台建立政务服务效能提升常态化工作机制的意见》（国办发〔2023〕29号）等文件要求，对政府诉求数据分析、主动回应专栏建设以及根据数据研究结果及时开展的多样化政策解读等进行评价。

2.办事服务效果评价

依据《国务院办公厅关于建立政务服务"好差评"制度提高政务服务水平的意见》（国办发〔2019〕51号）等文件要求，对各地方政府基于政务服务一体化平台的"好差评"机制开展的网上服务"一事一评"、社会各界"综合评价"和政务服务评价数据公开情况等进行评价。

（二）服务受理能力

服务受理能力是政府基于网上办事入口统筹管理和一体化服务，对办事预约、网上申报、事项受理、网上缴费、服务评价等服务全流程受理，诉求便捷、顺畅的多渠道受理等进行评价。其评价点位包括办事诉求受理能力、互动诉求受理能力等。

1.办事诉求受理能力

评价公众通过向政府提交办事诉求的便捷度和政府办事服务平台受理的规范度，包括有无咨询渠道，是否可以预约办理、线上提交办理，是否告知线下办理方式，是否可通过掌上通办平台、国家政务服务网、微信和电子社保卡等进行登录等。

2.互动诉求受理能力

评价网上政务服务便民热线（12345平台）、政务服务咨询平台、企业诉求平台等政府互动平台的规范性与整合度，以及评价公众通过政府互动平台提交诉求的便捷度和顺畅度，包括是否告知诉求办理机制、整合部门与区（市）县，是否需实名登录提交，有无提交引导、填写指南，有无查询渠道告知等。

（三）服务回应能力

服务回应能力是政府对公众办事诉求的高效、及时的响应能力。对政务服务一体化平台、诉求互动平台等的前端服务渠道引导、中端服务办理便利和后端服务效果的评价。其评价点位包括办事服务渠道引导、办事服务便利

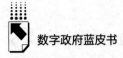

程度、诉求回复响应等。

1.办事服务渠道引导

基于政务服务渠道建设的要求，对各地方政府政务服务一体化平台建设情况，对办事服务整合情况、事项分类引导、事项办理流程引导等进行评价。

2.办事服务便利程度

基于政务服务便利化办理的要求，对各地方政府基于政务服务一体化平台开展事项办理的便捷程度，包括对公积金提取、个体工商户变更登记、二手房交易、企业歇业等服务事项的"一网通办"情况、材料清单供给、常见问题解答等进行评价。

3.诉求回复响应

依据《国务院办公厅关于进一步优化地方政务服务便民热线的指导意见》（国办发〔2020〕53号）等文件要求，基于政府互动渠道运行机制，评价政府对企业和公众提交诉求的反馈的时效性、准确性以及回访情况，以及政府对公众诉求意见和处理结果的整合度、应用度，包括是否公开回复、建立知识库与进行数据分析等情况。

三 服务智慧能力

服务智慧能力是指政府利用大数据、人工智能、区块链等新技术，通过建立健全数据分析预判机制、统筹推进业务与数据的高效融合，智能、精准地满足公众和企业差异化、个性化、多元化企业和公众需求的能力。主要包括智能交互能力和智能定制服务能力。

（一）智能交互能力

智能交互能力是评价政府利用人工智能等技术提供响应式交互服务的能力与实际应用效果。评价点位为智能搜索和智能问答。

1. 智能搜索

评价政府各互联网平台搜索功能的智慧化程度，包括实现搜索结果智能排序、智能筛选、自定义设置等。

2. 智能问答

评价政府各互联网平台人工智能对话交流功能的智慧化程度，包括通过预设不同问题评价人工智能对话的准确度、全面度等，以考量其学习能力、分析能力、应答能力和服务能力。

（二）个性化服务能力

个性化服务能力评价政府依托互联网大数据和云计算等技术，基于人群画像和行为分析等提供自动化、细分化、精准化服务的能力。评价点位为定制服务和智能推送。

1. 定制服务

依据《全国互联网政务服务平台检查指标》和个性化服务对用户注册信息的分析需求，评价政府各互联网平台对平台用户（会员）管理功能的建设和应用情况，包括账号关联、用户管理、个性化定制、办事服务信息等。

2. 智能推送

评价政府基于大数据技术，根据企业实际需求提供惠企政策"免申即享"的能力，根据公众实际需求通过互联网精准、定向推送服务的能力。

四　数据驱动能力

数据驱动能力是政府加强数据汇聚融合、共享开放和开发利用，促进数据依法有序流动，充分发挥数据的驱动作用和创新引擎作用，通过数据开放、多元参与等方式让各方主体依托城市数字化治理界面实现高质量互动的能力，以实现与数字经济、数字社会、数字文化、数字生态文明的有效衔接、统筹推进、协调发展。

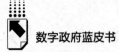

　　数据驱动能力为2023年新增的观察指标，以期持续研究观察数字政府引领驱动数字经济、数字社会、数字文化和数字生态文明全方位协同发展状况。依据《国务院关于印发促进大数据发展行动纲要的通知》（国发〔2015〕50号）、《国务院办公厅关于印发政务信息系统整合共享实施方案的通知》（国办发〔2017〕39号）、《国务院办公厅关于印发全国一体化政务大数据体系建设指南的通知》（国办函〔2022〕102号）等文件要求，本报告主要基于各地数据开放平台的建设与应用情况开展评价。未设置二级评价指标，其主要点位包括数据开放能力、数据检索能力、数据调用能力、数据应用能力、数据安全保障能力等。

附录三
中国地方政府数字化服务能力评价（2023）直辖市与地级行政区得分

表 1 政府数字化服务能力评价直辖市总排名

单位：分

排名	直辖市	总分	服务供给能力	服务响应能力	服务智慧能力	数据驱动能力
1	北京市	89.89	36.81	26.51	18.16	8.42
2	上海市	85.56	36.50	25.45	14.44	9.16
3	重庆市	83.77	34.22	25.62	15.52	8.40
4	天津市	75.44	32.24	23.18	12.28	7.74

注：表中数值是基于原始采集数据统计、标准化处理后的数值，为四舍五入保留小数点后两位的结果，下同。

表 2 政府数字化服务能力评价地级行政区总排名

单位：分

排名	地级行政区	所属省级行政区	总分	服务供给能力	服务响应能力	服务智慧能力	数据驱动能力
1	广州市	广东省	86.61	35.36	25.49	16.48	9.28
2	深圳市	广东省	86.54	36.18	25.44	15.76	9.16
3	温州市	浙江省	85.37	34.46	24.55	16.48	9.88
4	成都市	四川省	85.14	35.32	26.86	14.04	8.92
5	湖州市	浙江省	84.81	34.33	24.36	16.48	9.64
6	湛江市	广东省	84.55	34.56	26.29	16.48	7.22

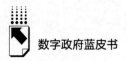
续表

排名	地级行政区	所属省级行政区	总分	服务供给能力	服务响应能力	服务智慧能力	数据驱动能力
7	宁波市	浙江省	84.07	34.31	23.76	16.48	9.52
8	蚌埠市	安徽省	83.88	35.34	26.72	15.40	6.42
9	金华市	浙江省	83.87	33.69	24.18	16.48	9.52
10	丽水市	浙江省	83.87	33.80	23.95	16.48	9.64
11	绍兴市	浙江省	83.86	33.50	24.36	16.48	9.52
12	武汉市	湖北省	83.47	34.46	25.38	14.47	9.16
13	济南市	山东省	83.32	33.13	24.80	16.48	8.90
14	中山市	广东省	83.31	35.77	24.55	15.76	7.22
15	台州市	浙江省	83.28	32.97	23.95	16.48	9.88
16	嘉兴市	浙江省	83.13	34.10	24.97	15.04	9.02
17	杭州市	浙江省	82.96	33.70	24.22	15.04	10.00
18	衢州市	浙江省	82.90	33.50	23.28	16.48	9.64
19	淮北市	安徽省	82.55	35.30	23.80	15.52	7.94
20	茂名市	广东省	82.31	34.53	25.30	15.76	6.72
21	芜湖市	安徽省	82.29	35.15	26.04	13.96	7.14
22	舟山市	浙江省	82.28	34.20	23.52	15.04	9.52
23	珠海市	广东省	82.10	33.83	25.30	15.76	7.22
24	亳州市	安徽省	82.06	35.46	26.58	12.16	7.86
25	宣城市	安徽省	81.99	35.06	24.91	13.72	8.30
26	六安市	安徽省	81.95	34.45	23.92	15.04	8.54
27	佛山市	广东省	81.69	33.94	24.55	16.48	6.72
28	宜昌市	湖北省	81.32	32.04	27.59	14.47	7.22
29	贵阳市	贵州省	80.97	31.93	26.70	13.56	8.78
30	沈阳市	辽宁省	80.96	34.58	24.10	14.24	8.04
31	黄石市	湖北省	80.94	31.79	26.82	15.91	6.42
32	厦门市	福建省	80.81	30.16	25.28	17.56	7.80
33	青岛市	山东省	80.79	32.72	23.65	15.52	8.90
34	淮南市	安徽省	80.64	34.94	24.24	15.04	6.42
35	广元市	四川省	80.52	35.44	25.84	11.16	8.08
36	东营市	山东省	80.50	32.35	22.29	16.96	8.90
37	长沙市	湖南省	80.37	32.69	26.18	13.58	7.92
38	合肥市	安徽省	79.93	36.05	24.60	12.86	6.42
39	福州市	福建省	79.90	30.74	26.28	16.96	5.92

续表

排名	地级行政区	所属省级行政区	总分	服务供给能力	服务响应能力	服务智慧能力	数据驱动能力
40	宿州市	安徽省	79.65	36.50	22.69	12.16	8.30
41	潍坊市	山东省	79.50	34.20	19.54	16.96	8.80
42	泉州市	福建省	79.33	30.35	26.10	16.96	5.92
43	鄂州市	湖北省	79.22	31.15	27.42	14.23	6.42
44	恩施土家族苗族自治州	湖北省	79.14	31.91	28.14	12.67	6.42
45	汕尾市	广东省	79.03	32.85	25.61	13.36	7.22
46	云浮市	广东省	78.97	35.88	25.90	10.48	6.72
47	娄底市	湖南省	78.81	30.96	25.66	14.27	7.92
48	咸宁市	湖北省	78.71	31.85	27.53	14.83	4.50
49	东莞市	广东省	78.65	34.91	26.04	10.48	7.22
50	肇庆市	广东省	78.57	34.00	24.89	14.68	5.00
51	日照市	山东省	78.56	32.99	22.24	14.44	8.90
52	无锡市	江苏省	78.51	31.07	23.68	14.61	9.16
53	潮州市	广东省	78.34	33.59	21.77	15.76	7.22
54	淄博市	山东省	78.15	31.59	22.74	15.04	8.78
55	湘潭市	湖南省	78.09	30.68	26.56	15.35	5.50
56	三明市	福建省	78.06	29.38	25.80	16.96	5.92
57	宁德市	福建省	78.05	29.87	25.80	16.96	5.42
58	泸州市	四川省	77.78	32.08	25.03	11.88	8.80
59	铜陵市	安徽省	77.77	35.31	23.16	12.88	6.42
60	韶关市	广东省	77.72	35.73	24.29	10.48	7.22
61	哈尔滨市	黑龙江省	77.70	31.57	20.01	17.58	8.54
62	随州市	湖北省	77.54	33.08	25.02	13.51	5.92
63	阳江市	广东省	77.51	33.79	26.52	10.48	6.72
64	宿迁市	江苏省	77.40	32.11	21.14	16.65	7.50
65	淮安市	江苏省	77.38	30.96	23.14	16.65	6.64
66	滁州市	安徽省	77.11	35.46	23.09	13.36	5.20
67	菏泽市	山东省	76.88	30.41	21.78	15.52	9.16
68	黄山市	安徽省	76.69	33.92	24.05	13.72	5.00
69	安顺市	贵州省	76.62	32.35	25.91	11.28	7.08
70	绵阳市	四川省	76.61	33.84	23.25	10.73	8.80
71	荆州市	湖北省	76.61	32.16	28.14	15.31	1.00

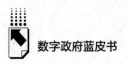

续表

排名	地级行政区	所属省级行政区	总分	服务供给能力	服务响应能力	服务智慧能力	数据驱动能力
72	黔南布依族苗族自治州	贵州省	76.54	32.05	25.62	11.28	7.58
73	德州市	山东省	76.51	30.41	24.06	12.64	9.40
74	马鞍山市	安徽省	76.48	34.66	22.22	15.40	4.20
75	攀枝花市	四川省	76.47	32.76	22.91	12.36	8.44
76	内江市	四川省	76.39	31.03	24.16	12.05	9.16
77	惠州市	广东省	76.35	32.68	25.97	10.48	7.22
78	烟台市	山东省	76.35	31.18	21.83	14.44	8.90
79	龙岩市	福建省	76.30	28.39	25.03	16.96	5.92
80	吉安市	江西省	76.30	34.09	22.50	11.19	8.52
81	凉山彝族自治州	四川省	76.26	34.14	23.00	10.08	9.04
82	汕头市	广东省	76.09	34.88	25.73	10.48	5.00
83	遂宁市	四川省	76.06	33.03	24.59	10.80	7.64
84	宜春市	江西省	76.06	31.52	24.34	12.88	7.32
85	六盘水市	贵州省	76.06	31.27	25.92	11.28	7.58
86	郴州市	湖南省	75.71	31.58	23.67	14.46	6.00
87	鄂尔多斯市	内蒙古自治区	75.62	32.84	24.77	11.58	6.44
88	遵义市	贵州省	75.53	31.57	24.02	12.36	7.58
89	阜阳市	安徽省	75.50	35.90	25.98	11.42	2.20
90	泰安市	山东省	75.49	32.25	18.32	15.52	9.40
91	河源市	广东省	75.48	34.83	23.45	10.48	6.72
92	镇江市	江苏省	75.44	28.58	24.10	16.05	6.72
93	天津市	天津市	75.44	32.24	23.18	12.28	7.74
94	南通市	江苏省	75.20	30.16	25.01	12.81	7.22
95	济宁市	山东省	75.09	32.06	20.05	14.08	8.90
96	南京市	江苏省	74.97	32.58	22.26	15.93	4.20
97	铜仁市	贵州省	74.90	31.15	24.89	11.28	7.58
98	赣州市	江西省	74.85	31.98	22.27	13.36	7.24
99	荆门市	湖北省	74.72	31.66	24.13	11.71	7.22
100	泰州市	江苏省	74.72	29.49	21.12	16.05	8.06
101	聊城市	山东省	74.58	31.61	19.49	14.44	9.04
102	清远市	广东省	74.53	34.98	24.07	10.48	5.00

续表

排名	地级行政区	所属省级行政区	总分	服务供给能力	服务响应能力	服务智慧能力	数据驱动能力
103	威海市	山东省	74.31	30.08	21.42	13.41	9.40
104	达州市	四川省	74.26	31.41	23.25	10.20	9.40
105	毕节市	贵州省	74.24	30.61	25.26	11.28	7.08
106	河池市	广西壮族自治区	74.20	32.60	21.70	12.59	7.32
107	巴中市	四川省	74.12	30.90	22.85	12.41	7.96
108	池州市	安徽省	74.10	34.81	21.05	13.24	5.00
109	黔东南苗族侗族自治州	贵州省	73.95	30.73	24.86	11.28	7.08
110	连云港市	江苏省	73.94	32.41	19.56	13.53	8.44
111	南充市	四川省	73.87	31.41	23.99	11.69	6.78
112	南宁市	广西壮族自治区	73.72	32.09	21.12	13.19	7.32
113	德阳市	四川省	73.54	32.11	23.39	9.12	8.92
114	雅安市	四川省	73.53	31.44	23.40	9.89	8.80
115	安庆市	安徽省	73.53	35.79	21.89	14.85	1.00
116	临沂市	山东省	73.31	30.07	23.38	10.96	8.90
117	盐城市	江苏省	73.26	31.82	21.89	11.25	8.30
118	宜宾市	四川省	73.24	31.68	22.80	9.72	9.04
119	抚州市	江西省	73.19	34.13	22.14	13.36	3.56
120	柳州市	广西壮族自治区	73.00	30.11	22.43	12.78	7.68
121	襄阳市	湖北省	72.99	30.76	27.48	13.75	1.00
122	揭阳市	广东省	72.96	33.13	22.13	10.48	7.22
123	桂林市	广西壮族自治区	72.87	30.60	22.78	11.70	7.80
124	常德市	湖南省	72.76	30.61	25.19	14.46	2.50
125	石家庄市	河北省	72.71	30.25	25.00	16.96	0.50
126	郑州市	河南省	72.69	33.30	25.04	11.86	2.50
127	南平市	福建省	72.54	28.23	23.95	14.44	5.92
128	莆田市	福建省	72.46	27.95	22.97	16.12	5.42
129	漳州市	福建省	72.37	29.00	23.02	14.44	5.92
130	伊春市	黑龙江省	72.35	31.73	25.80	14.82	0.00
131	苏州市	江苏省	71.95	30.21	20.11	13.89	7.74
132	永州市	湖南省	71.93	31.63	24.09	15.71	0.50
133	呼和浩特市	内蒙古自治区	71.90	31.19	23.22	16.50	1.00
134	梅州市	广东省	71.89	34.92	19.27	10.48	7.22

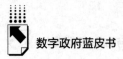

续表

排名	地级行政区	所属省级行政区	总分	服务供给能力	服务响应能力	服务智慧能力	数据驱动能力
135	崇左市	广西壮族自治区	71.59	32.93	18.27	12.59	7.80
136	岳阳市	湖南省	71.57	31.57	25.04	14.46	0.50
137	许昌市	河南省	71.40	32.48	21.10	14.62	3.20
138	滨州市	山东省	71.40	33.96	16.48	11.56	9.40
139	扬州市	江苏省	71.29	27.35	24.77	14.97	4.20
140	枣庄市	山东省	71.06	33.89	17.81	10.96	8.40
141	江门市	广东省	71.03	34.52	18.82	10.48	7.22
142	贵港市	广西壮族自治区	71.02	31.29	18.67	12.78	8.28
143	佳木斯市	黑龙江省	70.87	32.44	22.03	15.90	0.50
144	常州市	江苏省	70.72	30.92	19.63	13.53	6.64
145	南昌市	江西省	70.48	34.90	21.85	12.64	1.10
146	眉山市	四川省	70.44	31.00	23.96	7.49	8.00
147	贺州市	广西壮族自治区	70.42	30.18	20.27	11.70	8.28
148	信阳市	河南省	70.40	32.42	17.96	13.30	6.72
149	资阳市	四川省	70.22	31.57	22.96	6.41	9.28
150	黔西南布依族苗族自治州	贵州省	70.08	31.45	20.99	10.56	7.08
151	阿坝藏族羌族自治州	四川省	70.01	32.89	23.59	11.33	2.20
152	锡林郭勒盟	内蒙古自治区	69.97	28.23	20.66	13.86	7.22
153	甘孜藏族自治州	四川省	69.95	32.46	19.29	10.20	8.00
154	上饶市	江西省	69.81	32.76	20.67	15.88	0.50
155	长春市	吉林省	69.76	32.40	22.51	13.86	1.00
156	湘西土家族苗族自治州	湖南省	69.74	30.85	23.55	9.90	5.44
157	三亚市	海南省	69.66	27.40	24.46	14.61	3.20
158	九江市	江西省	69.61	31.89	22.50	14.12	1.10
159	绥化市	黑龙江省	69.56	31.11	22.39	10.14	5.92
160	株洲市	湖南省	69.51	30.02	24.29	14.46	0.74
161	牡丹江市	黑龙江省	69.11	31.62	20.50	10.14	6.86
162	平顶山市	河南省	69.07	33.78	23.06	11.74	0.50
163	新余市	江西省	69.05	26.75	22.73	13.77	5.80

续表

排名	地级行政区	所属省级行政区	总分	服务供给能力	服务响应能力	服务智慧能力	数据驱动能力
164	鹤岗市	黑龙江省	69.00	31.63	22.66	14.22	0.50
165	海口市	海南省	68.99	31.38	25.52	12.09	0.00
166	益阳市	湖南省	68.90	31.73	20.21	14.46	2.50
167	松原市	吉林省	68.83	30.93	23.05	13.86	1.00
168	徐州市	江苏省	68.79	28.63	16.89	15.33	7.94
169	来宾市	广西壮族自治区	68.76	29.10	18.31	12.59	8.76
170	广安市	四川省	68.73	31.30	21.03	7.49	8.92
171	张家界市	湖南省	68.67	30.41	23.80	14.46	0.00
172	自贡市	四川省	68.57	33.61	21.32	6.00	7.64
173	邵阳市	湖南省	68.29	31.34	23.26	13.19	0.50
174	乐山市	四川省	68.29	32.22	21.87	6.60	7.60
175	钦州市	广西壮族自治区	68.16	30.09	17.69	12.59	7.80
176	鸡西市	黑龙江省	68.14	32.49	22.87	12.78	0.00
177	北海市	广西壮族自治区	67.94	29.61	17.95	12.59	7.80
178	百色市	广西壮族自治区	67.94	29.86	18.07	12.59	7.42
179	西安市	陕西省	67.78	32.12	22.97	10.99	1.70
180	晋城市	山西省	67.76	30.05	21.66	9.91	6.14
181	景德镇市	江西省	67.71	30.68	21.98	14.44	0.60
182	乌兰察布市	内蒙古自治区	67.69	31.54	22.27	13.38	0.50
183	双鸭山市	黑龙江省	67.63	31.75	25.74	10.14	0.00
184	鹤壁市	河南省	67.39	33.18	21.86	11.86	0.50
185	四平市	吉林省	67.35	31.78	21.21	13.86	0.50
186	白山市	吉林省	67.24	30.36	22.03	13.86	1.00
187	商丘市	河南省	67.17	32.39	22.78	11.50	0.50
188	怀化市	湖南省	67.17	31.96	25.36	9.35	0.50
189	衡阳市	湖南省	67.16	29.81	21.15	15.71	0.50
190	赤峰市	内蒙古自治区	67.08	30.55	21.55	13.98	1.00
191	十堰市	湖北省	67.06	33.11	21.49	11.95	0.50
192	呼伦贝尔市	内蒙古自治区	66.95	28.94	23.75	13.26	1.00
193	大连市	辽宁省	66.94	32.85	22.66	9.73	1.70
194	梧州市	广西壮族自治区	66.93	28.17	18.68	12.78	7.30
195	吉林市	吉林省	66.88	29.88	22.15	13.86	1.00
196	驻马店市	河南省	66.87	33.51	22.93	9.94	0.50

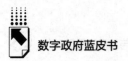

续表

排名	地级行政区	所属省级行政区	总分	服务供给能力	服务响应能力	服务智慧能力	数据驱动能力
197	齐齐哈尔市	黑龙江省	66.75	32.33	23.21	11.22	0.00
198	延边朝鲜族自治州	吉林省	66.64	30.60	21.19	13.86	1.00
199	黑河市	黑龙江省	66.47	30.75	22.75	12.47	0.50
200	玉林市	广西壮族自治区	66.41	31.23	15.27	12.59	7.32
201	黄冈市	湖北省	66.36	29.59	24.56	11.71	0.50
202	延安市	陕西省	66.25	31.24	24.14	9.67	1.20
203	辽源市	吉林省	65.82	29.28	21.69	13.86	1.00
204	通化市	吉林省	65.81	31.08	19.88	13.86	1.00
205	乌鲁木齐市	新疆维吾尔自治区	65.80	29.06	23.57	6.30	6.88
206	安阳市	河南省	65.72	32.82	21.76	11.14	0.00
207	南阳市	河南省	65.70	33.59	21.20	10.42	0.50
208	昌都市	西藏自治区	65.48	26.47	22.92	14.99	1.10
209	大兴安岭地区	黑龙江省	65.30	30.73	22.85	11.22	0.50
210	包头市	内蒙古自治区	65.15	30.37	21.00	12.78	1.00
211	洛阳市	河南省	65.11	34.11	20.59	10.42	0.00
212	新乡市	河南省	64.96	32.85	21.69	10.42	0.00
213	焦作市	河南省	64.95	32.55	21.49	10.42	0.50
214	乌海市	内蒙古自治区	64.82	30.30	20.74	12.78	1.00
215	漯河市	河南省	64.73	32.74	21.08	10.42	0.50
216	渭南市	陕西省	64.57	30.35	20.95	12.07	1.20
217	孝感市	湖北省	64.42	31.92	19.74	12.26	0.50
218	大庆市	黑龙江省	64.41	26.55	24.19	13.67	0.00
219	临夏回族自治州	甘肃省	64.29	28.63	24.91	10.25	0.50
220	银川市	宁夏回族自治区	64.09	30.23	17.94	8.12	7.80
221	平凉市	甘肃省	64.05	29.57	24.46	9.53	0.50
222	金昌市	甘肃省	63.84	29.59	24.36	9.89	0.00
223	邯郸市	河北省	63.83	31.46	19.49	12.88	0.00
224	鹰潭市	江西省	63.63	26.12	23.06	13.36	1.10
225	阿拉善盟	内蒙古自治区	63.56	29.65	19.05	13.86	1.00
226	白银市	甘肃省	63.55	28.49	23.23	11.33	0.50
227	汉中市	陕西省	63.55	30.08	22.59	9.67	1.20

续表

排名	地级行政区	所属省级行政区	总分	服务供给能力	服务响应能力	服务智慧能力	数据驱动能力
228	防城港市	广西壮族自治区	63.46	30.42	12.65	12.59	7.80
229	昆明市	云南省	63.29	34.38	23.21	5.70	0.00
230	武威市	甘肃省	63.27	30.49	23.47	8.81	0.50
231	萍乡市	江西省	63.21	29.13	19.63	13.36	1.10
232	酒泉市	甘肃省	63.18	28.00	24.43	10.25	0.50
233	白城市	吉林省	63.17	32.04	16.78	13.86	0.50
234	嘉峪关市	甘肃省	63.11	28.11	25.69	8.81	0.50
235	唐山市	河北省	62.91	30.21	18.84	13.36	0.50
236	兴安盟	内蒙古自治区	62.74	30.14	13.98	12.30	6.32
237	丽江市	云南省	62.71	33.90	22.61	5.70	0.50
238	三门峡市	河南省	62.63	32.64	19.58	10.42	0.00
239	陇南市	甘肃省	62.30	28.75	24.60	8.45	0.50
240	秦皇岛市	河北省	62.23	30.86	19.57	11.80	0.00
241	巴彦淖尔市	内蒙古自治区	62.20	32.75	15.67	12.78	1.00
242	兰州市	甘肃省	62.19	29.84	23.04	8.81	0.50
243	天水市	甘肃省	62.05	28.75	25.55	7.25	0.50
244	楚雄彝族自治州	云南省	61.99	33.60	22.69	5.70	0.00
245	通辽市	内蒙古自治区	61.92	31.97	17.48	11.46	1.00
246	大同市	山西省	61.77	23.63	19.19	12.31	6.64
247	太原市	山西省	61.71	26.50	24.15	11.05	0.00
248	德宏傣族景颇族自治州	云南省	61.61	33.18	22.13	6.30	0.00
249	甘南藏族自治州	甘肃省	61.57	28.69	24.43	8.45	0.00
250	铜川市	陕西省	61.53	29.62	19.82	10.39	1.70
251	海北藏族自治州	青海省	61.41	30.46	22.18	8.28	0.50
252	周口市	河南省	61.33	32.16	18.98	9.70	0.50
253	葫芦岛市	辽宁省	61.19	28.37	22.63	8.50	1.70
254	庆阳市	甘肃省	61.15	26.95	23.81	9.89	0.50
255	张掖市	甘肃省	61.06	28.80	23.45	8.81	0.00
256	保山市	云南省	60.99	32.21	21.98	6.30	0.50

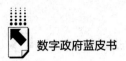

续表

排名	地级行政区	所属省级行政区	总分	服务供给能力	服务响应能力	服务智慧能力	数据驱动能力
257	大理白族自治州	云南省	60.87	30.96	21.19	8.22	0.50
258	文山壮族苗族自治州	云南省	60.63	33.24	21.19	5.70	0.50
259	开封市	河南省	60.49	31.91	17.08	11.50	0.00
260	拉萨市	西藏自治区	60.45	25.53	19.31	15.11	0.50
261	辽阳市	辽宁省	60.45	27.81	22.80	8.14	1.70
262	海西蒙古族藏族自治州	青海省	60.39	32.20	19.66	8.04	0.50
263	承德市	河北省	60.32	26.87	11.71	14.44	7.30
264	保定市	河北省	60.28	29.36	18.74	11.68	0.50
265	怒江傈僳族自治州	云南省	60.27	32.52	21.55	5.70	0.50
266	宝鸡市	陕西省	60.25	29.00	22.53	7.51	1.20
267	抚顺市	辽宁省	60.20	27.47	22.42	8.62	1.70
268	咸阳市	陕西省	60.19	28.30	22.82	7.87	1.20
269	濮阳市	河南省	60.11	32.31	17.38	10.42	0.00
270	安康市	陕西省	60.03	27.78	21.50	9.55	1.20
271	喀什地区	新疆维吾尔自治区	60.01	28.26	19.91	11.34	0.50
272	西双版纳傣族自治州	云南省	59.63	31.38	22.55	5.70	0.00
273	本溪市	辽宁省	59.56	27.38	21.62	8.86	1.70
274	昭通市	云南省	59.46	31.14	22.02	6.30	0.00
275	临沧市	云南省	59.46	31.37	22.39	5.70	0.00
276	儋州市	海南省	59.36	26.97	19.22	13.17	0.00
277	吕梁市	山西省	59.20	29.61	20.39	8.70	0.50
278	运城市	山西省	59.13	27.19	20.33	9.90	1.70
279	定西市	甘肃省	59.03	27.61	24.41	7.01	0.00
280	昌吉回族自治州	新疆维吾尔自治区	58.74	28.91	18.25	10.98	0.60
281	七台河市	黑龙江省	58.46	29.69	18.22	9.95	0.60
282	铁岭市	辽宁省	58.39	30.80	21.24	4.66	1.70
283	朝阳市	辽宁省	58.20	26.25	22.43	7.82	1.70

续表

排名	地级行政区	所属省级行政区	总分	服务供给能力	服务响应能力	服务智慧能力	数据驱动能力
284	盘锦市	辽宁省	58.18	25.78	22.08	8.62	1.70
285	塔城地区	新疆维吾尔自治区	57.76	25.85	20.44	10.98	0.50
286	廊坊市	河北省	57.56	27.17	18.59	11.80	0.00
287	曲靖市	云南省	57.48	32.16	20.70	4.62	0.00
288	迪庆藏族自治州	云南省	57.31	32.22	20.47	4.62	0.00
289	黄南藏族自治州	青海省	57.16	30.66	19.54	6.96	0.00
290	红河哈尼族彝族自治州	云南省	57.11	29.82	22.67	4.62	0.00
291	玉溪市	云南省	57.08	30.44	22.02	4.62	0.00
292	张家口市	河北省	57.07	29.00	13.13	14.44	0.50
293	沧州市	河北省	57.01	27.63	14.45	14.44	0.50
294	丹东市	辽宁省	56.87	27.96	20.52	6.70	1.70
295	普洱市	云南省	56.82	29.63	21.49	5.70	0.00
296	西宁市	青海省	56.73	25.96	22.72	7.56	0.50
297	山南市	西藏自治区	56.73	24.89	21.04	10.31	0.50
298	阳泉市	山西省	56.65	25.06	13.28	10.27	8.04
299	鞍山市	辽宁省	56.55	28.74	19.56	7.06	1.20
300	锦州市	辽宁省	56.51	26.98	20.78	7.04	1.70
301	果洛藏族自治州	青海省	56.50	31.09	19.15	5.76	0.50
302	衡水市	河北省	56.34	26.55	17.99	11.80	0.00
303	石嘴山市	宁夏回族自治区	56.32	27.94	22.17	4.64	1.56
304	克拉玛依市	新疆维吾尔自治区	56.31	28.65	21.36	6.30	0.00
305	邢台市	河北省	56.24	30.00	13.37	12.88	0.00
306	长治市	山西省	55.94	24.83	14.10	10.87	6.14
307	海东市	青海省	55.88	29.35	18.00	8.04	0.50
308	营口市	辽宁省	55.80	24.74	21.00	8.86	1.20
309	林芝市	西藏自治区	55.31	25.49	16.86	12.47	0.50
310	和田地区	新疆维吾尔自治区	55.17	27.67	19.14	7.86	0.50
311	三沙市	海南省	54.84	16.36	23.88	14.61	0.00
312	伊犁哈萨克自治州	新疆维吾尔自治区	54.79	27.44	13.13	14.22	0.00

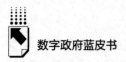

续表

排名	地级行政区	所属省级行政区	总分	服务供给能力	服务响应能力	服务智慧能力	数据驱动能力
313	玉树藏族自治州	青海省	54.75	28.78	19.72	5.76	0.50
314	朔州市	山西省	54.75	24.92	19.06	10.27	0.50
315	阿克苏地区	新疆维吾尔自治区	54.24	27.89	14.87	10.98	0.50
316	哈密市	新疆维吾尔自治区	54.05	26.22	20.09	7.74	0.00
317	阜新市	辽宁省	53.96	26.94	17.21	8.62	1.20
318	商洛市	陕西省	53.76	24.58	23.95	4.03	1.20
319	博尔塔拉蒙古自治州	新疆维吾尔自治区	52.63	28.67	17.67	6.30	0.00
320	那曲市	西藏自治区	52.56	24.77	14.84	12.95	0.00
321	日喀则市	西藏自治区	52.23	24.29	15.58	11.87	0.50
322	吴忠市	宁夏回族自治区	51.49	28.66	15.04	5.72	2.06
323	中卫市	宁夏回族自治区	51.19	28.36	15.04	5.72	2.06
324	阿勒泰地区	新疆维吾尔自治区	51.15	27.29	15.99	7.38	0.50
325	吐鲁番市	新疆维吾尔自治区	51.08	28.40	14.33	7.86	0.50
326	巴音郭楞蒙古自治州	新疆维吾尔自治区	51.05	27.42	13.83	9.30	0.50
327	晋中市	山西省	50.90	24.31	16.92	9.18	0.50
328	固原市	宁夏回族自治区	50.76	28.66	14.31	5.72	2.06
329	忻州市	山西省	50.65	25.46	14.92	10.27	0.00
330	海南藏族自治州	青海省	50.22	31.12	11.64	6.96	0.50
331	榆林市	陕西省	49.70	26.83	17.63	4.03	1.20
332	克孜勒苏柯尔克孜自治州	新疆维吾尔自治区	49.44	27.46	12.18	9.30	0.50
333	阿里地区	西藏自治区	49.03	21.80	16.43	10.31	0.50
334	临汾市	山西省	45.81	25.63	10.48	9.19	0.50

附录四
中国地方政府数字化服务能力
评价（2023）监测数据采集
与应用技术说明

一　数据采集时间

数据首次采集时间在 2023 年 7 月，考虑到网站变动导致的波动等情况，分别在 2023 年 7 月、8 月、9 月进行了多轮数据采集和校验，最终以 8 月采集的数据作为最终采集版本。本报告人工和机器采集数据日期为 2023 年 7 月至 2023 年 8 月，其中通过上海星鸟网络科技有限公司数据采集系统，于 2022 年 8 月至 2022 年 9 月对部分政务服务平台进行专项精准采集。

二　数据采集范围

（一）数据采集特点

本报告评价主要面向全国直辖市和地级行政区政府网站、政务服务平台、信用网站，以及相关政务微博、微信、小程序、客户端以及搜索引擎等渠道，体现以下几个特点。

一是覆盖全面。采集渠道不局限在政府网站领域，将可能成为服务窗口的各类各级政府网站、政务服务平台、信用网站、微博、微信、客户端

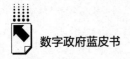

APP 等均纳入评价体系。

二是数据全量，不采用数据抽样分析，将泛互联网数据作为监测采集对象，通过"人工+机器"交叉结合的互联网大数据监测、采集、分析手段，对各地政府"多网、多微、多端"进行全量数据采集和校验回溯。

三是定向采集，根据评价需要，进行专门的数据采集策略研究、模型搭建和技术对接，按照评价指标和点位，对各类平台渠道和各类数据进行精准定向采集，获取第一手数据。

（二）数据采集范围

一是政府网站。涵盖各地方政府的政府网站（含下属部门、区县）、政务服务平台、信用网站等。

二是政务新媒体。涵盖各地方政府的微博、微信、小程序、客户端 APP 等。

三是搜索引擎。采集涉及各地方政府政务服务的百度搜索、360 搜索、搜狗搜索的相关数据。

三　数据采集方法

人工采集方面。一是采用定向采集方法，由专业采集人员根据评价指标和采集点位，对各政务平台渠道等进行数据的精准定向采集；二是用户模拟采集方法，由专业采集人员对需进行用户注册、办理提交、查询搜索等人机交互的点位进行全程模拟操作以采集数据。

技术采集方面。一是采集实施上，用分布式爬虫及多线程爬虫方式，按计划分批定量采集各类采集点位数据；二是数据整合上，采用关键字提取、图像识别、OCR 文字识别等方法，以及数据格式转换和自动分类等方式，对数据进行分类整合；三是数据存储上，采用数据压缩、解压及数据传输等技术，实现本地化的海量数据存储。

四　数据采集点位

本报告采用互联网全量数据抓取，根据全量数据进行具体点位的检索、判断、计算等逻辑，按照"数据有无""数据量""数据集合度""数据要素实现度""数据层级""时间进度"等不同指标评价需求，形成 153 个具体采集点位采集对应的样本数据，实现采集点位与评价对象的完整匹配。

五　原始数据清洗

一是技术智能处理，主要包括文本数据、图像数据、文档数据的自动去重、自动抽取、自动提取关键字和摘要信息、图像识别和标注、OCR 文字识别等。

二是人工精准判定，主要采用人工对采集数据的识别判断，如根据专业知识背景识别发现疑似问题或无效信息等。

数据清洗工作遵循严格、可用的标准，既能够清洗出高质量的数据，也避免过度清洗带来的数据价值流失。

六　数据回溯验证

评价数据经过采集、清洗、计算、导出、分析等过程后得出评价的最终结果，但原始数据量大，运算过程多，分析点位复杂，存在数据不准确的可能性。为保障评价结果的客观、公正，本报告应用多种人工和技术手段对数据结果进行回溯验证，以保障其科学性和准确性。

一是多维数据对比验证。本报告由数据采集运用多个平台的数据验证工具对采集的数据样本进行结果比对、排查和分析，从逆向计算，分地域校验，转化爬取规则等多个维度，对数据进行对比校验。

二是专业人员人工验证。本报告共采用两轮人工验证工作，第一轮是由成都市经济发展研究院智慧治理和数据分析专业的研究人员组成验证团队进行集中校验，主要从采集的完整性、准确性出发，并对不准确的点位进行讨论和修正。第二轮是委托本报告的专家顾问和第三方机构专家学者进行分析验证，主要从数据合理性、算法科学性等方面进行验证，并提出修改建议。

Abstract

The government's digital service capability is a comprehensive capability that refers to the government's initiative to comply with the trend of digital transformation of the economy and society, and to promote the transformation of the government's governance philosophy, the change of organisational mechanisms, and the optimisation of the governance process through the extensive application of data technology. So as to advance the government's evolution to a new form of overall provision of services, collaborative and responsive services, and highly efficient and intelligent services, and then externalise the inherent capacity building of government digital performance into a digital service system that is perceived by the public as ubiquitous, accessible, intelligent, convenient, fair and inclu-sive. This book iterates the evaluation system of government Internet service capability into the evaluation system of government digital service capability. On the basis of optimising the original three evaluation dimensions of service supply capability, response capability and intelligence capability, the evaluation system of government digital service capability set up the data-driven capability as an observation and evaluation dimension. The report focuses the evaluation on the actual effectiveness of the government's digital transformation, it reflects the current situation and trend of the development of the Digital service capability of local governments across the country through overall evaluation, sub item capa-bility performance, monographic research and regional analysis.

In recent years, the service supply capability has shifted from regulated supply to holistic supply, the response capability has shifted from linear response to collaborative response, and the intelligence capability has shifted from endpoint intelligence to intensive intelligence. These findings all point to the rapid

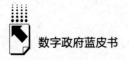

advancement of the digital transformation of government, which is the remarkable achievements of the local governments proactively responding to the trend of digital transformation of the economy and society, fully releasing the dividends of digital development, promoting "Three Integrations and Five Crossings Issues" collaborative management and service level of digitalization reformation and institutional innovations, achieving an upgrade shift from government online performance capability to government digital performance capability.

Based on the perspective of the perception of the demand side of the society, the general report of this book evaluates the government digital service capability of 4 province-level municipalities and 333 prefecture-level cities in China by combining big data monitoring and analysis with manual collection and verification. According to the evaluation scores, it is divided into four types: leading development, positive development, steady development and urgent development. The evaluation results show that the overall development trend continues to improve, while the development gap between regions has become more pronounced. The service supply capability is developing towards standardisation and integration, and the driving effect of platform construction is evident but unevenly developed. The response capability is developing towards efficient synergy, and the exploration of data sharing and application modes has achieved obvious results. The intelligence capability is developing towards intensive and convenient development, and the role of data underlying support and application is constantly emerging. The data-driven capability is still in the exploration stage, and the enabling effect of public data opening is relatively weak. There are also three significant trends in the future development of government services from "can do" to "good to do" accelerated transformation, data empowerment transformation from "digital governance" to "good governance" and accelerated quality improvement, the "lead" and "drive" effect of data government further appeared.

In Monographic reports, based on the construction of government digital service capability, this book focuses on six hot fields: business environment construction, government affairs openness, interactions between government and public, social credit system construction, regional collaborative development of government services and government data opening construction and researches their current situation and enlightment by index performance and case analysis. The Regional reports focuses on the current situation of the development of the government's digital service capability in four provinces and cities of Zhejiang Province, Anhui Province, Wuhan City and Jinan City. Through analyzing and sorting out the specific data and typical cases of the four provinces and cities, it provides reference experience in the digital transformation of government. The Case reports, specially invites in the development of government digital service capability with distinctive features, achieves remarkable results in cities of Chongqing city, Xiamen city, Chengdu city and Changsha city. Through sharing its characteristic practices and major innovations in terms of open government data application, 12345 hotline platform construction and development, and urban integrated service platform construction and development, it provides reference experience for other regions in China.

Keywords: Modernization of Governance Capability; Government Governance; E-government; Digital Service Capability

Contents

I General Report

Abstract: This report iterates the evaluation system of local government internet service capability into the evaluation system of local government digital service capability. On the basis of continuing the three evaluation dimensions of original service supply capability, response capability, and intelligent capability, a new digital driving capability is established as the observation and evaluation dimension to form the evaluation system of local government digital service capability. It elaborates on the connotation and composition of local government digital service capability, And the design of the evaluation index system for government digital service capability, data sources and collection, data calculation methods, etc. , analyzed the results, current situation, and trends of the digital service capability evaluation of local governments in China in 2023. The report shows that China's overall development trend continues to improve, and the development gap between regions is becoming more pronounced; The service supply capacity is developing towards standardized integration, and the platform construction is clearly driven but the development is uneven; The service response capability is developing towards efficient collaboration, and the exploration of data sharing and application models has achieved significant results; The development of intelligent service capabilities towards intensification and convenience, and the underlying support and application role of data continue to emerge; The data-driven capability is still in the exploratory stage, and the empowerment effect of public data openness is relatively weak. There are three significant trends in future development: the comprehensive acceleration of the transformation of government services from "capable" to "easy", the acceleration of the transformation from "digital governance" to "good governance" in terms of empowerment, and the further manifestation of the "leading" and "driving" effects of data governance. Overall, from researching and evaluating government internet service capabilities to researching and evaluating government digital service capabilities, continuous evaluation is conducted from the perspective of social demand perception, highlighting the important engine role of digital reform. This not only reflects the continuation of the external value of the original indicator system, but also clarifies the iteration of the internal texture.

Keywords: Government Governance; E-goverwent; Digital Government; Digital Service Capabilities

Ⅱ Special Report

B.2 Development Status and Analysis of Business Environment Digital Service Capability From the Perspective of Enterprise Whole Life Cycle

Wang Sha, Dang Zhengyang and Dong Liang / 064

Abstract: Continuous improvement of local government's digital service capability is an important starting point to accelerate the construction of market-oriented, legalized and internationalized first-class business environment, and the quality of business environment is an important reflection of the effectiveness of

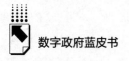

government digital transformation. This report focuses on the business environment services of enterprises in the whole life cycle, and selects the indicators in the government digital service ability evaluation system, such as enterprise start-up, engineering construction, real estate registration, water and electric network, tax payment, enterprise closure, and enterprise cancellation, as the evaluation standards of government digital service ability in the field of business environment. Firstly, the development status of 337 local governments in the above fields is analyzed. Then, more significant cases are selected to show the main achievements of local governments in enhancing the digital service capability of the business environment in the whole life cycle of enterprises by deepening integration reform, expanding functional services, and accelerating online applications. Finally, it summarizes the highlights, characteristics and development trends found in this evaluation, in order to provide reference for the development of other regions, further improve the government's digital service capability from the perspective of business environment, and accelerate the process of China's business environment optimization reform and government digital service capacity building.

Keywords: Business Environment; Government Services; Digital Government; Whole Liye Cysle

B.3 Practice and Exploration of the Development of Digital
Government Openness   *Wang Xinying, Zhang Xingye /* 084

Abstract: The State Council's " Guiding Opinions on Strengthening the Construction of Digital Government" proposed to promote the intelligent intensive development of open platforms and improve the level of government openness. Deployment will be made from the digital release of policy information, intelligent policy push services, policy information dissemination patterns, unimpeded interactive channels, and unified knowledge question-and-answer database. Digitization is not only an important means to realize the modernization of government governance, but also provides a new way to deepen the openness of government affairs. This report studies the performance of 337 local governments in digital government openness, and finds that local governments perform well in the standardization, convenience and responsiveness of digital government openness, but still need to be strengthened in the disclosure standards of administrative regulatory documents, multi-channel integration, and intelligent analysis applications. In this regard, it is recommended that local governments clarify standards and norms, build a multidimensional model of digital government openness, use digital means to promote the modernization of government openness, and help realize the modernization of local government governance system and governance capacity.

Keywords: Digital Government; Digital Service Capability; Government Openness

B.4　Research on the Development Status and Trend of

　　　　Government-private Interaction From the Perspective

　　　　of Government Digital Transformation

Feng Yi, Zhang Yuexin / 105

Abstract: In-depth interaction between the government and the people is the necessary meaning of practicing the important concept of people's city, and it is also an important content of digital government construction. According to the Guiding Opinions of The State Council on Strengthening the Construction of Digital Government, local governments should focus on the important orientation of overall coordination, convenience and efficiency, intelligence and precision, and data empowerment, and effectively promote important work such as government-civilian interaction in the process of digital transformation. This report takes the 12345 hotline and government mailbox platform of 337 local governments across the country as the evaluation object to study the development status of government-private interaction in the process of government digital transformation. The study found that local governments performed well in terms of interactive channel

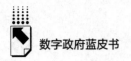

expansion, appeal acceptance and response mechanism construction, and paid attention to the integration and coordination among different departments and district and county governments. Compared with 2022, the performance of appeal response efficiency, reply content disclosure, and appeal data disclosure has improved, but the performance of appeal data analysis application is still poor. In this regard, it is recommended that local governments adhere to the development direction of building a holistic digital government, constantly optimize platform construction close to the needs of the masses and enterprises, and pay attention to the mining and analysis of the "data gold mine", further improve the level of scientific decision-making of the government, and efficiently and accurately promote the modernization of urban governance.

Keywords: Interaction Vetween the Government and the People; Government Response; Digital Government

B.5 Exploration and Research on the Transformation Path of Social Credit System Under the Background of Digital Transformation   *Zhang Haixia*, *Wang He* / 122

Abstract: "We should improve the digital economy governance system, improve laws, regulations and policy systems, improve institutional mechanisms, and raise the level of modernization of China's digital economy governance system and governance capacity." Xi Jinping, general secretary of the Communist Party of China (CPC) Central Committee, made the remarks while presiding the Thirty-fourth time group study session of the Political Bureau of the CPC Central. In the context of digital transformation, the optimization of data governance system and the promotion of data innovation practice provide an opportunity for the realization of data value related to the construction of social credit system, and the digitalization of social credit system has also become an important support for the government to innovate governance concepts and methods and form a new pattern of digital governance. This report sets indicators related to the social credit system and evaluates the digital transformation of the social credit system carried out by 337 local governments (including 4 municipalities directly under the Central Government and 333 prefecture-level administrative regions) based on the Internet. First, the overall situation of the relevant vision is presented from the overall performance, the performance of each point, the performance of different categories of cities and the performance of provinces (autonomous regions). Secondly, it analyzes the specific performance of different dimensions from the relevant perspective, and finds that there are such phenomena as fast progress of credit legislation in provincial administrative regions, low standardization of public credit information catalogs, credit information publicity of key groups in the initial stage, convenient query and acquisition of credit information reports, but data quality and application scenarios are still in the initial stage. Finally, this paper expounds the findings and enlightenment of the digital transformation of social credit system under the background of digital transformation from three aspects: improving the supporting mechanism, gathering credit data and innovating credit products, in order to promote the exploration of digital transformation and innovation of social credit system.

Keywords: Digital Transformation; Social Credit; Credit Data

B.6 Research on the Current Situation and Trend of Regional Coordination of Government Affairs Services From the Perspective of Cross-regional Linkage   *Luo Yan, Yin Lina* / 140

Abstract: Regional coordination of government services is an important measure to deepen the reform of "streamlining management and improving business environment", which is conducive to the free flow of various production factors and the establishment of a unified national market. It is a "small incision, big effect" reform measure. Compared to 2022, the average score rate of cross regional linkage ability of local governments in China has increased in 2023, and the performance of

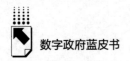
various evaluation points has also significantly improved. The administrative level of regional collaboration has been extended from provincial and municipal levels to district (city) and county levels. However, there are still some problems with regional collaboration of government services in China. Firstly, there is an imbalance in regional development, mainly between prefecture level administrative regions, between cities under the jurisdiction of provinces (autonomous regions), and between provinces (autonomous regions). Secondly, the service efficiency is not strong, and the actual application results of cross regional online communication vary across regions. In some regions, the user experience of online communication zones is poor, and the satisfaction of the public is not high. In the mobile channels commonly used by the public, the coverage of regional collaborative processing needs to be expanded, and the experience level needs to be optimized. Thirdly, there is insufficient alignment with the needs of the masses, and some regions are pursuing an increase in the number of general affairs. They have not sorted out general affairs from the actual perspective of the masses, or the enthusiasm for collaborative handling of high-frequency matters with high demand in the group is not high, which brings inconvenience to the masses in handling affairs. To this end, efforts need to be made to strengthen top-level design and overall coordina-tion, strengthen element support, and deepen mobile services, in order to solve the difficulties and obstacles in cross regional linkage and strengthening regional coordination of government services, and thus promote the continuous optimization of regional coordination of government services.

Keywords: Digital Government; Regional Collaboration; Cross Domain Communication; Government Service APP; Electronic License

B.7 Current Situation and Effectiveness Analysis of Government Data Opening From the Data-driven Perspective

Ye Changxiu, Liu Anqi and Gong Zepeng / 164

Abstract: Data openness aims to drive rapid economic and social development through data, so evaluating the level of data openness can be carried out from the perspective of data-driven capabilities. This report focuses on data-driven capabilities and analyzes the current status and effectiveness of the construction of local government data open platforms in China. The indicators of data-driven capabilities include five aspects: data openness, data retrieval, data invocation, data application, and data security. The results show that 42.14% of local governments in 4 municipalities and 333 prefecture level administrative regions across the country have not opened data opening platforms, and the construction rate of data opening standard guidelines is less than 40%; Among the local governments that have opened data open platforms, the vast majority have built data catalogs and have good data retrieval capabilities; However, the number of data interfaces on open data platforms is relatively small, and innovative application achievements are insufficient. The ability to call and apply data needs to be improved; The data security policy guarantee of open data platforms has received attention, but further improvement is needed. Based on this, this report proposes three suggestions: strengthen data openness and improve data retrieval and retrieval functions; Encourage innovation in application achievements and enhance data application capabilities; Emphasize personal privacy protection and enhance data security.

Keywords: Data Openness; Data-driven Capabilities; Data Retrieval; Data Application; Data Security Assurance

Ⅲ Regional Report

B.8 Research Report on the Development of Digital Service
Capability of Zhejiang Provincial Government

Abstract: Information technology is leading the evolution of local government internet service models. In recent years, the Zhejiang Provincial Government has

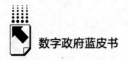
数字政府蓝皮书

actively promoted the construction of a digital government and improved its government service capabilities. This report analyzes and summarizes the progress made in the digital service capabilities of provincial and prefecture level administrative regions, providing reference for reference. The average total score of digital services for local governments in Zhejiang Province is 83. 67 points, ranking fourth among 31 provinces (including municipalities directly under the central government), an increase of 1 place compared to last year's report, and the digital service capability continues to lead. The evaluation data of the digital service capabilities of 11 prefecture level administrative regions under its jurisdiction shows that over 82% of prefecture level administrative regions in Zhejiang Province have made varying degrees of progress. The improvement of digital service capabilities of the Zhejiang Provincial Government is attributed to the successful practice of the following three aspects: firstly, to comprehensively construct a comprehensive work pattern, forming an efficient execution chain with vertical connectivity, horizontal coordination, and strong execution. The second is to build an integrated "Internet + government service" platform to improve the effectiveness of government service. The third is to adhere to the value orientation of putting the people first in the construction of digital government, allowing "the people to run less and data to run more".

Keywords: Digital Government; Data-driven Ability; Zhejiang Province

B.9   Research Report on Digital Service Capability of Anhui

Provincial Government   *Yang San*, *Zhou Di and Ren Junjie* / 204

Abstract: With the rapid development of information technology, the digital service model of local governments is also iterating and gradually optimizing. In recent years, the Anhui Provincial Government has continuously promoted the construction of a digital government and effectively improved the local government's digital service capabilities. This report analyzes the digital service capabilities of Anhui Province and its subordinate prefecture level administrative regions in 2023.

The report data shows that the average total score of local government digital service capabilities in Anhui Province is 79. 13 points, ranking fifth among 31 provinces. According to the evaluation data of the digital service capabilities of the governments of 16 prefecture level administrative regions under its jurisdiction, Huaibei City, Bozhou City, Bengbu City, Liuan City, Wuhu City, and Xuancheng City rank among the leading in the country in terms of digital service capabilities. The high-level digital service capability of the Anhui Provincial Government benefits from the following three practices: firstly, strengthening top-level design, promoting the intensive and integrated construction of infrastructure, data resources, and common application support systems through overall planning, and laying a solid foundation for the construction of digital government; Secondly, adhere to application orientation, people-oriented, and provide convenient services for the masses and enterprises; The third is to innovate institutional mechanisms and effectively lead the government's digital transfor-mation.

Keywords: Digital Service Capability; One Task at a Time; Anhui Province

B. 10　Research Report on the Development of Digital Service

Capability of Wuhan Government

Zhao Di, Li Jingyi and Bo Yuchen / 229

Abstract: The relevant construction of government digital service in Wuhan started early, innovated well and made steady progress. In recent years, Wuhan has firmly grasped the development trend of digitalization, networking and intelligence, and further promoted the transformation and reform of government service. In Report on the development of internet service capability of local government in China (2023), Wuhan's local government digital service capability scored 83. 47 points, ranking 12th/333rd in the country's prefecture-level administrative regions, up 79 places from last year's 91/333, and improving the quality and efficiency of government service. At the same time, Wuhan has better

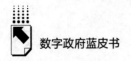
performance in four aspects, namely service supply ability, service response ability, service wisdom ability and adjustment of new data-driven ability, and the score of single index also ranks the top. Therefore, this report will explore the measures and experiences of Wuhan City in the development and construction of government digital service capacity.

Keywords: Government Digital Service; Efficient do One Thing Well; Within the Circle do; Wuhan City

B.11 Case Study Report on Digital Service Capability of Jinan Municipal Government　　　　　　*Lei Hongzhu, Liu Anqi* / 252

Abstract: From the tip of the tongue to the tip of the finger, from the field to the workshop, Jinan's digital transformation has gradually blossomed in various fields. From "stumbling start" to "striding forward", Jinan Government has made remarkable achievements in the construction of digital service through a series of digital reform measures that set the direction, consolidate the foundation and act fast. In Report on the development of internet service capability of local government in China (2023), the total score of Jinan government digital service capability is 83.32 points, ranking 16/333 in the country's prefecture-level administrative regions, which is 96 places higher than last year's 112/333. Among them, the scores of service supply ability, service response ability, service intelligence ability and data-driven ability were 33.13 points, 24.80 points, 16.48 points and 8.90 points, respectively, and the corresponding score rates were 82.83%, 82.68%, 82.40% and 89.00%, all of which had relatively excellent performance. The reason is that the digital service capability of Jinan government has been improved rapidly due to the following three points: strengthening data integration and sharing, optimizing the cooperation of government affairs; Innovative government service application and efficient operation mode; Adhere to user demand-oriented, build a government service brand.

Keywords: E-government; Wisdom Guide Service; Spring City Office; Jinan City

344

Ⅳ   Practice Cases

B.12   Government data Connectivity, Sharing And Open

Application: Exploration and Practice of Data

Sharing and Open Application in Xiamen

Abstract: The current digital development opportunities and challenges coexist, the national government informatization, digital economy and other "14th Five-Year Plan" has been issued, The Guiding Opinions of The State Council on Strengthening the Construction of Digital Government and the Opinions on Building a Data Basic System to Better Play the Role of Data Elements have pointed out the way forward for the construction of digital government in the new era and the new journey. In order to actively respond to the policy call and adapt to the new trend of reform and development, Xiamen Information Center, under the guidance of Xiamen Industry and Information Technology Bureau (Big Data Bureau), has tried first and made innovative breakthroughs to build a "double cycle" system of "internal" public data resource aggregation and sharing and "external" public data security and open application. It will help make government decision-making more scientific, social governance more precise, and public service more efficient. From the perspectives of data resource pooling and sharing, public data security and openness, data innovation scenario application and development, construction ideas and construction results, as well as the future development direction of Xiamen government information sharing and openness, this paper introduces the "double cycle" system of Xiamen government public data, providing some references for the practice and academic discussion of building an open system of government information sharing. To improve the use value of government data and improve the level of government service.

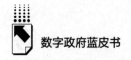

Keywords: Public Data; Information Sharing; Business Collaboration; Security and Openness; Xiamen City

B.13   The Exploration and Practice of Chengdu 12345 Hotline,
Which is a "Bridge of Connection" Between the Party
and the Masses, With the People as the Center

Chengdu Government Service Management

and Network Administration Office / 288

Abstract: Chengdu actively implements the important directive spirit of President Xi Jinping, adheres to putting the people at the center, and transforms the 12345 hotline into an important tool for government services and urban governance. Focusing on the characteristics and strengths of the construction of Chengdu's government service hotline, this article introduces the development process, main practices, and achievements of Chengdu 12345 hotline. At the same time, this article also explores the future development direction of Chengdu 12345 hotline, providing some reference for the construction practice and academic exploration of government service hotline, in order to improve service efficiency and social governance level.

Keywords: Government Hotline; Urban Governance; Service Platform; Social Demands; Chengdu City

B . 14   The Exploration and Practice of Building a People-centered

Service Platform for the Convenience and

Benefit of the People: Changsha City

Comprehensive Service Platform

Changsha Data Resources Administration Bureau / 296

Abstract: Changsha Municipal Committee and municipal Government have thoroughly implemented the overall requirements of the central government and Hunan Province's " decentralization service " reform, entrusted the National Information Center to take the lead in elaborating the top-level design and three-year action plan of Changsha's new smart city demonstration city, built the overall structure of smart city service, created a comprehensive urban service platform, and vigorously promoted the " three integration and five spans " . Effectively support the 30 key tasks of the city's "decentralization service" reform, continue to make efforts in streamlining administration and delegating power, approval and integration, in-process and post-event supervision, and "Internet + government service", further promote the "one thing at a time" to be more mature, more collaborative and efficient, effectively optimize the business environment, and significantly improve the happiness and sense of gain of the general public and enterprises. It has promoted the construction of new forms of "Internet +" and "intelligent +" service in Changsha City, realized smarter, more convenient and more livable urban life, and created a new form of digital life.

Keywords: "One-stop Management"; Digital Life; Changsha City

皮 书

智库成果出版与传播平台

❖ 皮书定义 ❖

皮书是对中国与世界发展状况和热点问题进行年度监测，以专业的角度、专家的视野和实证研究方法，针对某一领域或区域现状与发展态势展开分析和预测，具备前沿性、原创性、实证性、连续性、时效性等特点的公开出版物，由一系列权威研究报告组成。

❖ 皮书作者 ❖

皮书系列报告作者以国内外一流研究机构、知名高校等重点智库的研究人员为主，多为相关领域一流专家学者，他们的观点代表了当下学界对中国与世界的现实和未来最高水平的解读与分析。截至 2022 年底，皮书研创机构逾千家，报告作者累计超过 10 万人。

❖ 皮书荣誉 ❖

皮书作为中国社会科学院基础理论研究与应用对策研究融合发展的代表性成果，不仅是哲学社会科学工作者服务中国特色社会主义现代化建设的重要成果，更是助力中国特色新型智库建设、构建中国特色哲学社会科学"三大体系"的重要平台。皮书系列先后被列入"十二五""十三五""十四五"时期国家重点出版物出版专项规划项目；2013~2023 年，重点皮书列入中国社会科学院国家哲学社会科学创新工程项目。

皮书网

（网址：www.pishu.cn）

发布皮书研创资讯，传播皮书精彩内容
引领皮书出版潮流，打造皮书服务平台

栏目设置

◆ 关于皮书

何谓皮书、皮书分类、皮书大事记、
皮书荣誉、皮书出版第一人、皮书编辑部

◆ 最新资讯

通知公告、新闻动态、媒体聚焦、
网站专题、视频直播、下载专区

◆ 皮书研创

皮书规范、皮书选题、皮书出版、
皮书研究、研创团队

◆ 皮书评奖评价

指标体系、皮书评价、皮书评奖

◆ 皮书研究院理事会

理事会章程、理事单位、个人理事、高级
研究员、理事会秘书处、入会指南

所获荣誉

◆ 2008 年、2011 年、2014 年，皮书网均
在全国新闻出版业网站荣誉评选中获得
"最具商业价值网站"称号；

◆ 2012 年，获得"出版业网站百强"称号。

网库合一

2014 年，皮书网与皮书数据库端口合
一，实现资源共享，搭建智库成果融合创
新平台。

皮书网

"皮书说"
微信公众号

皮书微博

法律声明